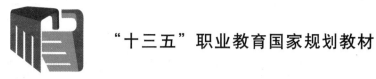

"十三五"职业教育国家规划教材

汽车电气设备结构与维修

孙 晖 袁爱红 主 编
苏 明 李 刚 徐庆文 副主编

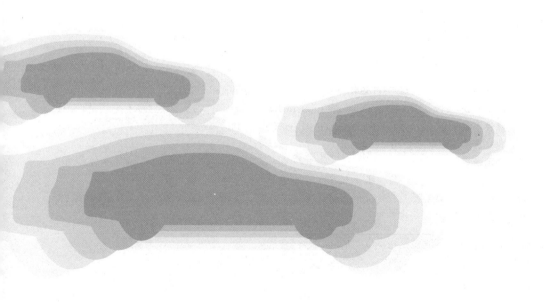

清华大学出版社
北京

内 容 简 介

本书是"十三五"职业教育国家规划教材，依据教育部颁布的《中等职业学校汽车运用与维修专业教学标准》并参照相关国家职业技能标准编写而成。

本书共6个项目，主要内容包括电源系统、起动系统、点火系统、汽车照明、信号、仪表及报警系统、汽车空调系统、汽车辅助电气系统维护与检修。

本书可作为中等职业学校汽车类专业教材，也可以供汽车维修技术人员学习参考。

本书封面贴有清华大学出版社防伪标签，无标签者不得销售。
版权所有，侵权必究。举报: 010-62782989, beiqinquan@tup.tsinghua.edu.cn。

图书在版编目(CIP)数据

汽车电气设备结构与维修/孙晖，袁爱红主编. —北京: 清华大学出版社, 2017(2024.8重印)
(职业教育"十三五"改革创新规划教材)
ISBN 978-7-302-45336-9

Ⅰ.①汽… Ⅱ.①孙… ②袁… Ⅲ.①汽车－电气设备－结构－中等专业学校－教材 ②汽车－电气设备－车辆修理－中等专业学校－教材 Ⅳ.①U472.41

中国版本图书馆 CIP 数据核字(2011)第 222692 号

责任编辑: 刘士平
封面设计: 张京京
责任校对: 刘　静
责任印制: 丛怀宇

出版发行: 清华大学出版社
网　　址: https://www.tup.com.cn, https://www.wqxuetang.com
地　　址: 北京清华大学学研大厦 A 座
邮　　编: 100084
社 总 机: 010-83470000
邮　　购: 010-62786544
投稿与读者服务: 010-62776969, c-service@tup.tsinghua.edu.cn
质量反馈: 010-62772015, zhiliang@tup.tsinghua.edu.cn
课件下载: https://www.tup.com.cn, 010-62770175-4278

印 装 者: 北京嘉实印刷有限公司
经　　销: 全国新华书店
开　　本: 185mm×260mm
印　　张: 19.75
字　　数: 416 千字
版　　次: 2017 年 1 月第 1 版
印　　次: 2024 年 8 月第 9 次印刷
定　　价: 52.00 元

产品编号: 071456-03

FOREWORD 前言

本书是"十三五"职业教育国家规划教材,是一本新型框架体系下的中职汽车专业技能课程教材。党的二十大明确指出要办好人民满意的教育,统筹职业教育、高等教育、继续教育协同创新,推进职普融通、产教融合、科教融汇,优化职业教育类型定位。另外,十二大报告还明确提出了人与自然和谐共生的发展理念,报告指出:"大自然是人类赖以生存发展的基本条件。尊重自然、顺应自然、保护自然,是全面建设社会主义现代化国家的内在要求。"汽车作为交通产业的一大部分,承载着制造强国的重任,职业教育必将成为不可缺少的后备力量。在专业教材编撰过程中必须紧随行业发展步伐,大力倡导绿色发展理念,所以加入大量新能源汽车知识。基于国家对未来发展方向和职业教育的发展趋势的定位,结合国家对中职学生培养要求,以及提高学生就业能力和转岗能力的实际需求,本书根据职业学校学生的认知特点和学习习惯,采用了图文并茂、贴近实际的编写形式,将理论知识与实训教学相互融合,简单易学、突出针对性和实用性。

本书主要介绍了汽车电气中电源系统、起动系统、点火系统、照明信号仪表及报警系统、汽车空调系统、汽车辅助电气系统、新能源汽车认知的作用、结构组成、简单工作原理和常见实训操作项目演示操作过程。演示操作过程采取模拟汽车维修企业工作流程的形式,形象直观、可操作性强,便于学生自学和掌握,能够激发学生的学习兴趣,促进学生形成正确的自学方法和学习能力,着力提高学生的的综合职业能力,做好上岗就业衔接。

本书由孙晖、袁爱红任主编,苏明、李刚、徐庆文任副主编,赵传胜任主审,全书由孙晖统稿。具体编写分工:孙晖编写项目1、项目2,苏明编写项目项目3,袁爱红编写项目4、项目5,李刚编写项目6、项目7。另外徐庆文、李红军参与协助图片制作编辑。

本书在编写过程中参考了国内外其他有关书籍和文献资料,谨在此向其作者及资料提供者表示诚挚的感谢。在编写过程中得到许多单位、同事和专家的关心和帮助,在此一并致谢。

本书皆由多年从事一线汽车专业教学工作的专业教师合作完成，凝结了教师们多年的教学经验和辛勤汗水，在此与大家一同分享。由于时间仓促、水平有限，如有不足之处敬请多提宝贵意见，以使专业教学更加完善。

编 者

2022 年 11 月于沈阳

目录

绪论 1

项目1　电源系统维护与检修 5

任务1　蓄电池的选用、维护与更换 5
任务2　硅整流发电机结构及解体后检修 29
任务3　硅整流发电机正确使用与维护 49
任务4　电源系统故障诊断与排除 60

项目2　起动系统维护与检修 77

任务1　起动机结构及解体后检修 77
任务2　起动机的正确使用与维护 97
任务3　起动系的故障诊断与排除 107

项目3　点火系统维护与检修 122

任务1　普通点火系统结构与检修 122
任务2　计算机控制点火系统结构与检修 140

项目4　汽车照明、信号、仪表及报警系统使用与检修 155

任务1　汽车照明、信号、仪表及报警系统的正确使用 155
任务2　汽车照明、信号、仪表及报警系统的检测与维修 167

项目5　汽车空调系统使用与检修 191

任务1　汽车空调系统的正确使用 191
任务2　汽车空调系统的检测与维修 210

项目 6　汽车辅助电气系统维护与检修 ·················· 240

　　任务 1　汽车电动刮水器的正确使用与检修 ················· 240

　　任务 2　汽车电动车窗的正确使用与检修 ··················· 248

　　任务 3　汽车电动座椅的正确使用与检修 ··················· 260

项目 7　新能源汽车认知 ····································· 270

　　任务 1　新能源汽车的定义和种类 ························· 270

　　任务 2　新能源汽车发展现状及发展趋势 ··················· 282

附录 1　常用汽车电路图形符号 ······························· 291

附录 2　汽车维修电工国家职业技能标准（节选） ··············· 295

附录 3　汽车维修电工职业技能鉴定（中级）理论知识试卷 ······· 299

附录 4　汽车维修电工职业技能鉴定（中级）操作技能考核试题 ··· 305

参考文献 ··· 307

绪论

一、汽车电气设备的组成

汽车电气设备是现代汽车的重要组成部分,电子技术和微型计算机在汽车上的应用,大大推动了汽车工业的发展。为方便学习和维修,通常将汽车电气设备按功能分成若干个子系统。

1. 电源系统

电源系统主要包括蓄电池、发电机、调节器和充电指示灯等,功用是向全车用电设备提供电能。

2. 起动系统

起动系统主要包括起动机及控制电路。由蓄电池供电,功用是起动发动机。

3. 点火系统

点火系统主要包括点火线圈、火花塞、点火控制部分、点火开关及控制电路。功用是在汽油机气缸中适时产生高压电火花,点燃混合气。

4. 照明、信号系统

照明系统包括车内外各种照明灯及其控制装置,以便夜间或视线不良时工作和行车。信号系统包括灯光信号和声响信号两类。功用是告示行人、车辆,引起注意,指示行驶趋向,显示操纵状态,提供安全行车必需的警告信号。

5. 仪表、报警系统

仪表系统包括检测发动机工况的各种检测仪表、相关传感器及其控制装置;报警系统包括各种报警灯和报警装置,用来监视发动机及汽车的工作情况,使驾驶人能够通过仪表、报警装置及时检视发动机和汽车运行的各种参数及异常情况,确保汽车正常运行。

6. 辅助电气设备

辅助电气设备包括电动刮水器、风窗洗涤器、汽车空调、多媒体装置、防盗装置、玻璃升降器、电动座椅调节器、电动后视镜等，用于满足舒适、娱乐、安全保障需求，车辆越豪华辅助电气设备应用越多。

7. 汽车电子控制系统

汽车电子控制系统主要指由电控单元控制的各个系统，包括电控燃油喷射系统、电控点火系统、电控自动变速器、电控制动防抱死系统、电控悬架系统、安全气囊系统、电控空调等，电控系统可以使汽车上的各个系统均处于最佳工作状态，达到提高汽车动力性、经济性、安全性、舒适性、降低排放污染的目的。

二、汽车电气设备的特点

汽车种类繁多，其电气设备具有以下共同特点。

1. 两个电源

发电机和蓄电池：其中发电机为汽车主电源，负责在汽车运行中向全车各用电设备供电并向蓄电池充电。蓄电池为辅助电源，主要供起动机用电和发动机不工作时向全车各用电设备供电。

2. 低压直流电

通常汽车电气设备标称电压规定为三种：分别是 6V、12V、24V，现代汽车大多采用 12V，重型车采用 24V。由于蓄电池是直流电源，所以汽车电系采用直流电。

3. 并联单线

单线制是指从电源到用电设备只用一根导线连接，并用汽车发动机、底盘、车身等金属机件作为另一根公用导线，常称"搭铁"。采用单线制后，汽车用电气设备只需一条"火线"即可，都采用并联连接，因为汽车用电设备较多，采用并联电路能确保各支路电气设备相互独立控制，布线清晰、安装方便、节约导线、维修简单。

4. 负极搭铁

为便于汽车电气设备的生产、使用和维护，我国和大多数国家都规定：汽车电气系统采用单线制时，电源负极搭铁。

5. 网络控制

由于汽车智能化的要求，多数用电设备的工作电流控制已不是由单一的开关信号完成，而是由有一定逻辑关系的多个信号控制的，这些控制构成一个网络，所以称为网络控制。目前汽车车载网络结构正在向 CAN 总线制过渡。

三、汽车电路的组成

1. 连接导线

汽车电器设备的连接导线一般由铜质多丝软线外包绝缘层构成，有低压线和高压线两种。

（1）低压线：低压线的截面积主要根据用电设备的工作电流大小来选择。

为了便于安装、维修，不同用电设备和同一元器件不同接线柱上的低压导线常用不同颜色加以区分。

(2) 高压线：高压线用来传送高压电，工作电压一般在15kV以上，但通过电流较小。

2. 开关

(1) 按功能分：独立开关，如雾灯开关；组合开关，如点火开关。

(2) 按操纵方式分：旋转式、推杆式、顶杆式、扳柄式、翘板式。

3. 保险装置

为防止过载和短路时用电设备和导线因电流过大被烧坏，通常在电源与用电设备之间串联保险装置。汽车上常用的保险装置有熔断器、易熔线和双金属电路断路器。

4. 继电器

汽车上继电器可分为两种：专用继电器和一般继电器。专用继电器在开关接通后能自动控制电路通断转换，以实现特定功能，如闪光继电器、刮水继电器等。一般继电器在开关接通后使电路始终处于接通或断开状态，实现小电流控制大电流的功能，以减小开关的负荷，起到保护开关的作用，如起动继电器、大灯继电器等。

5. 中央接线盒

将汽车上各种继电器和熔断器等安装在一块或几块配电板上，一般继电器正面装有继电器和熔断器的插头，并配有盒盖，背面是接线插座，这种配电板及其盖子称为中央接线盒。为了便于线路检查和故障诊断，中央接线盒盖或安装板上常标有对应位置器件名称或缩写字母。

四、汽车电路的种类

1. 接线图

接线图是一种专门用来标记接线与连接器的实际位置、色码、线型等信息的指示图，专门用于检修时查找线束走向、线路故障及线路复原。接线图既可以是整车的完整图，也可以是子系统局部图。

2. 线束图

线束图是能反映线束走向和有关导线颜色、接线柱编号等内容的线路图。在这种画成树枝状的图上，着重标明各导线的序号和连接的电气设备名称及接线柱的名称、各插接器插头和插座的序号。

3. 线路图

线路图是将所有汽车电器元器件按汽车上的实际位置用相应的外形简图或原理简图画出来，并用线条一一连接起来。线路图直观，便于寻线跟踪查找导线的分支和节点。

4. 电路原理图

电路原理图是按照规定的图形符号，把仪表及各种电气设备，按电路原理，从上到下合理地连接起来，然后进行横向排列形成的电路。它既可以是整车的完整图，也可以是子系统局部图。

五、汽车电路的识读

要判断汽车电路故障,必须能看懂整车电路图,分析汽车电路的方法如下。

1. 先读懂电路图的图注释

对照电路图,认真读懂各图标,弄清各电器部件的数量及功用,找出每一个电器部件的电流通路。

2. 清楚开关在电路中的作用

(1)多挡开关:要按挡位、接线柱逐级分析其各挡功能。遇到接线柱较多的开关时,首先找出从电源出来的线,再逐个分析与各接线柱相连的电器设备处于何种挡位,从而找出控制程序。

(2)组合开关:将线路图改画成原理图,将功能分别画在各自的系统中,但在看图和车上查找时,仍要想到它是一个组合开关的一部分。

3. 读图时要掌握回路原则

任何一个完整的电路,多是由电源、开关、用电设备及导线组成。电流必须从电源正极出发,经导线、保险装置、开关到达用电设备,再经导线(或)搭铁回到统一电源的负极。

4. 电路图的简化

(1)方法一:每次仅追踪电流的一条回路,即从电源(通常选蓄电池)正极出发,沿着"火线"按顺序经过元器件,最后经搭铁回到电源(通常选蓄电池)负极,经这样多次分解,就可以得到多条各自独立的电路。

(2)方法二:将汽车电路划分为相对独立系统,采用逐一分割法将各部分电路根据需要逐一摘除后再进行必要的分析。通常将汽车电路根据功能按系统划分。

六、汽车维修常规工作流程

汽车维修常规工作流程如图 0-1 所示。

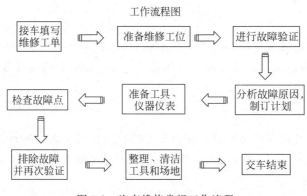

图 0-1 汽车维修常规工作流程

项目 1

电源系统维护与检修

 教学目标

(1) 掌握汽车充电系统的作用和组成。
(2) 了解蓄电池、发电机、电压调节器的结构和工作原理。
(3) 掌握蓄电池的正确使用、检测、维护方法。
(4) 掌握发电机及调节器的正确使用、检测、维护方法。
(5) 学会充电系统故障诊断的基本方法。

任务 1　蓄电池的选用、维护与更换

 学习目标

(1) 掌握蓄电池的作用、了解其结构和工作原理。
(2) 熟练掌握更换蓄电池的正确方法。
(3) 能正确选用、维护、保管蓄电池。
(4) 掌握蓄电池充电的正确方法。

蓄电池拆卸与安装

 任务准备

汽车 1 辆、车辆保护套件 1 套、充电机 1 部、汽车用蓄电池 2 块、电源线 2 套、数字万用表 1 块、热水壶 1 只以及防护手套、工装、抹布若干。

【学】 蓄电池正确使用的基础知识

一、蓄电池的作用

(1) 发动机起动时,向起动系统、点火系统和其他用电设备供电。

(2) 发动机低速运转、发电机电压较低时,向用电设备和发电机磁场绕组供电。

(3) 汽车停车或发电机不发电时,向用电设备供电。

(4) 发电机过载时,协助发电机向用电设备供电。

(5) 蓄电池相当于一个大电容,能稳定电源电压,吸收电路中出现的瞬间过电压,保护电子设备。

二、蓄电池的种类

汽车用蓄电池有铅酸蓄电池和碱性蓄电池两大类,通常以铅酸蓄电池为主,铅酸蓄电池又分为普通型、免维护型、干荷电式、湿荷电式、胶体型等。

1. 免维护型铅蓄电池

免维护型铅蓄电池也是铅酸蓄电池,目前应用广泛,如图 1-1 所示。免维护型蓄电池在材料、结构上与普通蓄电池差别很大,其最大特点是除有几个非常小的通气孔外,其余部分全部密封,因此除保持表面清洁外,无须做过多维护工作。

2. 干荷电式铅蓄电池

干荷电式铅蓄电池在制造负极板的铅膏中加入一定量的抗氧化剂,用特殊工艺制造和干燥,使负极板在干燥条件下能够长期保存其在制造过程中获得的电荷。

图 1-1 免维护铅蓄电池

干荷式铅蓄电池在规定的保存期内,只要加入规定密度的电解液,放置 15min 以上,调整液面到规定高度后,无须初充电,就可以使用。对储存超期的干荷式铅蓄电池,由于极板上的部分活性物质被氧化,使用前应进行补充充电 5~10h。

3. 湿荷电式铅蓄电池

湿荷电式铅蓄电池存放期极板呈湿润状态而保持其荷电性,储存期内如需使用只要加入规定密度的电解液,放置 15min 以上,调整液面到规定高度后,无须初充电,就可以使用。如储存超期,需经短时间的补充充电。

4. 胶体型蓄电池

胶体型蓄电池的电解质用经过净化的硅酸钠溶液和硫酸水溶液混合,凝结成稠厚的胶状物质,不流动,无溅出,使用时只需要加蒸馏水。此类蓄电池使用寿命比普通蓄电池长 20% 以上,但起动性能差。

三、铅蓄电池的型号与选用

1. 国产蓄电池型号

根据行业标准 JB/T 2599—2012《铅蓄电池名称、型号编制与命名办法》的规定,铅蓄电池型号由三部分组成,各部分之间用破折号分开,型号内容及排列情况如图 1-2 所示。

| (1) 串联单格电池数 | (2) 蓄电池类型 | (3) 蓄电池特征 | (4) 额定容量 | (5) 特殊性能 |

图 1-2 铅蓄电池型号

(1) 串联单格电池数 指一个整体壳体内所包含的单格电池数目,用阿拉伯数字表示。

(2) 电池类型 根据蓄电池主要用途划分。起动型蓄电池用"Q"表示,代号"Q"是汉字"起"的第一个拼音字母。

(3) 电池特征 为附加部分,仅在同类用途的产品具有某种特征,而在型号中又必须加以区别时采用。如干荷电式蓄电池,则用汉字的第二个拼音字母"A"表示;无须(免)维护蓄电池,则用"无"字的第一个拼音字母"W"来表示。当产品同时具有两种特征时,原则上应按表 1-1 所示顺序用两个特征代号并列标注。

表 1-1 蓄电池产品特征代号

序号	产品特征	代号	序号	产品特征	代号
1	干荷电式	A	7	半密封式	B
2	湿荷电式	H	8	液密式	Y
3	免维护式	W	9	气密式	Q
4	少维护式	S	10	激活式	I
5	防酸式	F	11	带液式	D
6	密封式	M	12	交替电解液式	J

(4) 额定容量 用 20h 放电率的容量表示,即将充足电的新蓄电池在电解液温度为 (25 ± 5)℃的条件下,以 20h 放电率的放电电流(即 $0.05Q_{20}$ 安)连续放电至单格电池平均电压降到 1.75V 时,输出的电量称蓄电池的额定容量,用阿拉伯数字表示,单位为安培·小时(A·h),在型号中可以省略不写。有时在额定容量后面用一个字母表示特殊性能,G 表示高起动率,S 表示塑料外壳,D 表示低温起动性能好。

(5) 特殊性能 在产品具有某些特殊性能时,可用相应的代号加在型号末尾表示。如"G"表示薄型极板的高起动率蓄电池,"S"表示采用工程塑料外壳与热封合工艺的蓄电池。

例 1 6-Q-105 表示由 6 个单格串联,额定电压 12V,额定容量 105A·h 的起动型蓄电池。

例 2 6-QAW-100 表示由 6 个单格串联,额定电压 12V,额定容量 105 A·h 的起动型干荷电式免维护蓄电池。

例 3 6-QA-40S 表示由 6 个单格串联,额定电压 12V,额定容量 40 A·h 的起动型干荷电式塑料外壳蓄电池。

2. 蓄电池的选用

蓄电池要先选"型"再选"号"。选用汽车蓄电池,首先要选起动型,再选电压和容量,一般应满足连续起动三次以上的要求。每辆车尽量选用一个蓄电池,单个蓄电池无法满足使用要求时才选两个串联,每个蓄电池的电压为汽车需求电压的1/2。蓄电池串联可以提高总电压,两个蓄电池的容量不变,如图1-3所示;蓄电池并联可以提高总容量,两个蓄电池的电压不变,如图1-4所示,但新、旧蓄电池不可混合使用。

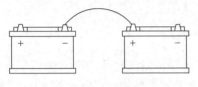
图1-3 蓄电池串联

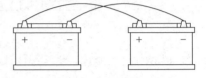
图1-4 蓄电池并联

四、蓄电池常见故障

1. 蓄电池常见外部故障

主要有壳体开裂、封口胶开裂、极柱腐蚀、电池爆裂等。

2. 蓄电池常见内部故障

(1) 蓄电池存电量不足

蓄电池存电量不足常表现在起动机运转无力、车灯暗淡、喇叭低沉,可能产生的原因有长期起动操作不当、新电池存电不足、电解液密度不合适等。

(2) 蓄电池自行放电

蓄电池在无负载状态下,电量自行消失,每昼夜电量降低超过额定容量的2%。多为蓄电池不洁或极板材料、电解液不纯所致。

(3) 极板硫化

极板上生成白色粗晶粒硫酸铅,正常使用时很难溶解。主要是蓄电池长期充电不足、过量放电或电解液密度过高所致,用去硫化充电处理。

五、蓄电池储存、保管

1. 储存方法

蓄电池的储存方法分湿储存和干储存,暂时不用的蓄电池,应从车上拆下来进行湿储存,长期不用的蓄电池适用于干储存。

(1) 湿储存即带电解液储存,储存前先将蓄电池充足电,电解液密度调至$1.28g/cm^3$(25℃温度下),液面达到正常高度,密封通气孔置于市内暗处,储存时间在6个月之内。

(2) 干储存即不带电解液储存,储存前先将蓄电池以20h放电率完全放电,倾倒出电解液,用蒸馏水多次清洗至水中无酸,倒净水滴,晾干后旋紧加液盖密封存放。重新启用时,按新电池进行操作。

2. 蓄电池的储存条件

(1) 室温为 5～40℃，干燥、清洁、通风良好。

(2) 不受阳光直射，距离热源大于 2m。

(3) 避免与任何液体和有害物质接触，防止污物落入蓄电池内。

(4) 应把蓄电池按行排放在木架上，避免叠放和受到任何机械冲击。

(5) 废旧蓄电池要进行专业回收利用，不可当生活用品处理。

六、蓄电池维护、使用注意事项

(1) 经常清除蓄电池表面的灰尘污物，保持外表清洁。

(2) 经常检查极柱和电缆线的连接及锈蚀情况，连接要牢固，及时清理氧化物并涂抹润滑脂。

(3) 经常检查通气孔使其保持畅通状态。

(4) 定期检查电解液高度、密度，及时调整电解液液面高度及密度。

(5) 放完电的蓄电池应在 24h 内送到专业维修店充电，合理选择充电电流，尽量避免蓄电池过放电和长期处于亏电状态下工作，蓄电池放电程度，冬季不超过额定容量的 25%，夏季不超过额定容量的 50%。如需补加电解液，应在充电前进行。

(6) 不超时使用起动机，每次起动时间不超过 5s，如果一次未起动，应间隔 15s 以上起动第二次，连续三次未起动，应查明原因、排除故障再起动。

(7) 安装、搬运蓄电池时要轻搬轻放，不可斜置倾倒。

(8) 不可以把工具、量具随意直接放在蓄电池上。

【教】 蓄电池的选用、检测与更换

一、蓄电池放电程度检测

1. 蓄电池静态开路电压检测

蓄电池不放电时，蓄电池两极间的电位差称为开路电压。先选择数字万用表的测直流电压 20V 挡位，再将两只表笔分别跨接在蓄电池的两个电极接线柱上测量蓄电池静态开路电压，如图 1-5 所示。蓄电池电压与存电状态的关系见表 1-2。

表 1-2 蓄电池电压与存电状态的关系表

蓄电池开路端电压/V	≥12.6	12.4	12.2	12.0	≤11.7
高率放电计测蓄电池电压/V	10.6～11.6	9.6～10.6		≤9.6	
高率放电计(100A)检测蓄电池单格电压/V	1.7～1.8	1.6～1.7	1.5～1.6	1.4～1.5	1.3～1.4
放电程度/%	0	25	50	75	100
指针区域颜色	绿色	黄色		红色	
蓄电池状态	存电充足	性能良好，存电不足		严重亏电	

图 1-5 蓄电池静态开路电压测量

2. 蓄电池负荷电压检测

使用高率放电计检测：高率放电计是模拟起动机工作状态的检测设备，通过观察大电流放电条件下蓄电池所能保持的端电压，以此来判定蓄电池的存放电状态。用力将 12V 高率放电计的触针分别刺入蓄电池的正、负极并保持 15s，如图 1-6 所示。蓄电池电压与存电状态的关系见表 1-2。

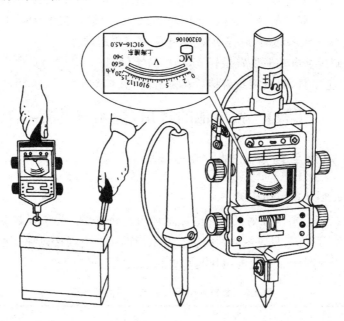

图 1-6 12V 整体式蓄电池高率放电计测试

3. 蓄电池电解液密度检测

(1) 内装式电解液密度计检测

许多免维护蓄电池设有内装式电解液密度计，其内部装有一颗能反光的绿色玻璃小球，随电解液相对密度及液面高低浮动，从玻璃孔中可以看到代表蓄电池不同状态的颜色，对应放电程度如图 1-7 所示。

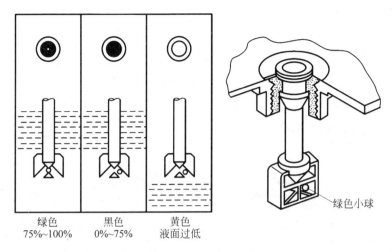

图 1-7　内置式密度计示意图

（2）吸式电解液密度计检测

带有加液孔的蓄电池可以通过吸式密度计测试读取电解液密度值,如图 1-8 所示。

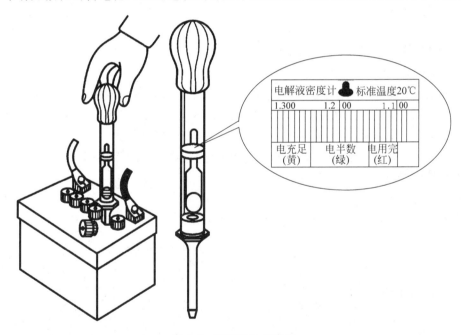

图 1-8　测量电解液密度

（3）便携式光学折射计检测

打开盖板用吸液管在折射计玻璃上滴一滴电解液,合上盖板后将仪器前端朝向明亮处从观察镜观察,会发现一条明暗分界线,通过刻度可以直接读取电解液的密度,如图 1-9 所示。

密度每降低 0.01g/cm^3,相当于蓄电池放电 6%。电解液的密度以 20℃时的测量值为准,应对测量值进行修正,通常温度每升高（或降低）1℃,电解液的密度测量值应加上

(或减去)0.00075g/cm³。

4. 蓄电池电解液液面高度检测

通常电解液液面应高出极板防护片 10~15mm。许多蓄电池透明壳体上有两条横刻度线直接可视,正常液位应在两条刻度线之间,如图 1-10 所示。

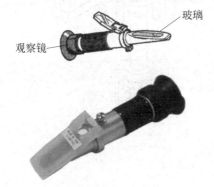

图 1-9　便携式折射计　　　　图 1-10　透明壳体蓄电池液面标识

二、蓄电池充电

1. 充电方法

（1）定电流充电

在充电过程中,保持充电电流恒定的方法称为定电流充电。定电流充电方法,可以将不同电压等级的蓄电池串在一起同时充电,连接方法如图 1-11 所示。充电电流大小应按容量最小的蓄电池选择,当小容量蓄电池充足电后取下,再继续给大容量蓄电池充电。定电流充电有利于延长电池的使用寿命,但充电时间长且需要经常调整充电电流,适用于蓄电池的初充电、补充充电和去硫化充电。

（2）定电压充电

在充电过程中,保持充电电压恒定的方法称为定电压充电,连接方法如图 1-12 所示。

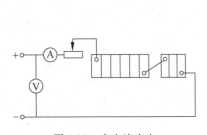
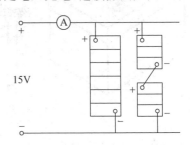

图 1-11　定电流充电　　　　图 1-12　定电压充电

汽车上发电机对蓄电池的充电就属于定电压充电,是通过电压调节器控制发电机输出电压实现恒压充电的。定压充电电压选择合适时,蓄电池充足电后,充电电流会自动趋向于零使充电自动停止,充电过程无须人工经常调整照看,由于定电压充电电流的大小不能调整,所以不能确保蓄电池完全充足电,也不能用于蓄电池的初充电和去硫化充电。

(3) 快速脉冲充电

快速脉冲充电采用自动控制电路对蓄电池进行正、反向脉冲充电,可以提高充电效率,使用中的蓄电池补充充电只需要 1h 左右,缺点是大电流充电时升温太快产生大量气泡,易造成活性物质脱落缩短蓄电池使用寿命,适用于蓄电池集中、充电频繁、要求应急的场合。

2. 充电种类

(1) 初充电

初充电是指新蓄电池或修复后的蓄电池首次充电。常采用定电流充电,充电电流小、充电时间长。

(2) 补充充电

蓄电池在使用过程中,车上发电机的充电常有充电不足的现象,会使蓄电池的实际容量下降,应使用充电机进行及时补充充电。

蓄电池电量不足的现象有:

① 电解液相对密度下降到 $1.20g/cm^3$ 以下。

② 冬季放电超过额定容量 25%,夏季放电超过额定容量 50%。

③ 灯光暗淡、喇叭沙哑。

④ 起动无力(起动机正常)。

(3) 去硫化充电

蓄电池发生硫化故障时,硫化程度轻者可以用去硫充电方法消除,硫化严重者给予报废。

3. 充电设备

这里简单介绍三种常见汽车用充电器,具体情况应以设备说明书为准。

(1) 小型充电器:属于非调节型充电器,如图 1-13 所示,以 20A 充电电流充电,正常充电时间约为 12h,多用于维修站,不适用于免维护蓄电池,因为过度充电会导致水分解产生氧气、氢气,引发爆炸。

(2) 电子充电器:属于可调节型充电器,允许在不断开蓄电池的状态下直接在车载网络中为蓄电池充电,如图 1-14 所示。电子充电器具有过度保护功能,适用于免维护蓄电池充电。

(3) 快速起动充电器:可为装备有敏感电子设备的车辆快速充电并提供起动辅助,如图 1-15 所示。

4. 充电注意事项

(1) 充电时,应有人看守,注意观察蓄电池的电压和温度。当电解液超过 45℃ 时应暂时停止充电,待温度降到 40℃ 以下后再继续充电。

(2) 蓄电池充电室要通风良好。

(3) 蓄电池充电室严禁明火。

图 1-13 小型充电器

图 1-14　电子充电器

图 1-15　快速起动充电器

（4）充电室常备冷水、10％苏打水溶液或氨水溶液，充电器和蓄电池要隔室放置。

三、基本操作方法

1. 安全防护

穿工装、戴工帽、防护手套、防护镜，脱下手表、戒指等饰品。蓄电池中的硫酸腐蚀性很强，若不慎溅入眼睛要立即用洁净水冲洗及时就医，溅到皮肤或衣物上应立即用浓度为10％的苏打水冲洗。

2. 蓄电池车上检测

（1）外观检测

检查蓄电池外壳是否脏污、有无裂隙，是否有电解液渗漏、接线头氧化锈蚀、松动；通气孔应始终保持畅通状态。

（2）就车检查蓄电池电量

① 起动机工作是否正常。

② 电喇叭声响是否正常。

③ 前照灯灯光是否正常。

④ 使用万用表测量蓄电池两端电压。

（3）蓄电池连接检查

① 蓄电池漏电检测

蓄电池表面潮湿、脏污时，可能会有微弱电流通过脏物，在正、负极柱间放电产生漏电。如图 1-16 所示，将万用表置于测直流电压 20V 挡位，黑表笔接蓄电池负极柱，红表笔接蓄电池壳体顶部不同部位，若万用表电压无读数，则无漏电。

② 蓄电池接线柱接触不良检测

如图 1-17 所示，将万用表置于测直流电压 20V 挡位，检测正极柱时，将红表笔接蓄电

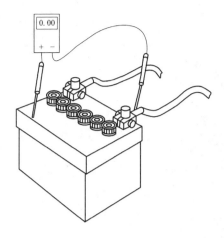 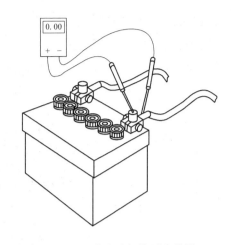

图 1-16　蓄电池电压泄漏检测　　　　图 1-17　蓄电池极柱压降检测

池正极柱,黑表笔接正极电缆线夹上,检测负接线柱时表笔的检测点与上述相反,如果电压表读数大于0.5V,说明接线柱接触不良。

3. 蓄电池更换

（1）蓄电池拆卸

将点火开关置于断开位置,并关闭全车用电设备。带有自诊断功能的计算机系统,在拆卸蓄电池电缆线前,应先确定故障代码。拆卸时,应先拆蓄电池负极柱上的搭铁线,后拆正极柱的起动机线。若蓄电池接线柱螺栓锈蚀难以取出,不能使用手锤或钳子敲击,可用热水冲烫后拧开螺栓,用夹头拉力器取下,取出蓄电池时应小心轻放。

（2）蓄电池安装

安装蓄电池前,应先清洁干净蓄电池外表面,并分清正、负极柱,确保负极搭铁。安装时,先接起动机端的蓄电池正极线,再接蓄电池搭铁负极线,以防扳手触碰搭铁引起蓄电池短路放电。安装接头时,应先用细砂纸清洁蓄电池极柱和接线夹头。连接接线夹头时,螺栓上先涂抹凡士林或润滑脂,以防氧化生锈,便于下次拆卸。如果极柱细,夹头粗,需加垫时,最好使用铅片或铜片,且只垫半圈,整圈易因氧化而接触不良。接线连接好后,要牢固锁定蓄电池,以免汽车行进颠簸引起电路接触不良而使用电不稳。

四、操作流程

问诊→安全防护→准备工具、量具→安全停车防护→车上检测→从车上拆卸→车下检测→充电→检验→安装→打火试车。

五、操作步骤

1. 蓄电池拆卸过程

蓄电池拆卸过程见表1-3。

表 1-3　蓄电池拆卸过程

序号	步骤	图示	操作要领说明
1	安全准备工作	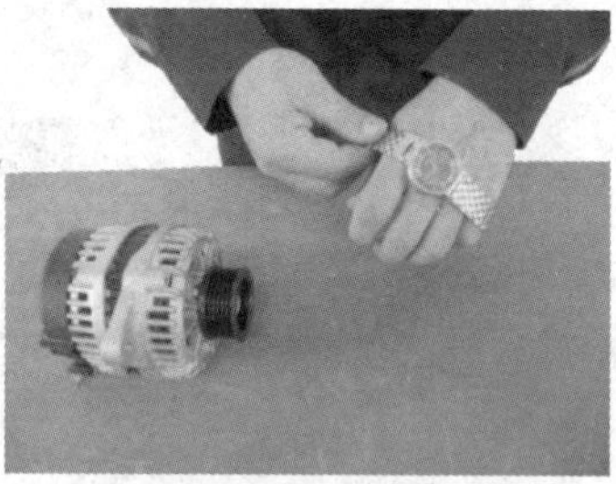	做好安全防护： ① 摘下佩饰
		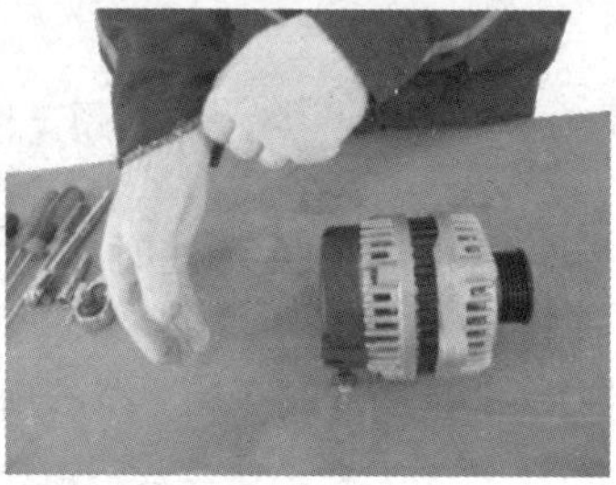	② 穿工装
2	准备工具		准备检查工具、量具、场地
			调试万用表，完成以下过程： ① 打开万用表电源开关。 ② 短接试表
3	检查记录		向车主询问车况，检查车况并做记录

续表

序号	步骤	图示	操作要领说明
4	车辆准备		① 安装汽车内防护套
		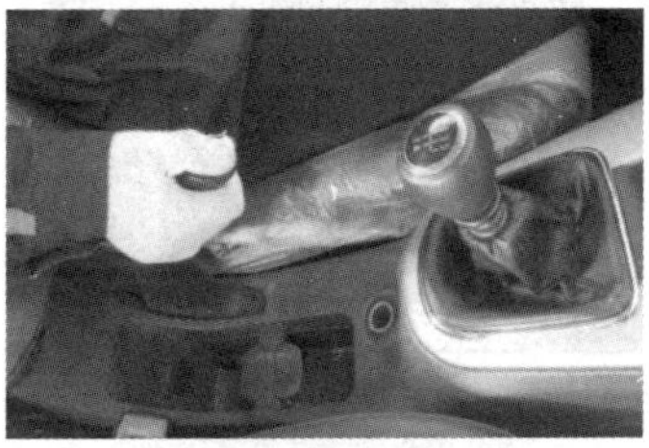	② 变速手柄放驻车挡,拉紧手制动
			③ 安全停放车辆,楔紧车轮
			④ 连接外排气管
5	试车检查		① 起动:查看发动机是否起动并正常运转。 ② 开大灯远光:观察灯光是否正常明亮,灯光暗淡可能是蓄电池亏电。 ③ 按喇叭:试听喇叭是否声音清脆响亮,声音沙哑可能蓄电池亏电

续表

序号	步骤	图示	操作要领说明
6	关闭开关		关闭点火开关拔掉车钥匙,关闭汽车所有用电设备开关
7	车辆常规检查		① 打开发动机机盖、安装汽车外防护套
		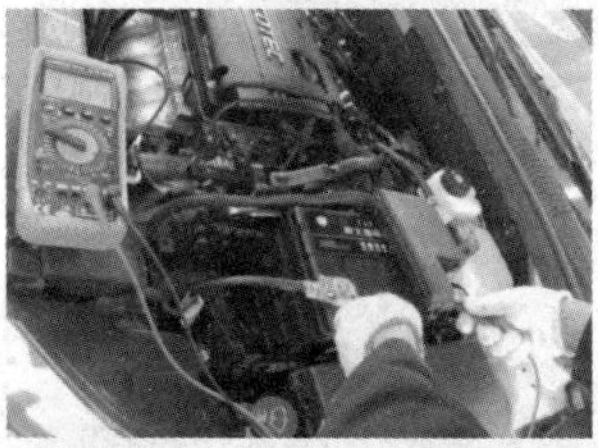	② 测量蓄电池电压
			③ 检查冷却液液位状况。 ④ 检查机油液位及油质状况。 ⑤ 检查发动机皮带状况
8	拆卸蓄电池防护罩卡销		掰开蓄电池防护罩卡销
9	拆防护罩		拆下蓄电池防护罩

续表

序号	步骤	图示	操作要领说明
10	查看观察孔	 	查看玻璃观察孔颜色,判断蓄电池储电量
11	测端电压		就车测量蓄电池端电压,蓄电池电压低于12V时需要拆下补充充电或更换
12	拆负电缆		拆卸时,应先拆蓄电池负极柱上的搭铁电缆
13	拆正电缆	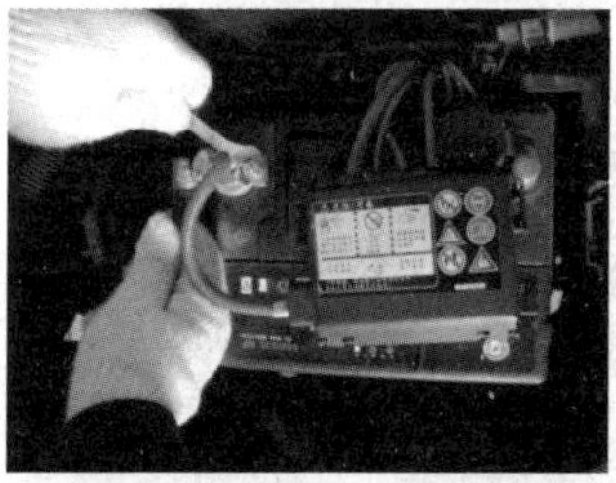	再拆正极柱的起动机电缆线
14	取出蓄电池		从车上取出蓄电池

续表

序号	步骤	图示	操作要领说明
15	清洁、检查	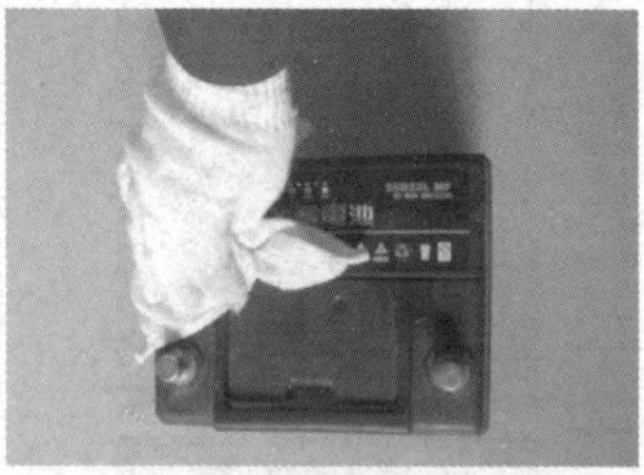	清洁、检查蓄电池外表面

2. 蓄电池安装过程

蓄电池安装过程见表1-4。

表1-4 蓄电池安装过程

序号	步骤	图示	操作要领说明
1	清洁接线柱	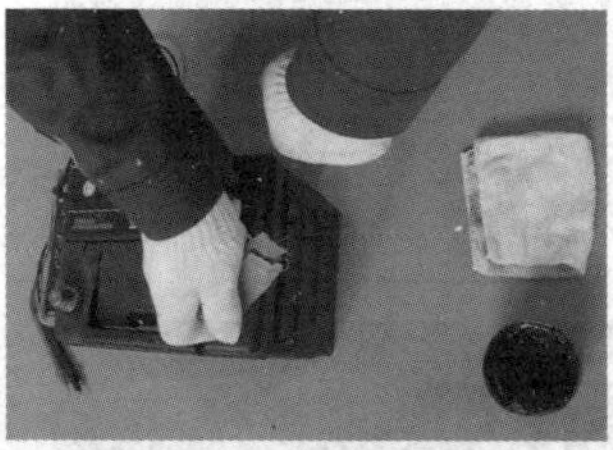	清除蓄电池接线柱上的脏污和腐蚀物
2	蓄电池静态开路电压检测		充完电的蓄电池或选择更换的新蓄电池,用数字万用表的测直流电压20V挡位,将两只表笔分别跨接在蓄电池的两个电极接线柱上,测量新蓄电池开路电压,应在12.6V以上
3	清洁线缆夹头	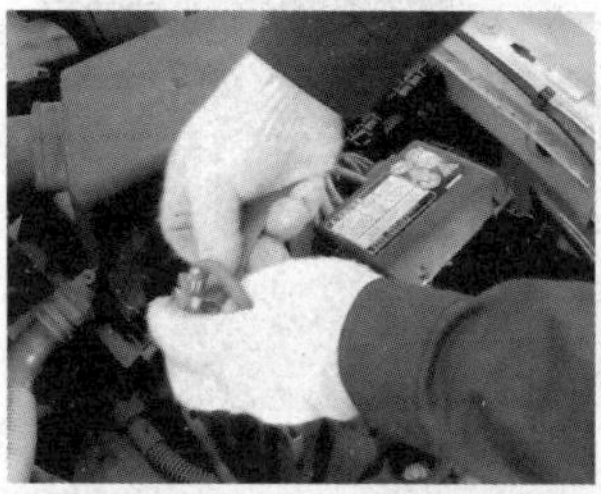	清除电缆接线夹头上的脏污和腐蚀物
4	检查清理蓄电池底座		检查、清理蓄电池底座

续表

序号	步骤	图示	操作要领说明
5	安放更换蓄电池		小心平稳将新更换的蓄电池安放在蓄电池壳体中
6	涂抹润滑脂		蓄电池安放稳定后,涂抹润滑脂
7	安装蓄电池正极线缆	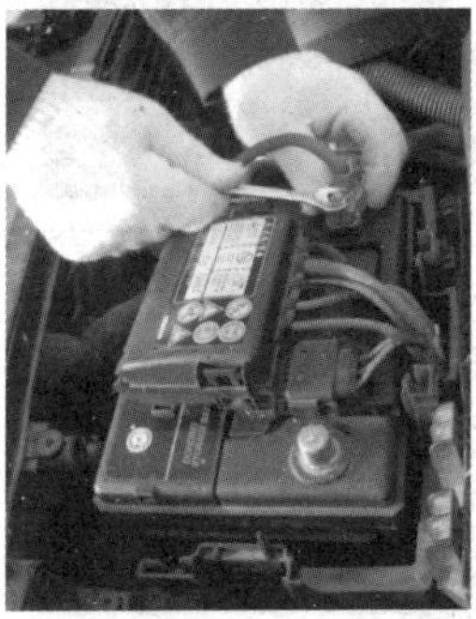	安装时,先安正极柱的起动机线
8	安装蓄电池负极线缆	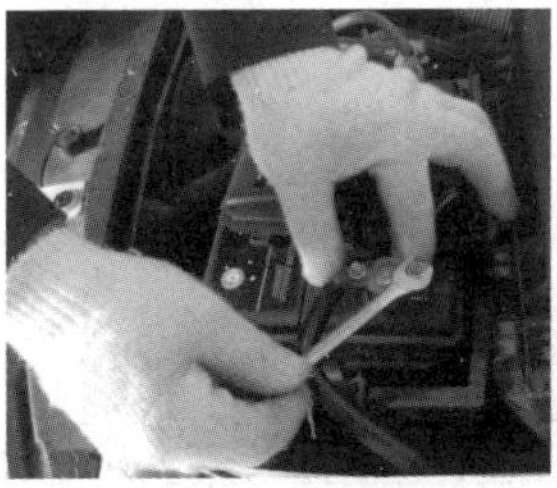	再安电池负极柱上的搭铁线
9	车上检查		安装完成后测量蓄电池端电压

续表

序号	步骤	图示	操作要领说明
10	蓄电池漏电检测	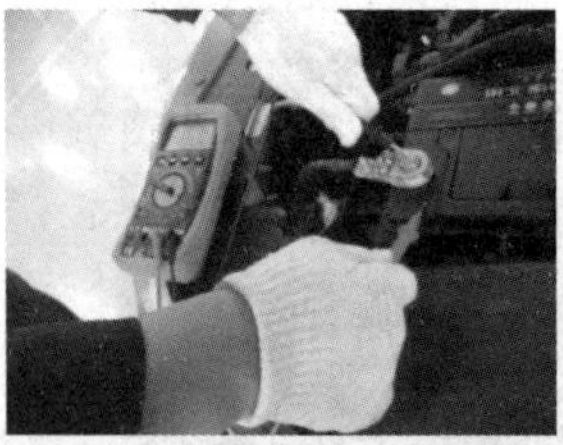	万用表选直流电压20V挡位,正极接触蓄电池壳顶不同部位,负极接蓄电池负极柱,表无数据显示为无漏电
11	蓄电池正极柱压降检查		万用表选直流电压20V挡位,正表笔接蓄电池正极柱,负表笔接正极电缆夹头,读数应小于0.5V
12	蓄电池负极柱压降检查	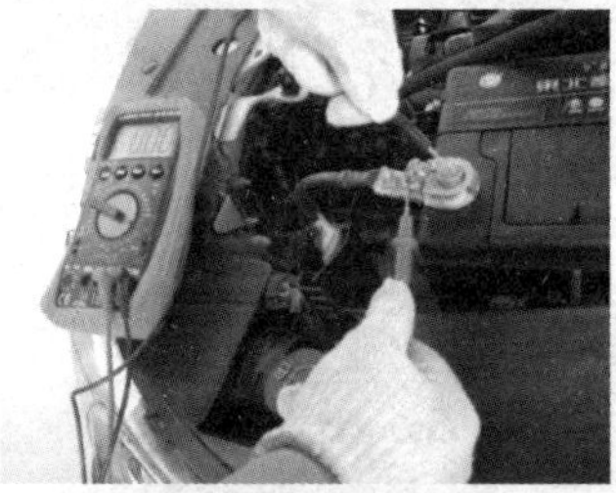	万用表选直流电压20V挡位,正表笔接负极电缆夹头,负表笔接蓄电池负极柱,读数应小于0.5V
13	安装蓄电池罩	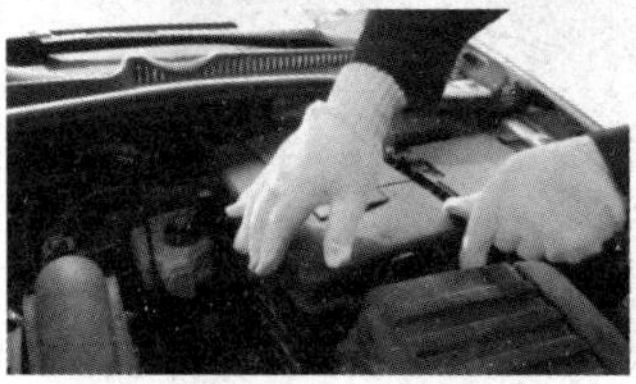	如有固定蓄电池装置应先固定蓄电池,再安装蓄电池罩
14	起动试车		打开点火开关起动发动机,直至发动机运转正常,关闭点火开关
15	整理车辆设备		① 拆下汽车外防护罩

续表

序号	步骤	图示	操作要领说明
15	整理车辆设备		② 拆下汽车内防护罩
		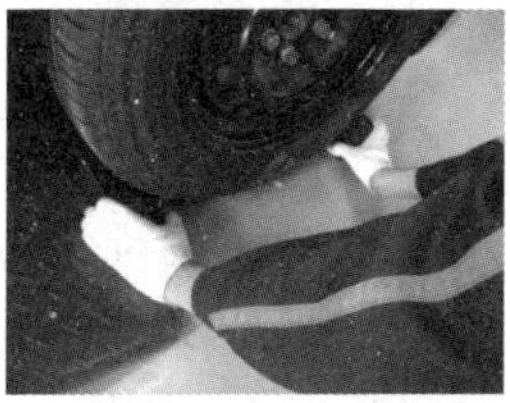	③ 移除并收起轮胎挡块
		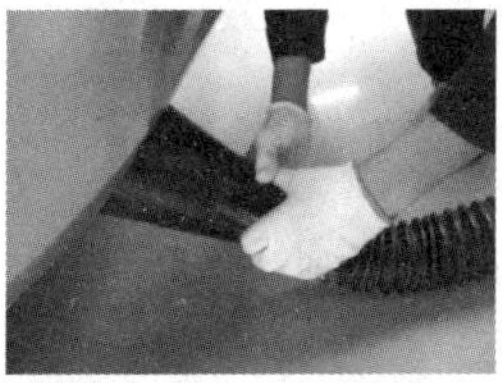	④ 拆下外排气管
			⑤ 清洁、整理车辆
16	整理工具箱	略	检查、清洁、整理设备和工具
17	处理废旧物	略	拆换件、废弃物品按类归位
18	清理场地		清理场地
19	填写工单	略	按要求及时填写操作工单

【做】 蓄电池的更换

同学们请按照表1-3、表1-4蓄电池的拆卸、安装过程，完成蓄电池更换的操作并按要求填写表1-5工作记录卡。

表 1-5　蓄电池的更换工作记录卡

操作前相关知识准备

1. 汽车检修前应安全停放在（　　）。
   A. 雪地上　　　B. 坡路上　　　C. 平坦地面上　　　D. 沙滩上
2. 拆换下来的废弃蓄电池要（　　）。
   A. 直接扔掉　　B. 就地拆解　　C. 统一回收处理　　D. 卖废品
3. 安装蓄电池时,为防止蓄电池极柱和电缆夹头氧化,可以在其上涂抹（　　）。
   A. 机油　　　　B. 汽油　　　　C. 齿轮油　　　　D. 润滑脂
4. 在维护蓄电池作业时手上不允许佩戴手表、戒指等金属首饰,主要是因为（　　）。
   A. 金属首饰是导体　B. 易损伤首饰　C. 妨碍工作　　D. 影响职业形象
5. 随意将维护工具放在蓄电池上很危险是因为金属工具可能造成蓄电池（　　）。
   A. 脏污　　　　B. 溢出酸液　　C. 直接短路　　　D. 压坏壳体
6. 汽车检修前,其点火开关应放置在（　　）。
   A. ACC　　　　B. LOCK　　　　C. ON　　　　　D. START
7. 蓄电池正极柱上标记为（　　）。
   A. "+"　　　　B. "-"　　　　C. "N"　　　　　D. 黑色
8. 拆卸蓄电池时,极柱、夹头氧化严重难以拆卸时,可以采用（　　）。
   A. 锤子敲　　　B. 撬棍撬　　　C. 热水烫　　　　D. 用火烤
9. 放完电的蓄电池应尽快充电,放置时间不要超过（　　）。
   A. 6h　　　　　B. 12h　　　　C. 18h　　　　　D. 24h
10. 免维护蓄电池严重亏电时,从观察孔可以看到（　　）。
    A. 黑色　　　　B. 绿色　　　　C. 黄色　　　　　D. 白色

操作所需工具、量具、设备、材料等	
项目	内容
工具	
量具	
设备	
材料	

实 训 要 求

操作前,要认真阅读相关安全规则手册,熟知有关安全防护常识。

学生进入实训场地,必须严格遵守实训场地要求,听从实训老师指挥,不可以擅离规定实训区域,更不可以随意触碰实训场地内的车辆、设备、材料、工具、量具等与本次课无关的物品。学生动手操作一定要在老师的指挥、监管下进行,不可以擅自主张做与当堂课业内容无关的项目,如有需求应及时向当课老师提出申请,经老师同意后在其监管下方可完成操作,以免造成人员伤害和设备损坏。

学生进入实训场地,即将自己当作一个职业人,一切言行举止要以职业人的规范行为严格要求自己,养成职业好习惯,为将来上岗做好心理上和行为上的准备。

续表

操作过程	操作过程		
	操作要点 (操作过程每个步骤的要点)	操作过程记录 (故障点、坏损件、数据等)	操作过程分析 (问题、原因、解决方法等)
学生自我总结、意见			
教师综合评价			

【评】 蓄电池的更换评价

根据蓄电池的更换工作过程,填写表1-6。

表 1-6 蓄电池的更换评价表

序号	考核内容	考核要点	分值	评分标准	评价 自评得分	评价 互评得分	评价 教师评价	总评得分
1	前期准备	1. 劳保着装及工具准备齐全； 2. 场地选择合理整洁； 3. 设备调试正确	10	工具等准备、劳保着装、场地选择、场地清洁、设备调试符合要求，每项2分				
2	车辆准备	1. 车辆安全停放定位； 2. 做好相关车辆防护	10	1. 车辆安全停放相关事项全面、正确3分； 2. 详实检查、记录车况2分； 3. 车辆相关防护措施全面恰当、操作正确5分				
3	就车检测	操作规范	10	1. 就车检查过程全面正确5分； 2. 使用万用表检查过程完整、正确5分				
4	拆卸操作	1. 工具、量具使用规范； 2. 程序方法恰当	12	1. 工具、量具使用规范2分； 2. 拆卸过程合理5分； 3. 程序方法恰当5分				
5	清洁维护	清洁及时、方法恰当	6	1. 蓄电池维护过程完整、正确3分； 2. 电缆夹头维护过程完整、正确3分				
6	检测操作	静态开路电压检测： 1. 工具、量具使用规范； 2. 测量方法正确； 3. 读数准确； 4. 正确分析读数、判断故障	5	1. 测量过程正确3分； 2. 数据读取、分析正确2分				
7	安装操作	1. 选择蓄电池型号正确； 2. 新电池安装前检查过程合理； 3. 安装程序、质量	12	1. 选择、安装前检查合理2分； 2. 工具、量具使用规范2分； 3. 紧固蓄电池过程3分； 4. 程序方法恰当5分				
8	漏电检测	1. 万用表使用正确； 2. 检测蓄电池漏电方法正确； 3. 检测蓄电池极柱漏电方法正确	15	1. 工具、量具使用规范、正确3分； 2. 测量过程正确6分； 3. 数据读取、分析正确6分				

续表

序号	考核内容	考核要点	分值	评分标准	评价 自评得分	评价 互评得分	评价 教师评价	总评得分
9	试车交付	1. 试车方法正确； 2. 文明礼貌交车	5	1. 试车方法正确3分； 2. 文明礼貌交车2分				
10	整理工位做好记录	1. 安全文明生产； 2. 及时整理工位； 3. 合理处置废旧物； 4. 如实记载使用记录	10	1. 设备复位、工具摆放整齐、清理试件、打扫场地、人走灯灭，每项1分； 2. 及时认真填写设备使用记录5分				
11	工时定额	操作时间40min	5	每超5min扣1分				
成绩评价说明	学生自评成绩的权重是20%，学生互评成绩的权重是20%，教师评价成绩的权重是60%							
	优秀(≥90)□，良好(≥80)□，一般(≥70)□，及格(≥60)□，不及格(<60)□							

注：考评过程中，如果出现下列情况之一，不予进行评价。
1. 没做好安全防护，安全意识极差。
2. 不听从老师指挥，没有团队合作意识，擅离工作岗位。
3. 操作时严重违反操作规范，操作行为随意。
4. 因违章操作发生人身伤害和设备损坏事故。
5. 操作时间超过规定时间的50%。

组长签字：　　　　　教师签字：

【练】 综合练习

一、填空题

1. 将正、负极板各1块放在电解液中即能形成_____电动势。
2. 在放电过程中，蓄电池正、负极板上的活性物质都转变为_____。
3. 将蓄电池串联使用是为了提高对外输出_____。
4. 蓄电池放电过程是将化学能转换成_____。
5. 从车上拆卸蓄电池时，应先拆蓄电池的_____极电缆，再拆_____极电缆；安装蓄电池时，应先安装蓄电池的_____极电缆，再安装_____极电缆。
6. 我国汽车采用负极搭铁，所以蓄电池安装时，其正极柱应安装_____电缆线，负极柱应安装_____电缆线。
7. 保管中的蓄电池，避免阳光_____。
8. 蓄电池使用中发现起动_____、大灯_____、喇叭_____等现象，可以初步判定蓄电池电量不足。
9. 充电时，充电器正极应连接蓄电池_____，充电器负极应连接蓄电池_____。

二、判断题

1. 拆卸蓄电池时,可以把车停放在坡路上。（   ）
2. 可以在发动机运行状态拆卸蓄电池。（   ）
3. 用高率放电计检测蓄电池是模拟起动大电流放电的工作状态。（   ）
4. 新、旧蓄电池不可以混合串联使用。（   ）
5. 给蓄电池充电是给蓄电池补充能量的过程。（   ）
6. 现在广泛使用的免维护蓄电池在使用过程中不需要补加电解液。（   ）
7. 将蓄电池并联使用能增加容量,但电压不变。（   ）

三、选择题

1. 对使用后蓄电池的充电称为（   ）。
   A. 初充电　　　　　　　　　　B. 补充充电
   C. 去硫化充电　　　　　　　　D. 快速脉冲充电
2. 目前汽车常采用的充电方法是（   ）。
   A. 定电流充电　B. 定电压充电　C. 脉冲充电　D. 间歇充电
3. 免维护蓄电池充电最适于选择（   ）。
   A. 小型充电器　　　　　　　　B. 电子充电器
   C. 快速起动充电器　　　　　　D. 快速脉冲充电器
4. 如果蓄电池需要补加电解液应在（   ）补加。
   A. 充电前　　B. 充电中　　C. 充电后　　D. 随时
5. 备用苏打水的浓度为（   ）。
   A. 5%　　　B. 10%　　　C. 15%　　　D. 20%
6. 如果酸液不慎溅入眼睛,应立即冲洗,需使用（   ）。
   A. 自来水　　B. 纯净水　　C. 苏打水　　D. 电解液
7. 如果酸液溅到皮肤,应立即用（   ）冲洗后及时去医院。
   A. 汽油　　B. 苏打水　　C. 自来水　　D. 机油
8. 充电房间应保持（   ）。
   A. 密封　　B. 畅通　　C. 高温　　D. 冷冻
9. 充电室严禁（   ）。
   A. 供暖　　B. 开空调　　C. 开窗　　D. 明火
10. 保管蓄电池时距离热源的距离应大于（   ）m。
    A. 1　　　B. 2　　　C. 3　　　D. 4

四、简答题

1. 蓄电池的作用是什么?
2. 蓄电池的主要组成是什么?
3. 如何识别蓄电池的正负极柱?
4. 分别回答 6-QA-60、6-QW-180 的含义。
5. 如何储存蓄电池?

五、叙述题

1. 叙述拆卸蓄电池的过程。
2. 叙述安装蓄电池的过程。

六、拓展练习

1. 动手操作汽车应急跨接救援。
2. 了解目前应用的汽车蓄电池新技术及未来发展方向。

任务2　硅整流发电机结构及解体后检修

（1）掌握发电机的作用、组成及结构关系。
（2）能独立完成发电机的解体和装复。
（3）掌握发电机解体后各元器件的检测方法并能判断其好坏。

发电机拆解

工作台、台钳1台、发电机1台、拆装工具1套、汽车用数字万用表1块、游标卡尺1只、防护工装、手套、抹布若干。

【学】　发电机的基本结构

一、发电机的作用

交流发电机的作用是在汽车运行时,给除起动机以外的所有用电设备供电,并向蓄电池充电。

为了给汽车上的直流电气设备供电,在交流发电机内部都装有硅整流器,将交流电转变成直流电向外输出。因此,汽车用交流发电机又称为硅整流发电机。

二、交流发电机的组成和分类

1. 交流发电机组成

普通交流发电机由三相同步交流发电机和硅整流器两部分构成,交流发电机总成如图1-18所示、硅整流器总成如图1-19所示。

2. 交流发电机分类

（1）按总体结构分类

① 普通交流发电机：无特殊装置也无特殊功能和特点的汽车用交流发电机,使用时

图 1-18　交流发电机总成　　　　　图 1-19　硅整流器总成

需要配装电压调节器。

② 整体式交流发电机：将电压调节器安装在机体内的交流发电机，目前普遍使用。例如桑塔纳用的 JFZ1913Z 型发电机。

③ 带泵交流发电机：带泵交流发电机转子轴很长并伸出后端盖，利用其外花键与真空泵转子的内花键相连接，驱动真空泵与发电机转子同步旋转，为制动系的真空增压器提供真空源，主要用于没有真空源的柴油机汽车上，例如 JFZB292 型发电机。

④ 无刷交流发电机：无刷交流发电机转子上无励磁绕组，不需要电刷、滑环，结构简单，故障少。例如 JFW1913 型发电机。

(2) 按电刷的搭铁形式分类

按电刷的搭铁形式分为内搭铁型发电机和外搭铁型发电机。

(3) 按输出电压等级分类

按输出电压等级分为 14V 发电机和 28V 发电机。

三、普通交流发电机的结构

普通交流发电机主要由转子总成，定子总成，整流器，前、后端盖，电刷，电刷架，风扇，皮带轮等组成。交流发电机的基本结构如图 1-20 所示。

1. 三相同步交流发电机

三相同步交流发电机的作用是产生三相正弦交流电。

(1) 转子总成

作用：产生磁场。

组成：转子总成主要由爪形磁极、磁场绕组、磁轭、转子轴和滑环组成，如图 1-21 所示。

两块爪形磁极由低碳钢制成，每块爪形磁极上各有 6 个鸟嘴形状的磁极，两块爪形磁极相对交错排列，形成 6 对磁极，在其空腔内装有导磁用的铁心称为磁轭，爪形磁极和磁轭分别压装在转子轴上。励磁绕组由高强度的漆包线绕制而成，将其缠绕在磁轭上。励磁绕组的两端引出线都各绝缘穿过 1 块爪形磁极，分别与两个铜质滑环相焊接。

两滑环之间、滑环及轴之间保持绝缘。滑环应粘接牢固，表面光洁，厚度不应小于 1.5mm，并且滑环所在位置应能与电刷准确接触。

工作原理：当两个电刷与直流电源接触时，励磁绕组中有电流通过并产生轴向磁通，

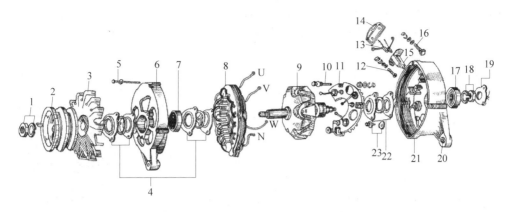

图 1-20 国产 JF 系列交流发电机解体图

1—紧固螺母及弹簧垫圈；2—带轮；3—风扇；4—前轴承油封及护圈；5—组装螺栓；6—前端盖；7—前轴承；8—定子；9—转子；10—"+"电枢接柱；11—散热板；12—"-"搭铁接柱；13—电刷及弹簧；14—电刷架外盖；15—电刷架；16—"F"磁场接柱；17—后轴承；18—转轴固定螺母及弹簧垫圈；19—后轴承纸垫及护盖；20—安装臂钢套；21—后端盖；22—后端盖轴承油封及护圈；23—散热板固定螺栓

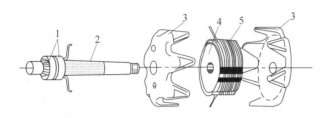

图 1-21 交流发电机转子总成

1—滑环；2—转子轴；3—爪形磁极；4—磁轭；5—磁场绕组

使 1 块爪形磁极被磁化为 N 极，另 1 块爪形磁极被磁化为 S 极，从而形成 6 对相互交错的磁极，如图 1-22 所示。

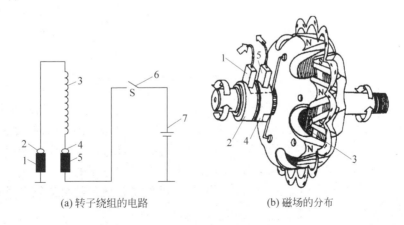

(a) 转子绕组的电路　　(b) 磁场的分布

图 1-22 转子绕组电路与转子磁场分布

1、5—电刷；2、4—滑环；3—励磁绕组；6—点火开关；7—蓄电池当发动机曲轴经传动带带动交流发电机转子旋转时,形成旋转磁场。把爪形磁极的凸缘外形制成鸟嘴形状,是为了当发电机工作时,有利于三相同步交流发电机产生按正弦规律变化的三相交流电动势。

(2) 定子总成

作用:产生三相交流电。

组成:定子总成又称电枢总成,由定子铁芯和定子绕组组成,如图 1-23 所示。

定子铁芯由相互绝缘的环状硅钢片或低碳钢片叠压而成,其内圆均匀分布着嵌线槽,线槽内对称镶嵌有三相完全相同(匝数相同、绕向相同)的对称绕组,以便当发动机运转时,在三相绕组中能够产生最大值相等、频率相同、相位互差 120°的三相交变电动势。三相绕组皆由高强度漆包线在专用模具上绕制而成。

图 1-23 定子总成

接线方法:定子绕组的连接方法分为星形(Y)连接和三角形(△)连接两种,如图 1-24 所示。

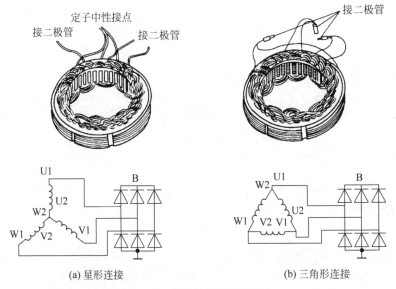

图 1-24 定子绕组的连接方法

星形连接的特点是使相邻两绕组之间相位差为 120°,且将三个绕组的末端连于一点,作为中性点,由三相绕组的首端引出的线称为相线,由中性点引出的线称为中性线。因此,星形连接法连接成三相四线制,可以由中性点向外引出接线柱,作为交流发电机的中性点接线柱,记作"N",中性点输出电压是发电机向外输出电压的一半。

由于星形接法具有低速发电性能好的优点,所以大多数汽车用交流发电机的定子绕组都采用星形接法。

(3) 前、后端盖

前、后端盖的作用是固定转子总成、定子总成、整流器、电刷组件并封闭交流发电机内部构件。前、后端盖上均装有轴承用于支撑转子总成。前端盖既有安装臂,又有调整臂,如图 1-25 所示;后端盖只有调整臂,硅整流器、电刷组件等均固定在后端盖上,改变调整臂的固定位置可以调整传动皮带的松紧程度,如图 1-26 所示。

图 1-25　前端盖实物图　　　　　　　　图 1-26　后端盖实物图

端盖由铝合金制成,为非导磁材料,并且制有通风口,既轻便,散热性又好。

(4) 电刷总成

电刷总成由电刷、电刷架和电刷弹簧组成,如图 1-27 所示。电刷将电源的电流经滑环引入磁场绕组。电刷装在固定于后端盖上电刷架的方形孔内,在弹簧的弹力作用下,与转子滑环保持良好接触。

电刷架有外装式电刷架和内装式电刷架两种,如图 1-27 所示。外装式电刷架可以在交流发电机外部拆装电刷;内装式电刷架只能将交流发电机解体后才能拆下电刷。

现代汽车用交流发电机多半将电刷总成与发电机调节器做成一体置于发电机内,以节省空间,如图 1-28 所示。

　　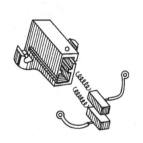　　

(a) 内装式电刷架　　　(b) 外装式电刷架

图 1-27　电刷及电刷架　　　　　图 1-28　整体式电刷装置

(5) 风扇、皮带轮

风扇的作用是在交流发电机工作时,对交流发电机内部进行强制通风冷却。分为外置风扇和内置风扇两种。外置风扇一般由 1.5mm 的薄钢板冲制而成叶片式,或用铝合金压铸而成,用半圆键装在前端盖外侧的转子轴上。内置风扇安装在交流发电机内部转子上,提高了散热性能和安全性能。有的发电机将传统的外装单风叶改装为两个风叶并分别固定在发电机的极爪两侧,使发电机由单面轴向抽风改为双向轴向抽风径向排风的冷却系统，增强了冷却效果，如图 1-29 所示。

(a) 前爪极风扇

(b) 后爪极风扇

图 1-29 双向轴向风扇

皮带轮的作用是利用传动带将发动机的转矩传给发电机的转子轴。皮带轮通常用铸铁或铝合金制成，通过半圆键装在风扇外侧的发电机转子轴上，再利用弹簧垫片和螺母紧固。

2. 硅整流器总成

① 作用：硅整流器的作用是把交流发电机产生的三相交流电转换成直流电输出。

② 结构：硅整流器一般由两块整流板和六只硅整流二极管组成，如图 1-30 所示，整流板用于承载硅整流二极管，由铝合金制成，以利于散热。两块整流板彼此绝缘，固定在后端盖上。

(a) 正面

(b) 反面

图 1-30 整流器总成

汽车用交流发电机的二极管是汽车专用的，整流原理与普通二极管相同，为了安装方便，一般将汽车用交流发电机中的每只二极管制成圆柱形，只引出一个中心引线作为电极，将二极管的外壳制成另一个电极。根据引出中心电极的正负极不同分为正二极管和负二极管，简称正极管和负极管。

在六只整流二极管中有三只正极管和三只负极管。如图 1-31 所示为二极管安装示意图。

③ 整流原理：在交流发电机中，六只二极管组成了三相桥式整流电路，利用二极管的单向导电性，便可以把三相交流电变成直流电向外输出。

④ 整流器类型：为了提高汽车交流发电机的输出功率，交流发电机多采用八管、九管、十一管整流器。

八管：在六管整流器基础上另外增加两只定子绕组（"星形"连接）的中性点二极管，利用中性点输出的交流电压来增加交流发电机的输出电流，中性点电压为输出电压的一

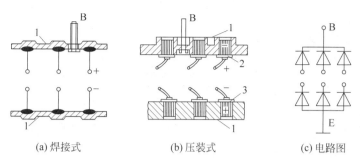

(a) 焊接式　　　　(b) 压装式　　　　(c) 电路图

图 1-31　二极管安装示意图

1—散热板；2—正极管；3—负极管

半,实验表明,在不改变发电机结构的情况下,加装两只整流二极管后,当发电机转速大于 2000r/min 时,输出功率比额定功率增加 11%～15%。

九管：在六管整流器基础上另外增加三只小功率的励磁二极管,励磁二极管输出的电压与发电机电枢接线柱输出电压相等,它既能提供发电机励磁电流,还能控制充电指示灯。

十一管：在六管整流器基础上既增加两只中性点二极管又增加三只励磁二极管,同时完成上述两项任务。

⑤ 整流器二极管与定子绕组的连接：整流器二极管与定子绕组的连接有星形连接和三角形连接两种,如图 1-32 所示。星形接法有低速发电性能好的优点,所以大多数汽车用交流发电机的定子绕组都采用星形接法。

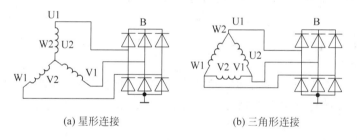

(a) 星形连接　　　　　　(b) 三角形连接

图 1-32　整流器与定子绕组的连接

【教】　发电机的拆装、解体后检测

发电机解体后检查

一、发电机整体检测

交流发电机在维修前,应先进行整体检查,以初步确定故障的部位和程度。

1. 机械检查

（1）检查外壳、挂脚等处有无裂纹或损坏。

（2）手持带轮,前后左右摇晃检查轴的轴向和径向间隙。

（3）转动带轮,检查轴承阻力、噪声及转子和定子间有无碰擦。

2. 电气检查

常用交流发电机各接线柱间电阻值见表1-7。

表1-7 交流发电机各接线柱之间的阻值　　　　　　　　　　　　　　Ω

发电机型号		F与E间	B与E间		N与E(或B间)	
			正向	反向	正向	反向
有刷	JF11、JF13、JF15、JF21	3～6	40～50	>10000	约10	>10000
	JF12、JF22、JF23、JF25	19.5～21				
无刷	JFW14	3.5～3.8	40～50	>10000	约10	
	JFW28	15～16				

二、发电机拆、装及检修注意事项

（1）不同型号的发电机解体与组装顺序有所不同，应按厂家维修手册规定的顺序进行。

（2）当发电机轴与轴承配合很紧或锈死时，不能用手锤硬敲，应使用专用工具进行拆卸。

（3）部分组件总成无故障时不必分解，有故障时更换总成，如整流器、定子总成、转子总成。

（4）将发电机分解后，应用压缩空气吹净内部灰尘，注意绕组、电刷应使用干净抹布擦净，不得用汽油浸洗。

（5）组装时各螺栓应按规定扭矩旋紧，同时检查调整各部分间隙。

（6）各润滑部件应使用厂家规定的润滑剂润滑。

三、操作流程

准备→清洁→拆解→检测→装复→测试→整理工具、设备→清理环境→记录工单。

四、拆、装及检修操作过程

不同发电机结构各具特点，实际工作中拆、装及检修过程应按相应维修手册要求进行，许多环节要求使用专业工具操作，并且安装机件需达到规定位置和扭矩。教学过程与实际使用维修会存在一定差别，下面以JFZ1826H（14V 80A）型发电机为例模拟演示在教学过程中发电机的拆卸、安装及检修过程，主要用于展示发电机的结构关系及操作流程认知。

1. 发电机拆解过程

发电机拆解过程见表1-8。

表 1-8 发电机拆解过程

序号	步骤	图示	操作要领说明
1	安全防护		① 摘佩饰。 ② 穿工装
2	准备	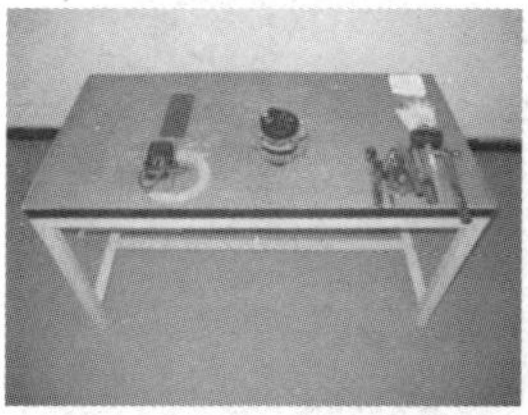	准备相关机件、工具、量具
3	调试万用表		调试万用表,完成以下过程: ① 打开万用表电源开关。 ② 根据测量值大小选择适当量程。 ③ 短接试表
4	清除发电机外表面	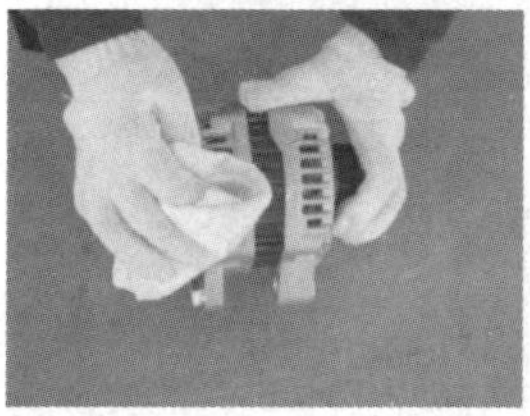	清除发电机外部灰尘、油污
5	预松皮带轮固定螺母		发电机解体前,使用专用夹具配扭力扳手旋松皮带轮固定螺母
6	拆卸防尘罩		用起子轻轻撬动拆下发电机防尘罩
7	拆调节器、电刷总成	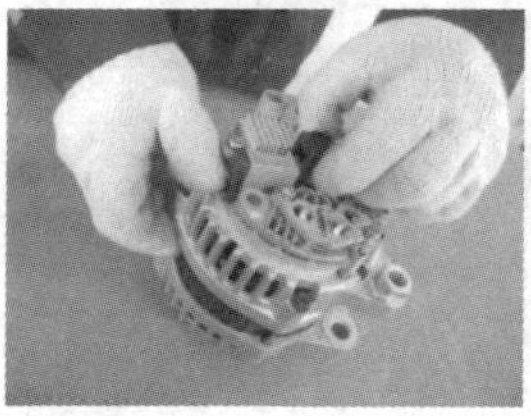	① 用手垂直向上拔下电刷防尘罩

续表

序号	步骤	图示	操作要领说明
7	拆调节器、电刷总成	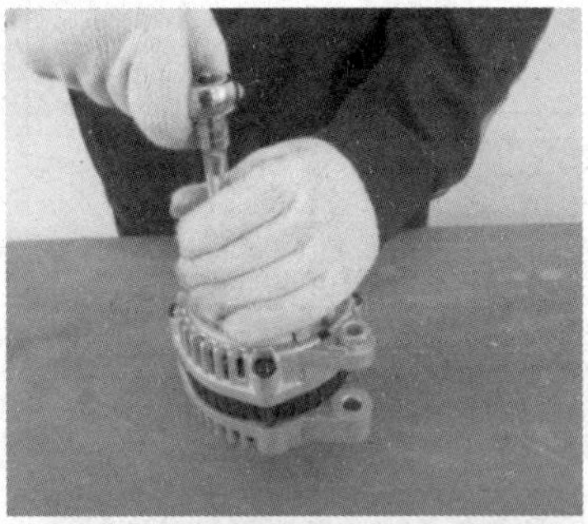	② 先分别拧松三个固定螺钉再依次拆下
			③ 取下调节器、电刷总成
8	分解机体	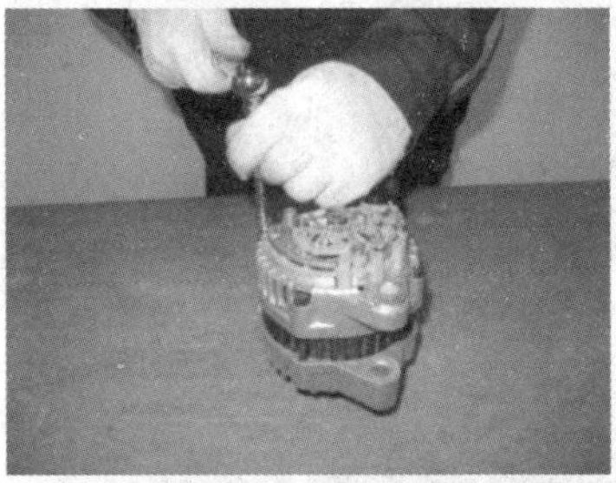	① 先对角旋松前、后端盖间四个拉紧螺栓后依次拆下
		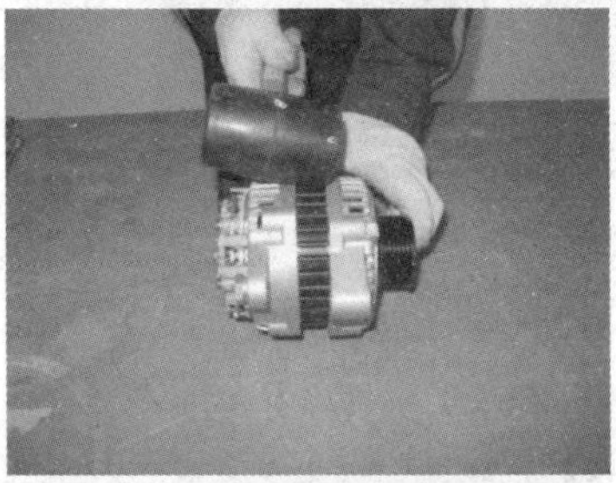	② 用橡胶锤敲击前端盖周边,避开螺栓孔和两臂
			③ 分解机体(如果敲击无效,需使用轴承拉力器等专用工具分离)

续表

序号	步　骤	图　示	操作要领说明
9	拆下转子总成	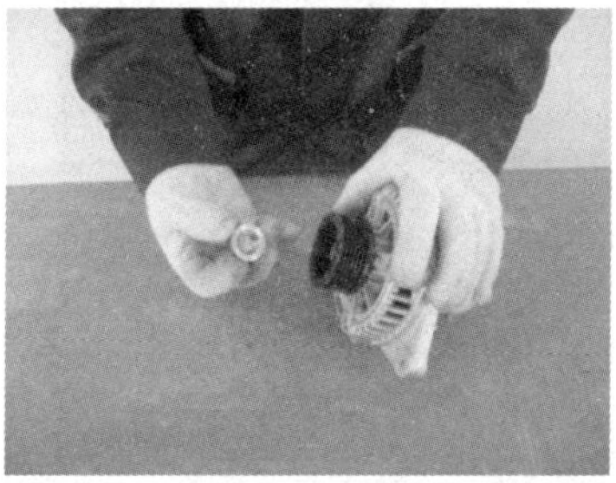	① 拆固定螺母（如果螺母过紧时需用专业卡具配合扭力扳手完成此操作）
		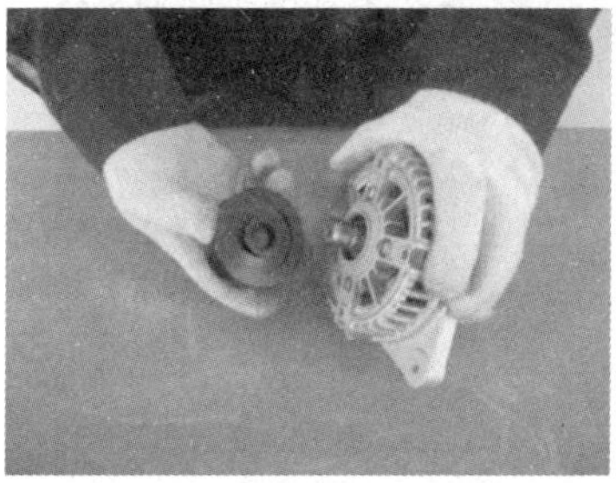	② 取下皮带轮，注意观察记录方向
			③ 可用锤子配合冲子敲击（或使用轴承拉力器等专用工具）拆出转子总成
			④ 拆下转子总成，使转子总成和前端盖分离
		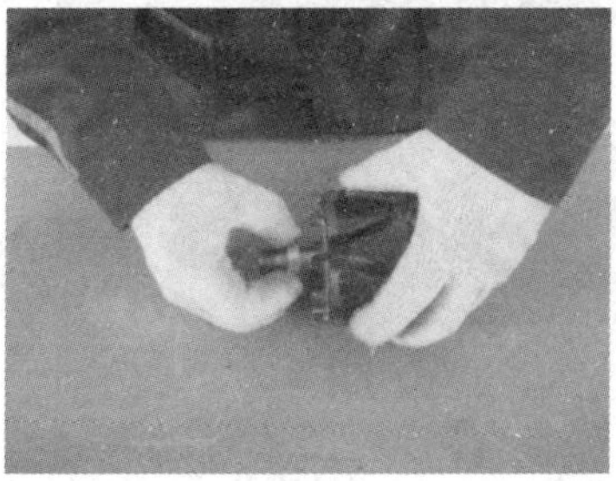	⑤ 取下轴承护圈，注意观察安装记录方向

续表

序号	步骤	图示	操作要领说明
10	拆驱动端盖轴承护垫	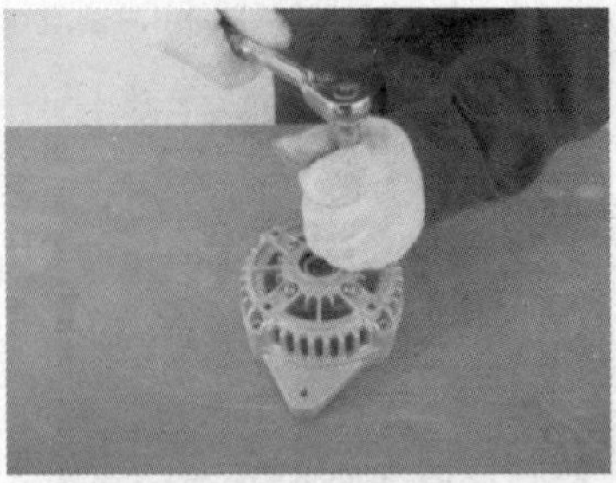	① 拆固定驱动端盖轴承护垫上的4个螺钉
			② 取下轴承护垫,注意观察、记录安装方向
11	分离定子总成、整流器		① 焊开三个定子引线端子(此过程多用于教学,实际应用不常操作)
			② 用橡胶锤敲击后端盖周边,避开螺栓孔和两臂
			③ 拆下定子总成,使定子总成和后端盖分离

续表

序号	步骤	图示	操作要领说明
12	分解整流器和后端盖		① 先拧松后依次拆下三个紧固螺钉 ② 取下整流器总成
13	分解完成	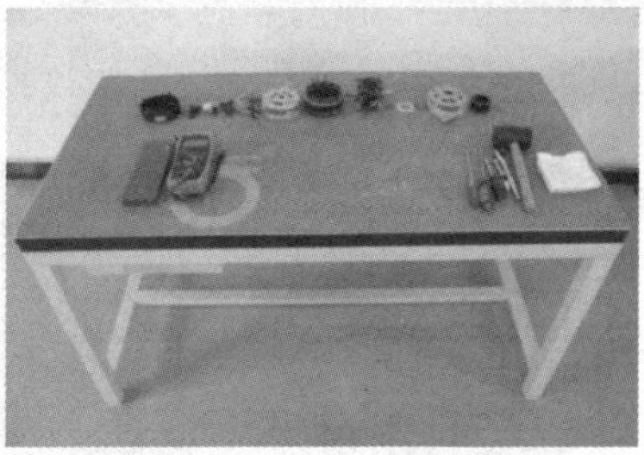	全部元器件按拆卸顺序规范摆放
14	装复	参见拆解过程相反顺序	装复前要清洁机件,装复时按拆解相反顺序进行,轴承等部位需要涂抹润滑脂,并要注意元器件的相互位置关系和方向。安装结束后,要及时清洁整理工具、设备、工作台
15	收工整理	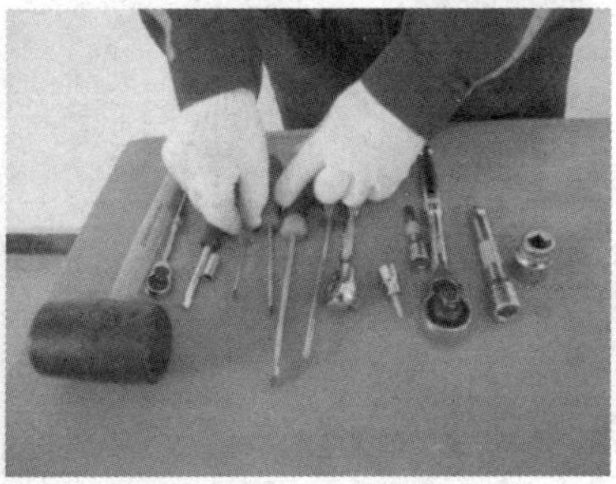	清洁工作台,整理收拾机件、工具、量具、工作台
16	记录	工作记录卡	填写工作记录卡

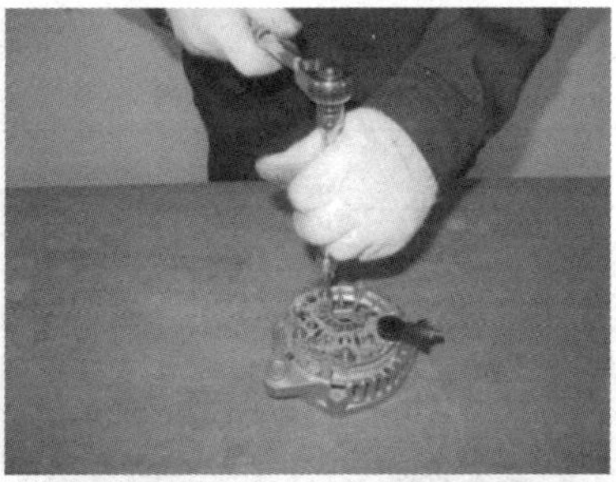

2. 发电机检测过程

发电机检测过程见表1-9。

表1-9 发电机检测过程

序号	步骤	图示	操作要领说明
1	磁场绕组绝缘检查		选择万用表测电阻最大量程挡位,测量转子总成中1只滑环与转子轴之间的电阻应大于1MΩ
2	磁场绕组断路检查	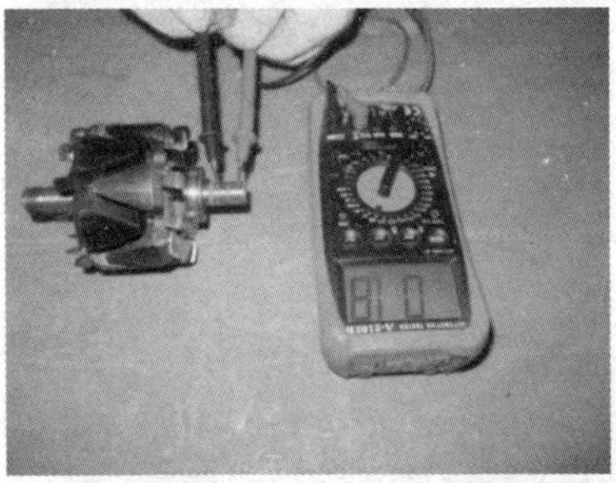	选择万用表测电阻最小量程挡位,测量转子总成中两滑环之间的电阻应为2.3~2.7Ω
3	检查转子总成	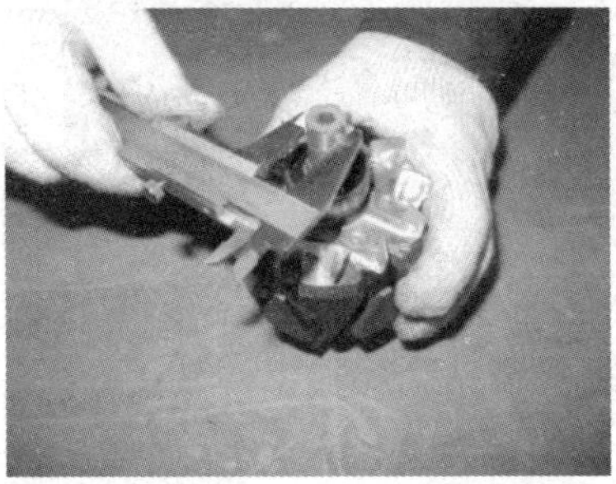	① 滑环表面应光滑,两滑环间隙处无脏污,无明显烧蚀或磨损沟槽,轻微损伤可用"00"号砂纸打磨。 ② 用游标卡尺测量滑环,直径应为14.2~14.4mm,最小允许值为14.0mm
4	定子绕组绝缘检查		先目测定子总成,然后选择万用表测电阻较大量程挡位,测量定子铁芯与任一相绕组端头之间的电阻,应该不导通,阻值为∞。如果导通说明定子绕组之间绝缘不好,应予以更换

续表

序号	步骤	图示	操作要领说明
5	定子绕组断路检查	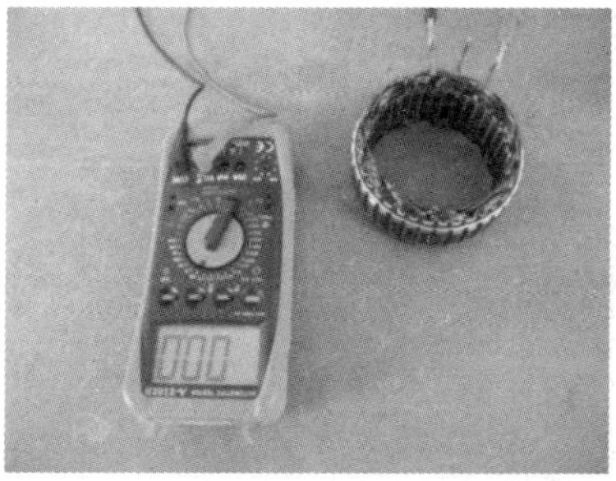	选择万用表测电阻最小量程挡位,分别测量定子绕组各相绕组端头之间的电阻应小于1Ω;0Ω为短路;∞为断路。定子绕组阻值太小,短路故障要通过专业仪器查找
6	检查正二极管总成	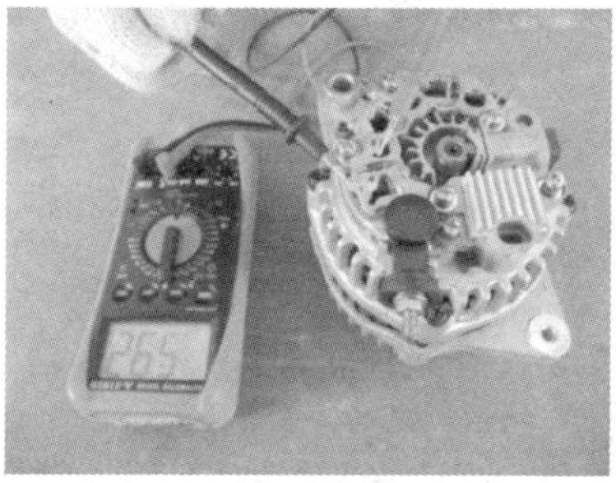 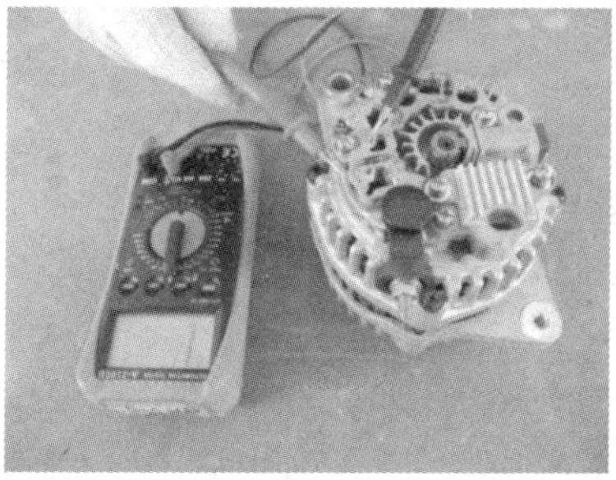	选择万用表测二极管挡位,黑表笔置于整流板,红表笔分别置于各二极管引线端,对调两表笔重复测量。读数:正向电阻小于100Ω,反向电阻大于10kΩ;正反都0Ω为短路;正反都∞为断路
7	检查负二极管总成	将两只表笔对调,测量方法同正二极管测量	结论参照正二极管
8	检查励磁二极管	测量方法参照上述二极管测量	参照上述结论
9	检查两块整流板间绝缘状态	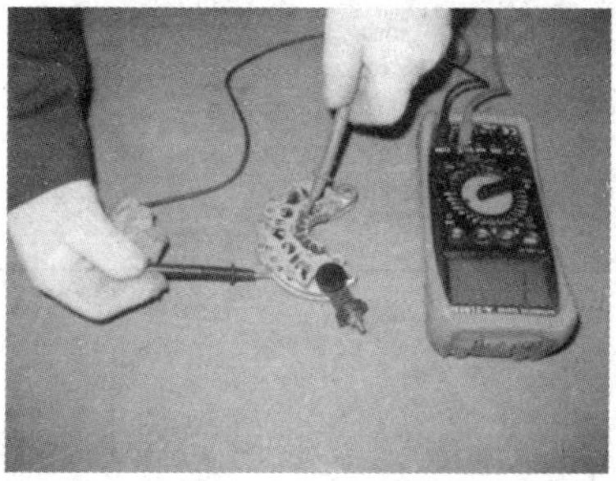	选择万用表测电阻挡位大量程,将红、黑表笔分别置于两块不同整流板,正常不应导通,阻值为∞

续表

序号	步骤	图示	操作要领说明
10	检查电刷长度	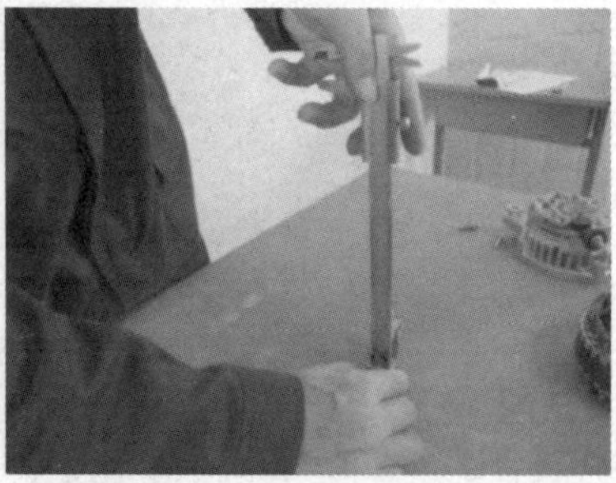	电刷表面应无脏污，在电刷架中活动自如。利用游标卡尺测量电刷的外露长度，标准外露长度：9.5～11.5mm，最小外露长度：4.5mm。如果外露长度小于最小值，则更换电刷架总成
11	检查弹簧弹力	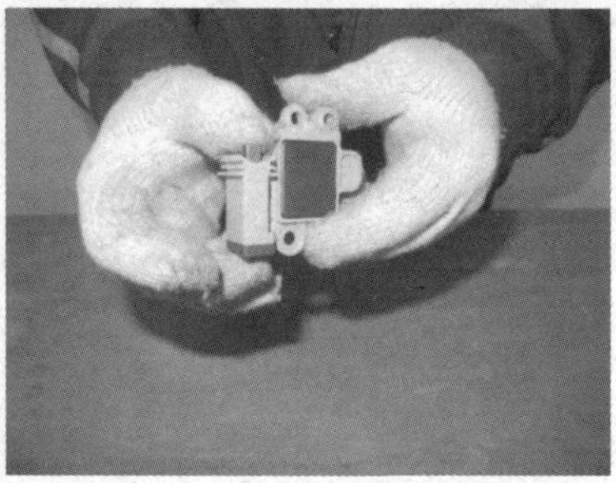	电刷在电刷架中应活动自如，当电刷从电刷架中露出 2mm 时，电刷的弹簧压力值应为 2～3N
12	检查电刷架	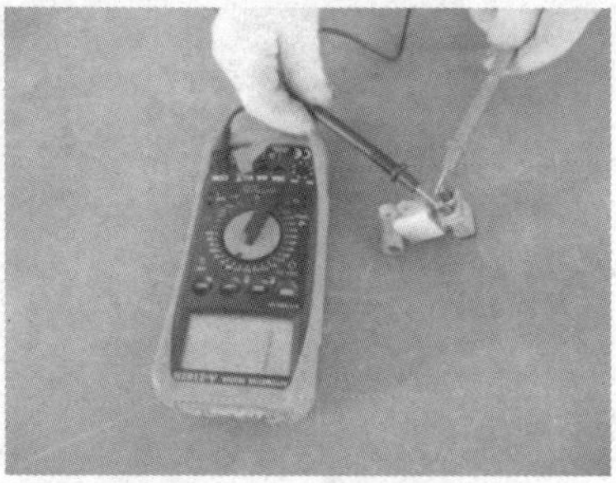	电刷架应无烧蚀、破裂或变形，绝缘良好
13	电枢接线柱的绝缘检查	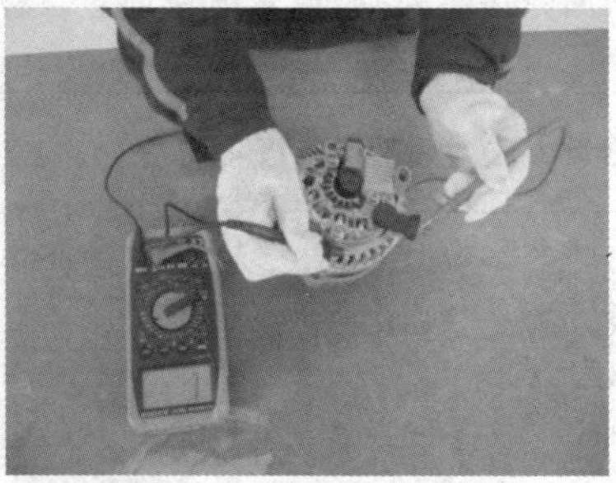	解体前及装复后检查电枢接线柱的绝缘情况

3. 发电机装复过程

装复过程基本按拆解相反顺序进行，安装时要注意元器件的相互位置和方向，安装结束后，要及时清洁整理工具、设备、工作台并认真填写工单。

发电机装复

【做】 发电机的拆装、解体后检测

同学们请按照表 1-8、表 1-9 发电机拆、装及解体后检测过程的相关要求，完成发电机拆、装及检测的操作过程并按要求填写表 1-10 工作记录卡。

表 1-10 发电机的拆装、解体后检测工作记录卡

操作前相关知识准备

1. 交流发电机的对外输出火线接线柱，标有（　　）。
   A. "B"　　　　B. "E"　　　　C. "F"　　　　D. "N"
2. 内搭铁式发电机是指发电机（　　）。
   A. 电枢绕组一端搭铁　　　　B. 磁场绕组一端搭铁
   C. 外壳搭铁　　　　　　　　D. 整流器搭铁
3. 将万用表红表笔接二极管引线端，黑表笔接二极管外壳，正常二极管应是（　　）。
   A. 正二极管正向导通　　　　B. 正二极管反向截止
   C. 正二极管正向短路　　　　D. 正二极管反向断路
4. 将万用表红表笔接二极管引线端，黑表笔接二极管外壳，再对调表笔测量，两次电阻都显示零，则二极管（　　）。
   A. 正常　　　　B. 短路　　　　C. 断路　　　　D. 搭铁
5. 将万用表两只表笔分别接两滑环测电阻，指示无穷大说明磁场绕组（　　）。
   A. 正常　　　　B. 短路　　　　C. 断路　　　　D. 搭铁
6. 将万用表两只表笔分别接电枢绕组三个端子和中性点端子测电阻，三次读数应（　　）。
   A. 相等　　　　B. 读数各异　　　C. 都是零　　　D. 都无穷大
7. 测量下列接线柱与机壳间电阻为零的是（　　）。
   A. "B"　　　　B. "D"　　　　C. "E"　　　　D. "N"
8. 电刷弹簧压力值一般为（　　）。
   A. 1~1.5N　　　B. 1.5~2N　　　C. 2~3N　　　D. 3~3.5N
9. 当露出电刷架的电刷磨损至约（　　）mm 时，应予以更换。
   A. 4　　　　　B. 8　　　　　C. 11　　　　　D. 14
10. 使相邻两绕组之间相位差为 120°电角度，且将三个绕组的末端连于一点，作为中性点的连接方法是（　　）连接。
    A. 星形　　　　B. 三角形　　　C. 串联　　　　D. 并联

操作所需工具、量具、设备、材料等	
项目	内　容
工具	
量具	
设备	
材料	

续表

实 训 要 求

　　操作前,要认真阅读相关安全规则手册,熟知有关安全防护常识。

　　学生进入实训场地,必须严格遵守实训场地要求,听从实训老师指挥,不可以擅离规定实训区域,更不可以随意触碰实训场地内的车辆、设备、材料、工具、量具等与本次课无关的物品。学生动手操作一定要在老师的指挥、监管下进行,不可以擅自主张做与当堂课业内容无关的项目,如有需求应及时向当课老师提出申请,经老师同意后在其监管下方可完成操作,以免造成人员伤害和设备损坏。

　　学生进入实训场地,即将自己当作一个职业人,一切言行举止要以职业人的规范行为严格要求自己,养成职业好习惯,为将来上岗做好心理上和行为上的准备。

操 作 过 程				
序号	操作过程	操作要点 （操作过程每个步骤的要点）	操作过程记录 （故障点、坏损件、数据等）	操作过程分析 （问题、原因、解决方法等）
学生自我总结、意见				
教师综合评价				

【评】 发电机的拆装、解体后检测

根据发电机的拆装、解体后检测工作过程，填写表1-11。

表1-11 发电机的拆装、解体后检测过程评价表

序号	考核内容	考核要点	分值	评分标准	自评得分	互评得分	教师评价	总评得分
1	前期准备	1. 着工装及工具、量具等准备齐全； 2. 场地选择合理整洁	5	工具、量具等准备齐全、着工装、场地选择合理、场地清洁，每项1分				
2	拆卸操作	1. 正确选择、使用工具； 2. 顺序合理； 3. 拆卸部位正确； 4. 拆卸方法恰当； 5. 元器件摆放整洁有序	25	1. 正确选择、使用工具5分； 2. 顺序合理5分； 3. 拆卸部位正确5分； 4. 拆卸方法恰当5分； 5. 元器件摆放整洁有序2分； 6. 拆卸质量合格3分				
3	检测操作	检查电枢总成： 1. 电枢线圈导通检查； 2. 电枢线圈搭铁检查； 3. 判断结果准确	6	1. 测量过程正确2分； 2. 数据读取、分析正确2分； 3. 量具使用正确2分				
		检查磁场总成： 1. 磁场线圈导通检查； 2. 磁场线圈搭铁检查； 3. 判断结果准确	6	1. 测量过程正确2分； 2. 数据读取、分析正确2分； 3. 量具使用正确2分				
		检查电刷总成： 1. 长度检查； 2. 弹簧弹性检查； 3. 判断结果准确	6	1. 检查过程正确2分； 2. 数据读取、分析正确2分； 3. 量具使用正确2分				
		检查整流器： 1. 正二极管检测； 2. 负二极管检测； 3. 散热板检测	8	1. 测量过程正确3分； 2. 数据读取、分析正确3分； 3. 量具使用正确2分				
		接线柱、端盖等其他检查	4	1. 测量、判断过程正确2分； 2. 量具使用正确2分				

续表

序号	考核内容	考核要点	分值	评分标准	评价 自评得分	评价 互评得分	评价 教师评价	总评得分
4	装复操作	1. 正确选择、使用工具； 2. 安装顺序合理； 3. 安装部位正确； 4. 安装方法恰当； 5. 安装零件方向正确	25	1. 正确选择、使用工具5分； 2. 顺序合理5分； 3. 安装部位正确5分； 4. 安装方法恰当5分； 5. 拆卸质量合格5分				
5	整理工位做好记录	1. 安全文明生产； 2. 及时整理工位； 3. 合理处置废旧物； 4. 如实记载使用记录	10	1. 设备复位、工具摆放整齐、清理试件、打扫场地、人走灯灭，每项1分； 2. 及时认真填写设备使用记录5分				
6	工时定额	操作时间80min	5	每超5min扣1分				
成绩评价说明		学生自评成绩的权重是20%，学生互评成绩的权重是20%，教师评价成绩的权重是60% 优秀(≥90)□，良好(≥80)□，一般(≥70)□，及格(≥60)□，不及格(<60)□						

注：考评过程中，如果出现下列情况之一，不予进行评价。
1. 没做好安全防护，安全意识极差。
2. 不听从老师指挥，没有团队合作意识，擅离工作岗位。
3. 操作时严重违反操作规范，操作行为随意。
4. 因违章操作发生人身伤害和设备损坏事故。
5. 操作时间超过规定时间的50%。

组长签字： 教师签字：

【练】 综合练习

一、填空题

1. 普通交流发电机由三相同步交流发电机和_____两大部分构成。
2. 三相同步交流发电机的作用是_____。
3. 硅整流器的作用是_____。
4. 发电机按搭铁部位不同可分为内搭铁发电机和_____。
5. 驱动发电机转动的是_____。

二、判断题

1. 外搭铁的发电机两个磁场接线柱分别标有"F_1"和"F_2"。 （ ）

2. 永磁式无刷交流发电机省去了电刷装置。（ ）
3. 负极管是指中心引线为正极、外壳为负极的二极管,壳底一般有红色标记。（ ）
4. 发电机组装后两滑环分别与两电刷相接触。（ ）
5. 磁场绕组的两根引线分别焊接在两个滑环上。（ ）
6. 带泵交流发电机主要用于没有真空源的柴油机汽车上。（ ）

三、选择题

1. 在交流发电机中,组成三相桥式整流电路的二极管个数是（   ）。
   A. 6只　　　　　B. 8只　　　　　C. 9只　　　　　D. 11只
2. 交流发电机整流器是利用了二极管的（   ）。
   A. 放大特性　　　　　　　　　　　B. 单向导电特性
   C. 热敏特性　　　　　　　　　　　D. 光敏特性
3. 发电机中性点电压是发电机输出电压的（   ）。
   A. 1/3　　　　　B. 1/2　　　　　C. 等值　　　　　D. 2倍
4. 内搭铁的发电机两个磁场接线柱,一个标"F",另一个标（   ）。
   A. "B"　　　　　B. "D"　　　　　C. "E"　　　　　D. "N"

四、简答题

1. 简述硅整流发电机的作用。
2. 简述硅整流发电机的组成。

任务3　硅整流发电机正确使用与维护

(1) 了解发电机的类型。
(2) 熟知发电机使用注意事项。
(3) 掌握更换发电机的基本操作过程。

汽车1辆、车辆保护套件1套、举升机1部、工作台、发电机1台、拆装工具1套、汽车用数字万用表1块、防护工装、手套、抹布若干。

【学】　发电机的正确使用

一、发电机型号

根据我国行业标准QT/T 73—1993《汽车电气设备产品型号编制规则方法》的规定,

汽车交流发电机调节器的型号由五部分组成：

(1) (2) (3) (4) (5)

其各部分的含义如下。

(1) 为产品代号：用2或3个汉语大写拼音字母表示，分别为 JF 表示交流发电机，JFZ 表示整体式交流发电机，JFB 表示带泵式交流发电机，JFW 表示无刷式交流发电机。

(2) 为电压等级代号：用1位阿拉伯数字表示，1~12V；2~24V；6~6V。

(3) 为电流等级代号：用1位阿拉伯数字表示，见表1-12。

表1-12 发电机电流等级代号

电流等级	1	2	3	4	5	6	7	8	9
电流/A	≤19	≥20~29	≥30~39	≥40~49	≥50~59	≥60~69	≥70~79	≥80~89	≥90

(4) 为设计序号：按产品的先后顺序，用1或2位阿拉伯数字表示。

(5) 为变型代号：交流发电机以调整臂的位置作为变型代号。从驱动端看，Y 表示调整臂在右边；Z 表示调整臂在左边；调整臂在中间时不加记号。

例1 桑塔纳轿车用代号为 JFZ1913Z 型发电机，其含义为：电压等级为 12V，输出电流大于 90A，第13次设计，调整臂在左边的整体式发电机。

例2 JFW15 含义是：电压等级为 12V，输出电流 50~90A 的无刷式汽车交流发电机。

二、发电机的使用与检修注意事项

交流发电机是汽车的主要电源，为了能使汽车正常运行，平时就要学会交流发电机及调节器的使用方法，这样不仅可以减少交流发电机及调节器故障的发生，还能延长其使用寿命。

(1) 蓄电池搭铁极性不能接错。国产交流发电机均为负极搭铁，故蓄电池必须为负极搭铁，使交流发电机与蓄电池并联连接。否则会出现蓄电池经发电机二极管大电流放电现象，烧坏整流器和电压调节器，在蓄电池更换或补充充电后，要格外注意。

(2) 发电机和调节器二者的规格型号要相互匹配。

(3) 充电系的导线连接要牢固可靠，及时紧固各部位螺钉，以免在电路突然断开时产生瞬时过电压，烧坏电子元器件。

(4) 发动机熄火后，应将点火开关(或电源开关)断开，以免蓄电池长时间向励磁绕组放电。

(5) 不得用兆欧表或220V交流电压检查发电机及其调节器的绝缘情况，应使用万用表检查，以防烧坏电子元器件。

(6) 发动机运行中，不得用"试火"的方法检查发电机是否正常，以防烧坏电子元器件。

(7) 在发电机正常运行时,不可随意拆动电气设备的连接导线,以防止连线搭铁造成短路或因突然断路而引起瞬时过电压。

(8) 当发现充电系统有故障时,不应使发动机再长期运转,应及时查找出故障点并予以排除。

(9) 在更换半导体元器件时,电烙铁的功率应小于45W,焊接时操作要迅速并应采取相应的散热措施,以免烧坏半导体元器件。

(10) 经常清洁发电机外表的积垢和尘土,保持清洁和通风良好。

(11) 传动皮带的张力要合适。过松,易打滑而造成发电不足;过紧,易损坏皮带和发电机轴承。

【教】 发电机的更换

一、基本要求

每辆汽车的结构组成和各机件的位置关系各不相同,所以更换发电机的操作步骤、顺序会有些差异,具体情况要参照各车的维修手册完成。但操作前都需要先关闭所用用电设备再拆下蓄电池负极电缆,装上发电机后要及时调整好皮带张紧程度并试车。下面以丰田卡罗拉汽车为例进行更换发电机操作。

二、操作流程

准备工具、量具、车辆→清洁→拆卸→安装→测试→整理工具、设备→清理环境→记录。

三、操作过程

1. 发电机的拆卸过程

发电机拆卸过程见表1-13。

表1-13 发电机拆卸过程

序号	步骤	图示	操作要领说明
1	前期准备	参见表1-3中的步骤1~7	前期准备包括人员安全防护、工具量具准备、车辆防护与测试、场地整理等准备过程
2	断电		拆卸蓄电池负极电缆,使全车断电

续表

序号	步骤	图示	操作要领说明
3	拆卸散热器防护罩		先拆下6个固定卡扣再取下散热器防护罩
4	拆卸气缸盖罩		先拆下4个夹扣再取下气缸盖罩
5	拆卸电枢端子		① 拆下电枢端子护罩 ② 旋下电枢端子固定螺母

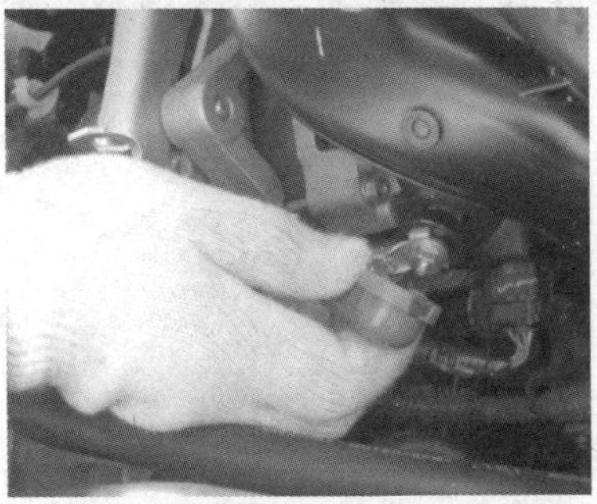

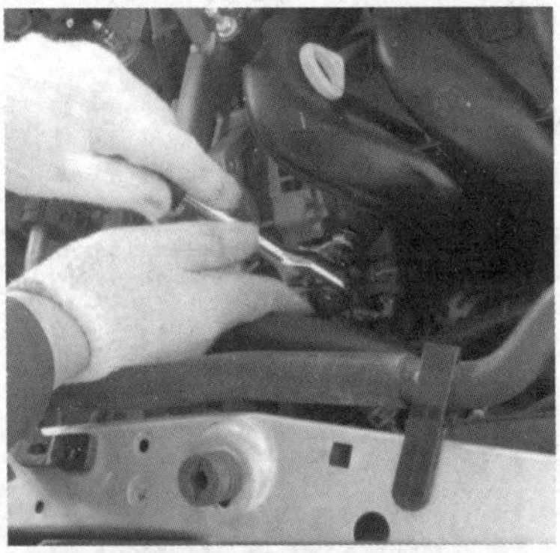

续表

序号	步骤	图示	操作要领说明
5	拆卸电枢端子		③拆下电枢连接线
6	拆开连接线	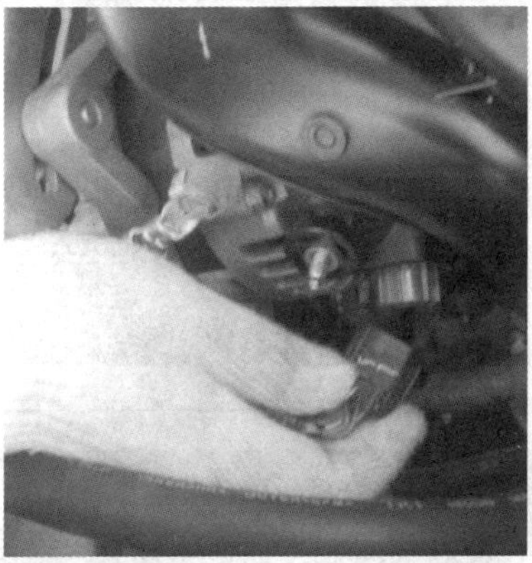	断开线束连接器
7	取下线束	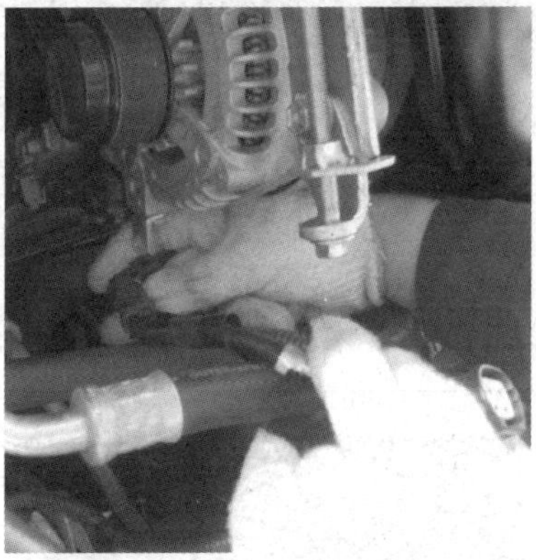	将线束卡夹从发电机线束卡夹支架上拔下
8	拆卸发电机固定螺栓	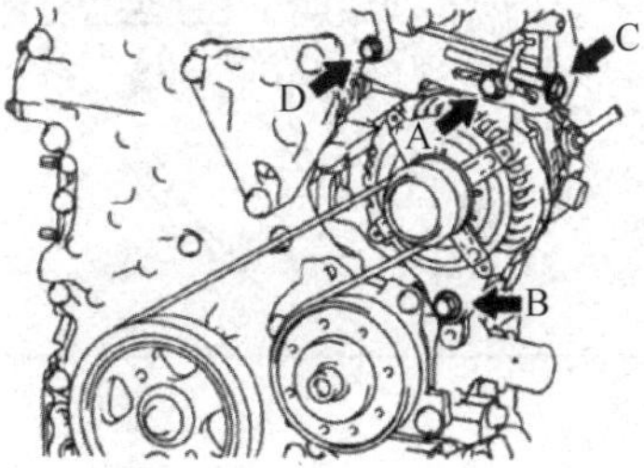	先松开螺栓 A 和螺栓 B,再松开螺栓 C,先不要松开螺栓 D

续表

序号	步骤	图示	操作要领说明
9	拆螺栓 A	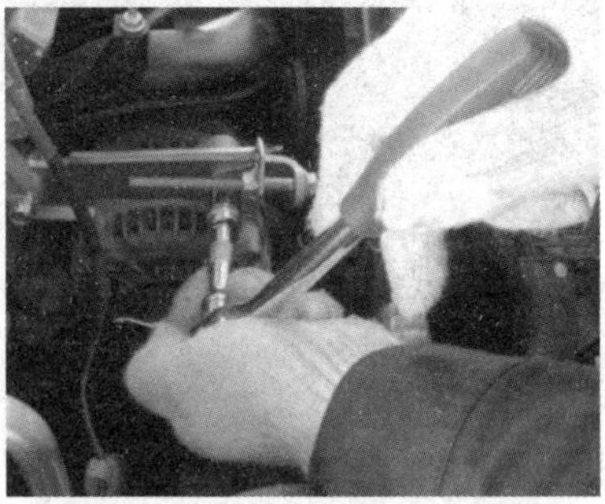	先松开螺栓 A,再拆下它
10	拆螺栓 B		先松开螺栓 B,再拆下它
11	松开螺栓 C	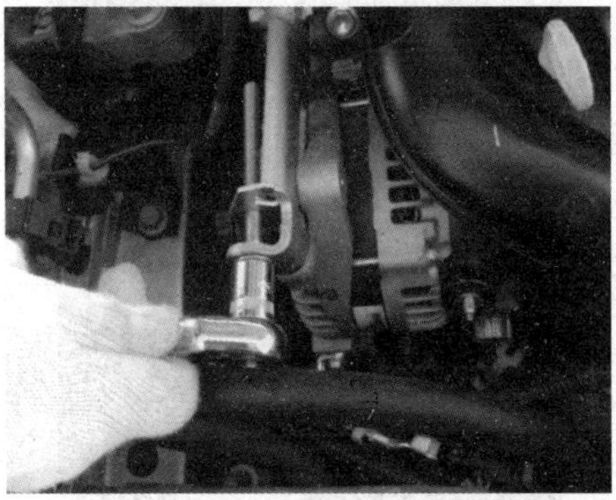	先松开螺栓 C 调整风扇皮带调节杆,再拆下 2 个固定螺栓
12	拆发电机总成	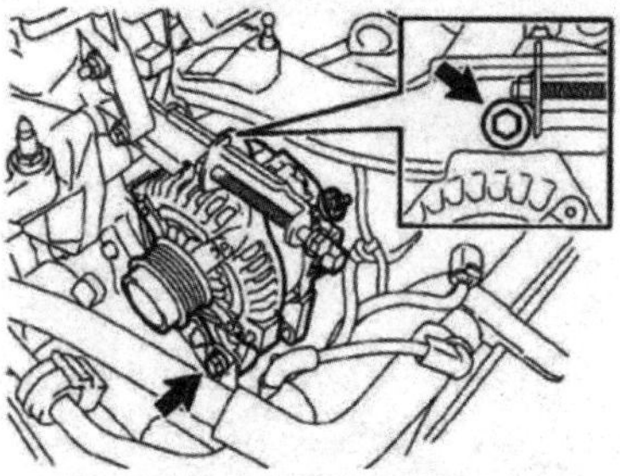	拆下 2 个螺栓,再拆下发电机总成

续表

序号	步骤	图示	操作要领说明
13	取出发电机		取出发电机总成

2. 发电机安装过程

发电机装复过程基本按拆卸时相反顺序进行,需注意:①安装时,先转动螺栓 C 以调节皮带的张紧度,再紧固螺栓 A 和螺栓 B,不要松开螺栓 D;②使用中要求参照对应车型维修手册将各螺栓拧到规定扭矩。

发电机安装过程见表 1-14。

表 1-14 发电机安装过程

序号	步骤	图示	操作要领说明
1	安装发电机线束卡夹支架	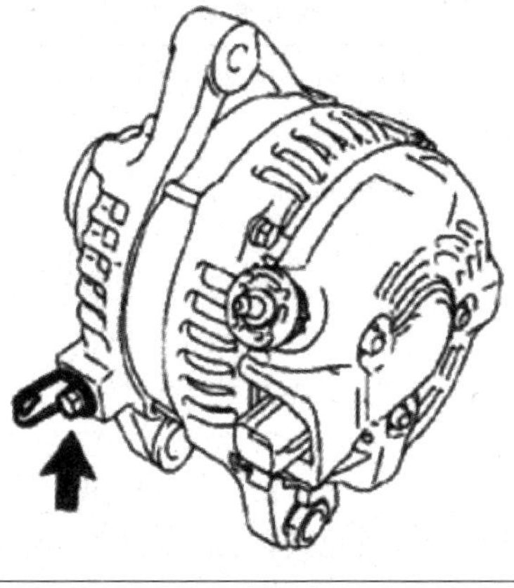	① 根据车况及发电机型号选择合适的发电机。② 将线束卡夹支架安装在新发电机上
2	安装发电机总成	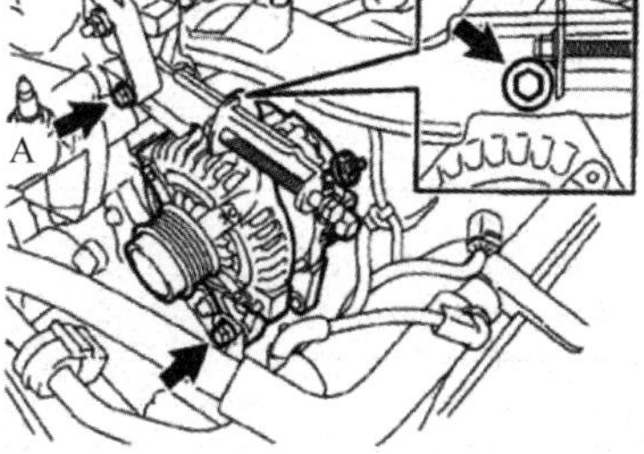	暂时用两个螺栓安装风扇皮带调节杆和发电机总成,将螺栓 A 拧紧至规定扭矩

续表

序号	步骤	图示	操作要领说明
3	安装皮带	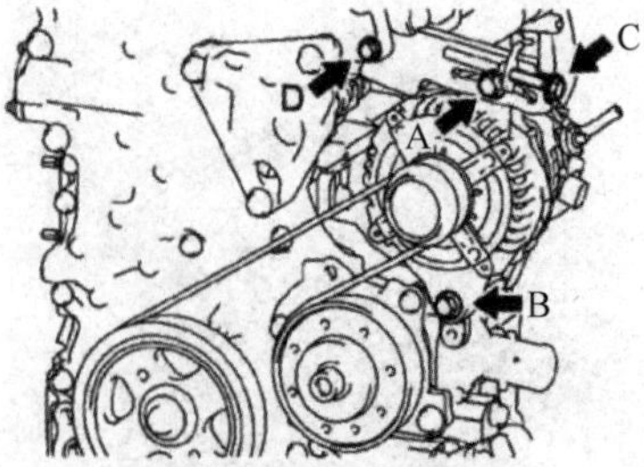	先转动螺栓 C 以调节皮带的张紧度,再紧固螺栓 A 和螺栓 B,不要松开螺栓 D
4	安装过程	参见拆卸过程	其他安装过程按拆卸时相反顺序进行
5	整理工作	参见表 1-3 中的相关步骤	整理工作包括起动试车、整理车辆、整理工具箱、处理废旧物、清理场地、填写工单

【做】 发电机的更换

请同学们按照表 1-13、表 1-14 发电机更换过程的相关要求,完成发电机更换的操作过程并填写表 1-15 工作记录卡。

表 1-15 发电机更换工作记录卡

操作前相关知识准备	
1. 检查发电机及其调节器的绝缘情况,应使用( )。 A. 兆欧表　　　B. 220V 交流电压　　C. 万用表　　　D. 试灯 2. 在准备拆卸发电机前,应先拆下( )。 A. 蓄电池正极电缆　　　　　　B. 蓄电池负极电缆 C. 起动机 30 接柱电缆　　　　D. 发电机电枢接柱线 3. 安装发电机对传动带的挠度有一定要求,挠度不合适时,应调整( )。 A. 发电机安装臂　　　　　　　B. 发电机调整臂 C. 发电机安装位置　　　　　　D. 传动带长度 4. 充电系的导线连接要牢固可靠,以免在电路突然断开时产生瞬时过电压烧坏( )。 A. 电枢绕组　　B. 磁场绕组　　C. 电刷　　　　D. 电子元器件	
操作所需工具、量具、设备、材料等	
项目	内容
工具	
量具	
设备	
材料	

续表

实 训 要 求

操作前,要认真阅读相关安全规则手册,熟知有关安全防护常识。

学生进入实训场地,必须严格遵守实训场地要求,听从实训老师指挥,不可以擅离规定实训区域,更不可以随意触碰实训场地内的车辆、设备、材料、工具、量具等与本次课无关的物品。学生动手操作一定要在老师的指挥、监管下进行,不可以擅自主张做与当堂课业内容无关的项目,如有需求应及时向当课老师提出申请,经老师同意后在其监管下方可完成操作,以免造成人员伤害和设备损坏。

学生进入实训场地,即将自己当作一个职业人,一切言行举止要以职业人的规范行为严格要求自己,养成职业好习惯,为将来上岗做好心理上和行为上的准备。

操 作 过 程			
操作 过程	操作要点 (操作过程每个步骤的要点)	操作过程记录 (故障点、坏损件、数据等)	操作过程分析 (问题、原因、解决方法等)
学生自我 总结、意见			
教师综合 评价			

【评】 发电机的更换

根据发电机的更换工作过程,填写表1-16。

表1-16 发电机更换评价表

序号	考核内容	考核要点	分值	评分标准	评价 自评得分	评价 互评得分	评价 教师评价	总评得分
1	前期准备	1. 劳保着装及工具准备齐全; 2. 场地选择合理整洁; 3. 设备调试正确	10	工具等准备、劳保着装、场地选择、场地清洁、设备调试符合要求,每项2分				
2	车辆准备	1. 安全停放定位; 2. 做好相关车辆防护	10	1. 车辆安全停放相关事项全面、正确3分; 2. 详实检查、记录车况2分; 3. 车辆相关防护措施全面恰当、操作正确5分				
3	拆卸操作	1. 工具、量具使用规范; 2. 程序合理; 3. 方法恰当; 4. 质量标准	30	1. 工具、量具使用规范5分; 2. 程序合理5分; 3. 方法恰当10分; 4. 质量达标10分				
4	安装操作	1. 选择发电机型号正确; 2. 新发电机安装前检查过程合理; 3. 工具、量具使用正确; 4. 安装程序恰当,质量合格; 5. 操作方法	30	1. 选择、安装前检查合理5分; 2. 工具、量具使用规范5分; 3. 程序合理5分; 4. 方法恰当10分; 5. 质量达标5分				
5	试车交付	1. 试车方法正确; 2. 文明礼貌交车	5	1. 试车方法正确3分; 2. 文明礼貌交车2分				
6	整理工位做好记录	1. 安全文明生产; 2. 及时整理工位; 3. 合理处置废旧物; 4. 如实记载使用记录	10	1. 设备复位、工具摆放整齐、清理试件、打扫场地、人走灯灭,每项1分; 2. 及时认真填写设备使用记录5分				

续表

序号	考核内容	考核要点	分值	评分标准	自评得分	互评得分	教师评价	总评得分
					评价			
7	工时定额	操作时间 80min	5	每超 5min 扣 1 分				
成绩评价说明		学生自评成绩的权重是 20%,学生互评成绩的权重是 20%,教师评价成绩的权重是 60% 优秀(≥90)□,良好(≥80)□,一般(≥70)□,及格(≥60)□,不及格(<60)□						

注:考评过程中,如果出现下列情况之一,不予进行评价。
1. 没做好安全防护,安全意识极差。
2. 不听从老师指挥,没有团队合作意识,擅离工作岗位。
3. 操作时严重违反操作规范,操作行为随意。
4. 因违章操作发生人身伤害和设备损坏事故。
5. 操作时间超过规定时间的 50%。

组长签字:　　　　　教师签字:

【练】 综合练习

一、填空题

1. 国产交流发电机均为负极搭铁,故蓄电池必须为_____。
2. 发动机熄火后,应及时关闭_____。
3. 发动机运行中,不得用"试火"的方法检查发电机是否正常,以防烧坏_____。

二、判断题

1. 发电机正常运行时,不可随意拆动电气设备的连接导线。　　　(　)
2. 当发现充电系统有故障时,不应使发动机再长期运转。　　　(　)
3. 发电机和调节器二者的规格型号要相互匹配。　　　(　)

三、选择题

1. 发电机是汽车上的(　　)。
   A. 主要电源　　B. 次要电源　　C. 备用电源　　D. 起动电源
2. 交流发电机与蓄电池采用(　　)。
   A. 串联连接　　B. 并联连接　　C. 星形连接　　D. 三角形连接
3. 在更换半导体元器件时,电烙铁的功率应小于(　　)W。
   A. 25　　　　B. 5　　　　C. 45　　　　D. 55

四、简答题

简述发电机型号 JFZB292 的含义。

五、拓展练习

随着汽车技术的进步,有哪些新型发电机已经使用,用于哪种类型汽车上?

任务4 电源系统故障诊断与排除

（1）了解发电机调节器工作原理。
（2）能读识充电系统电路。
（3）掌握充电系统电路故障诊断的基本方法。

汽车1辆、车辆保护套件1套、举升机1部、工作台、拆装工具1套、汽车用数字万用表1块、防护工装、手套、抹布若干。

【学】 充电系统的基本原理

一、充电系统概述

汽车充电系统用来向全车的用电设备提供低压直流电能。主要由蓄电池、交流发电机、调节器、点火开关、充电指示装置及熔断丝等组成，如图1-33所示。

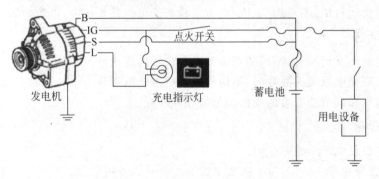

图1-33 充电系统电路原理图

调节器是一个电压调节装置，它能随发电机转速变化自动调节发电机输出电压使其基本保持稳定。汽车的调节器大多装在发电机机体内。充电指示装置用来指示汽车充电系统的工作情况，反映蓄电池是处于充电状态还是放电状态。

二、交流发电机调节器

1. 作用

当发电机转速变化时，自动调节发电机的输出电压保持恒定，防止输出电压过高而损坏用电设备及蓄电池过充电。

2. 分类

（1）按工作原理分

交流发电机调节器分为触点式电压调节器、晶体管调节器、集成电路调节器（IC 电路调节器）及计算机控制调节器四种类型。如图 1-34 和图 1-35 所示。

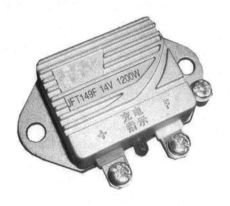

图 1-34　晶体管电路调节器

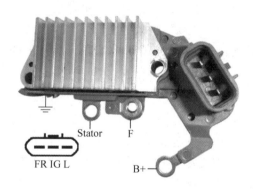

图 1-35　集成电路调节器

（2）按交流发电机调节器搭铁形式分

① 内搭铁式调节器：与内搭铁式交流发电机配套使用的调节器；

② 外搭铁式调节器：与外搭铁式交流发电机配套使用的调节器。

（3）计算机控制交流发电机

在一些汽车上，已经不用独立安装电压调节器调节交流发电机输出电压，而是由计算机电控单元 ECU 根据发电机的输出电压，通过改变发电机励磁电路的开、关时间来直接控制交流发电机输出电压。

3. 基本工作原理

由交流发电机的工作原理我们知道，交流发电机三相绕组产生的相感应电动势有效值为

$$E = Cn\Phi$$

式中,C 为发电机的结构常数;n 为转子转速;Φ 为转子的磁极磁通。

磁通 Φ 为穿过垂直于磁场方向上单位面积的磁感应线条数,磁极磁通与励磁电流成正比。也就是说,当交流发电机结构一定(结构常数 C 不变)时,交流发电机所产生的感应电动势与转子转速和磁极磁通成正比。

所以,交流发电机调节器的基本工作原理是:当交流发电机的转速变化时,调节器通过改变发电机的励磁电流大小来改变磁通大小,就可以实现发电机的输出电压保持不变。其平均值就是调节器的调节电压,一般为 13.5~14.5V。

4. 调节器的型号

根据我国行业标准 QT/T 73—1993《汽车电气设备产品型号编制规则方法》的规定,汽车交流发电机调节器的型号由五部分组成:

其各部分的含义如下。

(1) 为产品代号:用 2 或 3 个汉语大写拼音字母表示,FT 为有触点的电磁振动式调节器,FDT 为无触点的电子调节器(F、T、D 分别为发、调、电的汉语拼音第一个字母)。

(2) 为电压等级代号:与交流发电机相同,用 1 位阿拉伯数字表示,1~12V;2~24V;6~6V。

(3) 为结构形式代号:用 1 位阿拉伯数字表示。

(4) 为设计序号:按产品的先后顺序,用 1 位或 2 位阿拉伯数字表示。

(5) 为变型代号:用汉语拼音大写字母 A、B、C、…顺序表示(不用 O 和 I)。

例如:FDT152 表示 12V 集成电路电压调节器,第二次设计。

5. 电压调节器的正确使用

(1) 调节器与交流发电机的电压等级必须相同,否则充电系统不能正常工作。

(2) 调节器的功率应与交流发电机的功率相匹配,不得小于交流发电机的功率。

(3) 调节器与交流发电机的搭铁极性必须一致。

(4) 更换调节器时,应采用汽车说明书中指定的调节器型号,如果需要采用其他型号的调节器替代,除标称电压等参数需与原调节器相同外,还必须与原调节器的搭铁形式相同。其中集成电路式电压调节器必须专用。

(5) 必须根据使用说明书所给出的电路图或者有关说明正确连接充电系统电路图。

三、充电系统电路

充电系统是为汽车提供电能的一个完整系统,要解决汽车充电系统出现的问题,就要对整个系统有全面的认知,熟悉充电系统的电路构成、元器件位置及工作过程,读懂充电系统电路,分析、排除充电系统故障。如图 1-36 所示为丰田卡罗拉充电系统线路图。

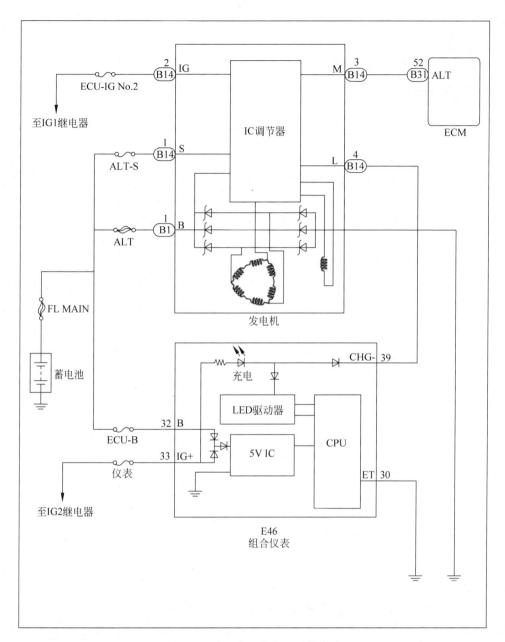

图 1-36　丰田卡罗拉充电系统电路

【教】 充电系统的检测

一、充电系统常规检查

1. 检测前提条件

（1）先检查蓄电池、发电机表面是否清洁，各接线头是否紧固，蓄电池、发电机及车身搭铁是否良好,充电指示灯工作状态。

(2) 蓄电池负载:连接照明装置作为负载。

(3) 交流发电机负载:接通所有用电设备,发动机转速为2000r/min。

2. 检测设备

万用表、电流表。

3. 检测方法

(1) 发电机空载测试

停稳车辆,关闭发动机,连接测试电路如图1-37所示,注意电流表应串联在两电源之间,电压表应与两电源并联。起动发动机,关闭所有用电设备,当发动机转速达到2000r/min左右,检测交流发电机输出的电流和电压值,丰田卡罗拉充电系统常规检查项目参考值见表1-17。

(2) 发电机负载测试

连接测试电路如图1-38所示,将发动机转速保持在2000r/min左右,打开前照灯远光挡位,将鼓风机开到最高挡,检查电流表和电压表的读数,丰田卡罗拉充电系统常规检查项目参考值见表1-17。

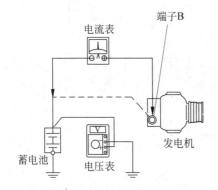

图1-37 检查空载的充电系统电路

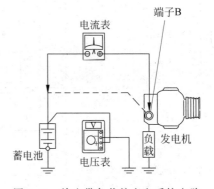

图1-38 检查带负载的充电系统电路

(3) 皮带挠度检查

如图1-39所示,在水泵带轮与张紧轮之间或张紧轮与发电机带轮之间的V带中间部位用拇指施加100N左右的压力按下,此时V带的挠度新带应为2mm,旧带不超过5mm。路试并检查减速时发电机是否有噪声,减速时异响,更换发电机皮带轮。

其他项目使用万用表检测完成。

4. 检测内容及结果分析

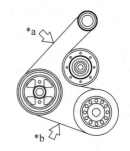

图1-39 检查皮带张紧度

充电系统常规检测项目及结果分析参考值见表1-17。

表 1-17 充电系统常规检查项目参考值

序号	检测项目	额定值(示例)	实际值	未达到额定值原因
1	测量蓄电池静态空载电压	>12.6V	正常	未充电
2	测量蓄电池静态带负荷电压	>11.3V	正常	蓄电池损坏,进行负荷试验
3	发电机空载电压	13.2~14.8V	正常	结果不符,更换发电机;如果蓄电池亏电,电流可能稍大
3	发电机空载电流	10A 以下	正常	结果不符,更换发电机;如果蓄电池亏电,电流可能稍大
4	发电机负载电压	13.2~14.8V	正常	结果不符,更换发电机;如果蓄电池满电,电流可能稍小,开刮水、除霜等增加用电设备再查
4	发电机空载电流	30A 以上	正常	结果不符,更换发电机;如果蓄电池满电,电流可能稍小,开刮水、除霜等增加用电设备再查
5	测量发电机总线端B+与蓄电池正极之间正极导线中的电压降	最大 0.4V	正常	导线损坏或接触不良
6	测量发电机壳体与蓄电池负极之间负极导线中的电压降	最大 0.4V	正常	导线损坏或接触不良

二、充电系统常见故障

充电系统常见故障有不充电、充电电流过小、充电电流过大、充电不稳、发电机异响、充电指示灯故障等,见表 1-18。

表 1-18 充电系统常见故障

故障现象	故障原因及发生部位	故障诊断及排除方法
不充电	① 皮带太松或沾油打滑。 ② 发电机励磁电路或充电线路断路。 ③ 发电机有故障。 ④ 调节器有故障	① 检查调整发电机皮带,清除油污。 ② 检查充电系统保险丝及线路。 ③ 检查更换发电机。 ④ 检查更换调节器
充电电流过小	① 充电线路接触不良。 ② 皮带打滑,使发电机转速过低。 ③ 发电机有故障。 ④ 调节器调节电压太低	① 检查紧固导线。 ② 检查发电机皮带,清除油污。 ③ 检查更换发电机或调节器
充电电流过大	① 发电机有故障,内部短路。 ② 调节器有故障	检查更换发电机或调节器
充电不稳	① 充电线路接触不良。 ② 发电机有故障。 ③ 调节器有故障	① 检查紧固导线。 ② 检查更换发电机或调节器
正常行驶时充电指示灯亮	① 皮带。 ② 发电机总成。 ③ 充电系统线路	① 检查皮带张紧度。 ② 检查发电机总成及时更换。 ③ 逐段检查充电系统电路
发动机运转时,发电机产生噪声	① 皮带过松或过紧。 ② 发电机轴承松旷或缺油。 ③ 发电机转子轴变形使转子与定子相碰	① 检查调整发电机皮带。 ② 检查更换发电机

三、操作流程

准备工具、量具、车辆→清洁→检测→整理工具、设备→清理环境→填写记录工单,具体操作流程如图 1-40 所示。

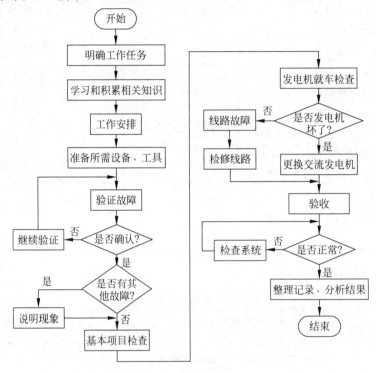

图 1-40　充电系统故障检查流程图

四、操作步骤

以丰田卡罗拉车为例,充电系统常规检查过程见表 1-19,其中前期准备中的人员安全、工具量具及车辆场地的准备过程请参见表 1-3 中的步骤 1~7,操作结束整理工作请参见表 1-3 中的步骤 15~19。

表 1-19　丰田卡罗拉充电系统常规检查过程

序号	步　骤	图　示	操作要领说明
1	前期准备	参见表 1-3 中的步骤 1~7	前期准备包括人员安全防护、工具量具、车辆防护与测试、场地整理等准备过程

续表

序号	步骤	图示	操作要领说明
2	检查电源及其他线路连接情况		检查蓄电池连接夹头与极柱应连接紧固,接线柱、导线应无破损、断裂、松动现象,绝缘或搭铁良好、连接器连接要牢固
3	检查发电机传动带		检查传动带挠度,目测检查传动带是否有损坏及安装是否妥当
4	测量蓄电池静态电压		测量蓄电池静态端电压是否符合要求
5	测量蓄电池静态负载电压	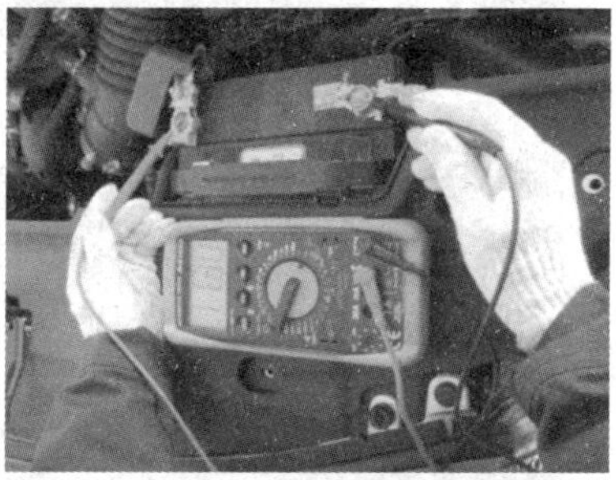	打开大灯远光,鼓风机开最高挡位,开雾灯,测量蓄电池负载端电压
6	试车		打开点火开关,起动发动机试车

续表

序号	步骤	图示	操作要领说明
7	查看充电指示灯	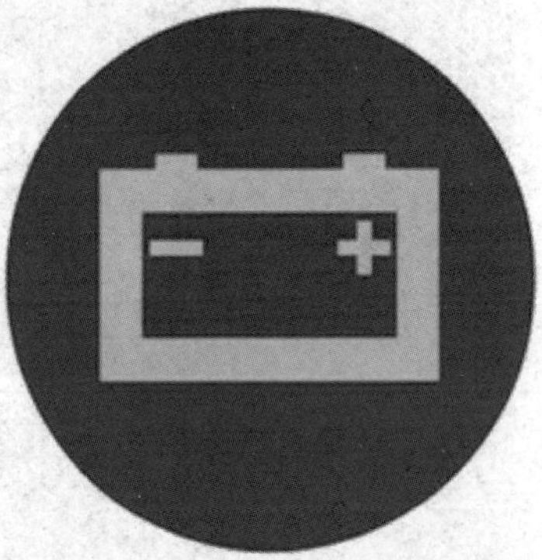	观察充电指示灯,发动机正常运转后,充电指示灯应熄灭,充电指示灯若常亮说明充电系统出现故障
8	检测蓄电池起动电压	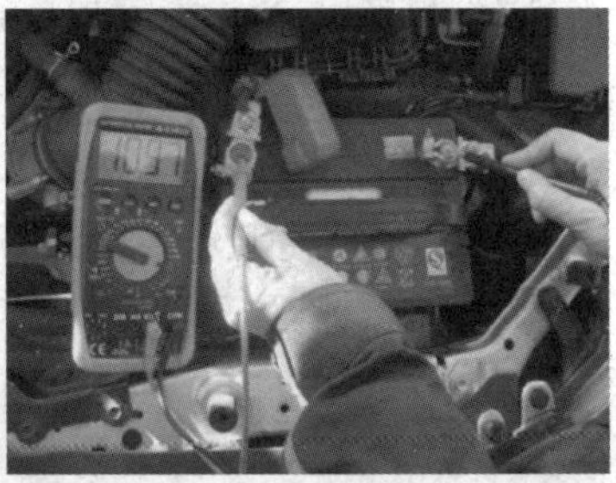	测量起动发动机瞬间蓄电池起动电压:9.6V以上良好,但存电不足;10.6~11.6V蓄电池存电充足
9	加速	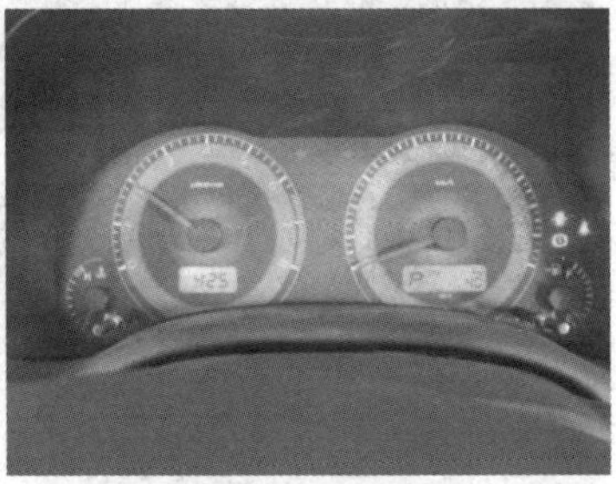	踩下加速踏板使发动机达到2000r/min
10	检测蓄电池充电电压	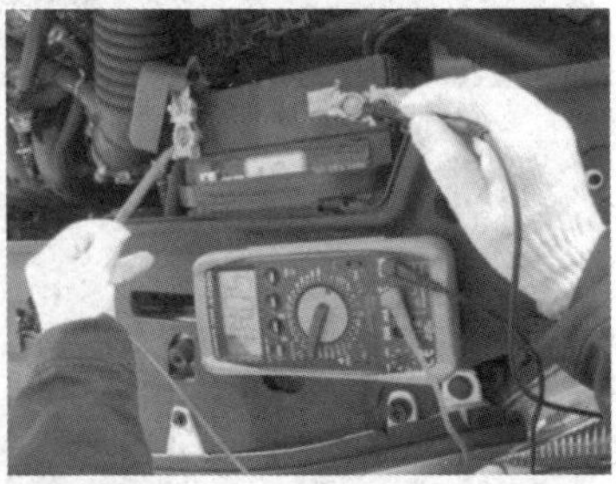	发动机加速到2000r/min,检测蓄电池两端充电电压,一般为13.5~14.5V

续表

序号	步骤	图示	操作要领说明
11	检测发电机空载输出电压		发动机加速到2000r/min，测发电机电枢接线柱与搭铁间电压，标准值应为13.2～14.8V
12	检测发电机负载输出电压		大灯远光、鼓风机开至最高挡，发动机加速到2000r/min，测发电机电枢接线柱与搭铁间电压，标准值应为13.2～14.8V
13	检测两电源正极间电压		将万用表正极置于发电机输出接线柱，负极置于蓄电池正极柱，测两电源正极间电压降应低于0.4V
14	检测两电源负极间电压		将万用表正极置于发电机壳体搭铁，负极置于蓄电池负极柱，测两电源负极间电压降应低于0.4V，高于0.1V说明两电源间存在高电阻故障
15	分析故障源	如果上述检查过程某个环节有不正常现象，应及时查找排除故障。如果蓄电池不充电，请按以下方法查找充电系统线路故障，以确定故障是发生在线路还是发电机。线路故障应参照电路图逐段查找及时排除，如为发电机故障，应及时更换发电机，更换发电机参见项目1任务3	根据实际情况进行操作

续表

序号	步骤	图示	操作要领说明
16	查找保险丝和继电器位置	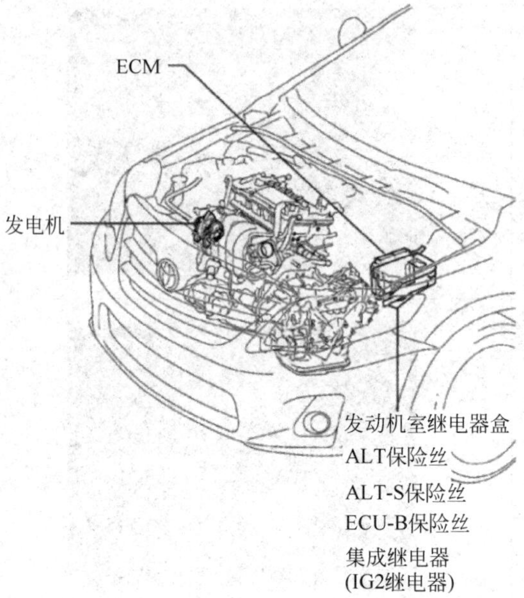 ECM／发电机／发动机室继电器盒 ALT保险丝 ALT-S保险丝 ECU-B保险丝 集成继电器(IG2继电器)	各车型保险丝和继电器盒位置不同，应参照对应维修手册查找
		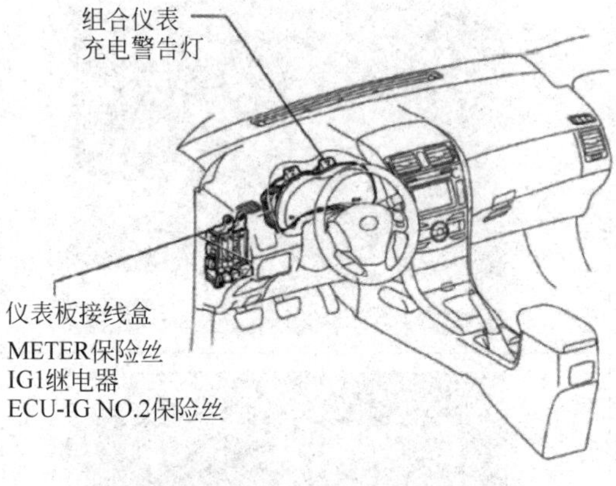 组合仪表 充电警告灯／仪表板接线盒 METER保险丝 IG1继电器 ECU-IG NO.2保险丝	各车型保险丝和继电器盒位置不同，应参照对应维修手册查找
17	检查保险丝	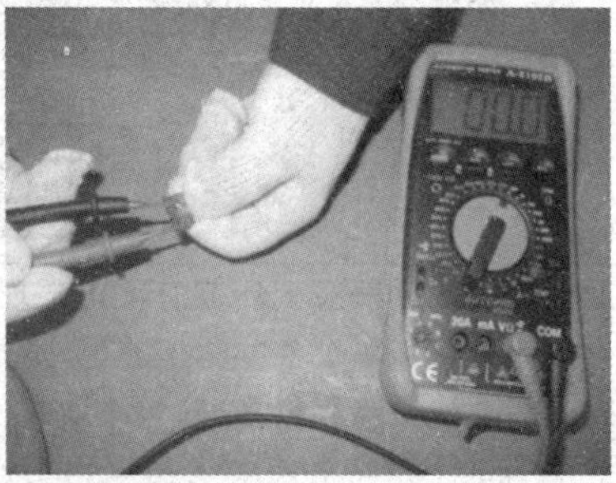	测量充电系所有保险丝，标准电阻应小于1Ω

续表

序号	步 骤	图 示	操作要领说明
18	检查继电器	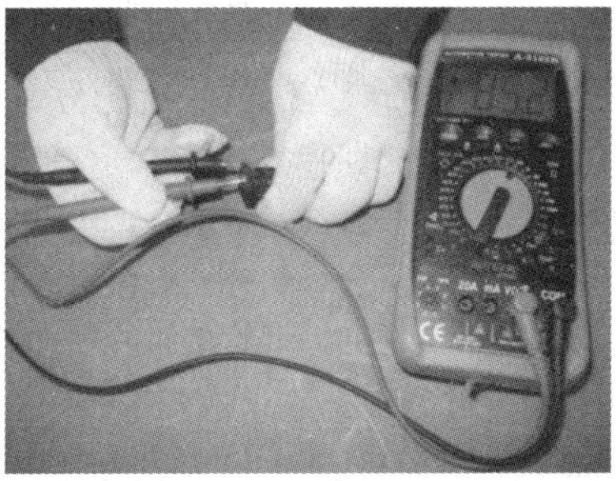	检查继电器线圈电阻正常
		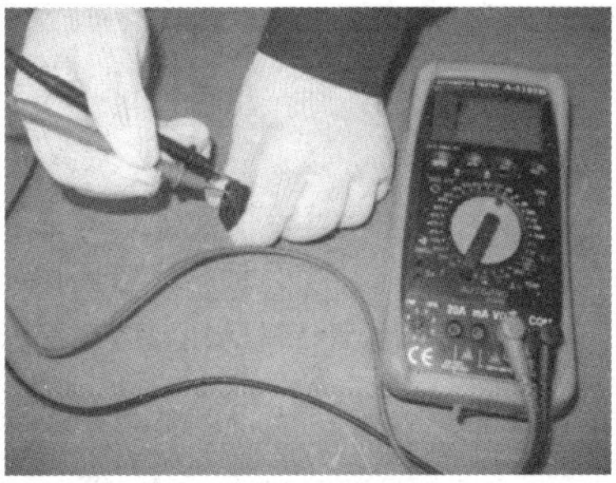	检查继电器触点正常
19	检查线路		检查点火开关连接线端子；参照对应维修手册检查各段线路，通常导线电压不大于0.2V
20	整理工作	参见表1-3中的相关步骤	整理工作包括起动试车、整理车辆、整理工具箱、处理废旧物、清理场地、填写工单

【做】 充电系统的常规检查

请同学们按照表1-19充电系统常规检查过程的相关要求，完成充电系统常规检查的操作过程并按要求填写表1-20工作记录卡。

表 1-20 充电系统常规检查工作记录卡

操作前相关知识准备

1. 交流发电机输出电压控制在稳定的范围是（　　）。
   A. 11.5～12.5V　　　　　　　　B. 12.5～13.5V
   C. 13.5～14.5V　　　　　　　　D. 14.5～15.5V
2. 装于发电机内部，构成整体式交流发电机的调节器是（　　）。
   A. 触点式　　　　　　　　　　B. 晶体管式
   C. 集成电路式　　　　　　　　D. 计算机控制式
3. 在水泵带轮与张紧轮之间或张紧轮与发电机带轮之间的 V 带中间部位，用拇指施加 100N 左右的压力，此时旧 V 带的挠度应不超过（　　）。
   A. 5mm　　　　B. 10mm　　　　C. 15mm　　　　D. 20mm
4. 保险丝标准电阻应小于（　　）。
   A. 1Ω　　　　B. 2Ω　　　　C. 3Ω　　　　D. 4Ω
5. 蓄电池与发电机之间的连接方式是（　　）。
   A. 串联连接　　B. 并联连接　　C. 星形连接　　D. 三角形连接
6. 引起充电不稳的主要原因是（　　）。
   A. 二极管击穿　　　　　　　　B. 传动带打滑
   C. 定子线圈断路　　　　　　　D. 磁场线圈断路
7. 更换调节器时，除标称电压等参数需与原调节器相同外，还必须与原调节器的（　　）。
   A. 大小相同　　　　　　　　　B. 形状相同
   C. 颜色相同　　　　　　　　　D. 搭铁极性相同

操作所需工具、量具、设备、材料等	
项目	内容
工具	
量具	
设备	
材料	

实 训 要 求

操作前，要认真阅读相关安全规则手册，熟知有关安全防护常识。

学生进入实训场地，必须严格遵守实训场地要求，听从实训老师指挥，不可以擅离规定实训区域，更不可以随意触碰实训场地内的车辆、设备、材料、工具、量具等与本次课无关的物品。学生动手操作一定要在老师的指挥、监管下进行，不可以擅自主张做与当堂课业内容无关的项目，如有需求应及时向当课老师提出申请，经老师同意后在其监管下方可完成操作，以免造成人员伤害和设备损坏。

学生进入实训场地，即将自己当作一个职业人，一切言行举止要以职业人的规范行为严格要求自己，养成职业好习惯，为将来上岗做好心理上和行为上的准备。

续表

操作过程	操作过程		
操作过程	操作要点 (操作过程每个步骤的要点)	操作过程记录 (故障点、坏损件、数据等)	操作过程分析 (问题、原因、解决方法等)
学生自我 总结、意见			
教师综合 评价			

【评】 充电系统常规检查

根据充电系统常规检查的工作过程,填写表1-21充电系统常规检查评价表。

表1-21 充电系统常规检查评价表

序号	考核内容	考核要点	分值	评分标准	评价			总评得分
					自评得分	互评得分	教师评价	
1	前期准备	1. 劳保着装及工具准备齐全; 2. 场地选择合理整洁; 3. 设备调试正确	10	工具等准备、劳保着装、场地选择、场地清洁、设备调试符合要求,每项2分				

续表

序号	考核内容	考核要点	分值	评分标准	自评得分	互评得分	教师评价	总评得分
					评价			
2	车辆准备	1. 安全停放定位； 2. 做好相关车辆防护	10	1. 车辆安全停放相关事项全面、正确3分； 2. 详实检查、记录车况2分； 3. 车辆相关防护措施全面恰当、操作正确5分				
3	外观检查	1. 检查项目全面； 2. 检查方法恰当	10	1. 就车检查过程全面正确5分； 2. 检查方法正确5分				
4	蓄电池各种检查	1. 工具、量具使用规范； 2. 程序方法恰当； 3. 操作规范； 4. 正确读数并分析	15	1. 工具、量具使用规范3分； 2. 静态空载检测4分； 3. 静态负载检测4分； 4. 动态起动检测4分				
5	发电机各种检查	1. 工具、量具使用规范； 2. 程序方法恰当； 3. 操作规范； 4. 正确读数并分析	15	1. 工具、量具使用规范3分； 2. 蓄电池充电检测4分； 3. 空载检测4分； 4. 负载检测4分				
6	线路检查	1. 工具、量具使用规范； 2. 程序方法恰当； 3. 操作规范； 4. 正确读数并分析	20	1. 工具、量具使用规范3分； 2. 正极电源电路间测试3分； 3. 负极电源电路间测试3分； 4. 保险丝测试2分； 5. 继电器测试4分； 6. 其他线路测试5分				
7	试车交付	1. 试车方法正确； 2. 文明礼貌交车	5	1. 试车方法正确3分； 2. 文明礼貌交车2分				
8	整理工位做好记录	1. 安全文明生产； 2. 及时整理工位； 3. 合理处置废旧物； 4. 如实记载使用记录	10	1. 设备复位、工具摆放整齐、清理试件、打扫场地、人走灯灭，每项1分； 2. 及时认真填写设备使用记录5分				

续表

序号	考核内容	考核要点	分值	评分标准	评价 自评得分	评价 互评得分	评价 教师评价	总评得分
9	工时定额	操作时间 40min	5	每超 5min 扣 1 分				
成绩评价说明		学生自评成绩的权重是 20%,学生互评成绩的权重是 20%,教师评价成绩的权重是 60%。 优秀(≥90)□,良好(≥80)□,一般(≥70)□,及格(≥60)□,不及格(<60)□						

注:考评过程中,如果出现下列情况之一,不予进行评价。
1. 没做好安全防护,安全意识极差。
2. 不听从老师指挥,没有团队合作意识,擅离工作岗位。
3. 操作时严重违反操作规范,操作行为随意。
4. 因违章操作发生人身伤害和设备损坏事故。
5. 操作时间超过规定时间的 50%。

组长签字:　　　　　　教师签字:

【练】 综合练习

一、填空题

1. 调节器与交流发电机的搭铁极性必须_____。
2. 更换调节器时,除标称电压等参数需与原调节器相同外,还必须与原调节器的_____相同。
3. 集成电路调节器又叫_____。
4. 只要充电指示灯亮就表示汽车的供电电源是_____。
5. 在蓄电池不亏电的情况下,充电电流在 10A 以上,就说明充电电流_____。
6. 交流发电机所产生的感应电动势与转子转速和磁极磁通成_____。

二、判断题

1. 发电机输出电压大小与发动机转速无关。　　　　　　　　　　(　)
2. 发动机起动后充电指示灯熄灭说明发电机不能正常发电。　　　(　)
3. 充电指示灯亮说明发电机向蓄电池充电。　　　　　　　　　　(　)
4. 调节器的功率应与交流发电机的功率相匹配,不得小于交流发电机的功率。
(　)

三、选择题

1. 使发电机输出电压基本保持恒定的是(　　)。
   A. 转子总成　　　B. 定子总成　　　C. 整流器　　　D. 调节器
2. 交流发电机电压过高的原因是(　　)。
   A. 调节器损坏　　　　　　　　　B. 整流器损坏

  C. 电枢线圈损坏   D. 磁场线圈损坏

3. 传动皮带的张力要合适,过松,易(　　)。

  A. 打滑   B. 损坏传动带

  C. 损坏传动带轮   D. 损坏发电机轴承

四、简答题

1. 简述充电系的作用和组成。
2. 简述调节器的作用和种类。

五、拓展练习

查阅哪些车型使用计算机控制调节器和计算机控制发电机。

项目 2

起动系统维护与检修

（1）掌握汽车起动系统的作用和组成。
（2）了解起动机结构和工作原理。
（3）掌握起动机的正确使用、检测、维护方法。
（4）学会起动系统故障诊断的基本方法。

任务 1　起动机结构及解体后检修

（1）掌握起动机作用、组成及结构关系。
（2）能独立完成起动机的解体和装复。
（3）掌握起动机整机和解体后各元器件的检测方法并能判断其好坏。

起动机拆解

工作台、老虎钳 1 台、起动机 1 台、工具及工作车 1 套、汽车用数字万用表 1 块、游标卡尺 1 只、弹簧秤 1 个，防护工装、手套、抹布若干。

【学】 起动机的基本结构

一、起动系统概述

1. 起动系统的作用

汽车发动机必须依靠外力带动曲轴旋转后,才能进入正常工作状态,通常把汽车发动机曲轴在外力带动下,从开始旋转到怠速运转的全过程,称为发动机的起动。起动系统的作用是供给发动机曲轴足够的起动转矩,带动发动机曲轴旋转,起动发动机,当发动机进入正常运转状态后,起动机立即停止工作。

2. 起动系统的组成

起动系统由蓄电池、起动机和起动控制电路(起动按钮或开关、起动继电器等)组成,如图2-1所示。

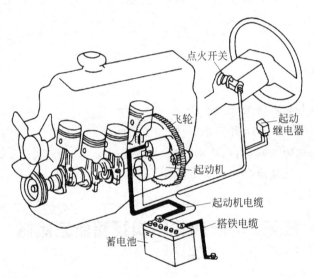

图2-1 汽车起动系统的组成

二、起动机的组成和分类

1. 起动机组成

起动机俗称"马达",由直流电动机、传动机构和控制机构三部分组成,如图2-2所示。

2. 起动机分类

汽车用起动机种类繁多、分类方法各异。

(1) 按总体结构不同分为电磁式起动机、永磁式起动机、减速式起动机。

(2) 按传动机构啮入方式分为强制啮合式起动

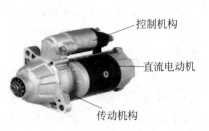

图2-2 起动机

机、电枢移动式起动机、同轴移动式起动机。

三、普通起动机的结构和原理

1. 直流电动机

（1）作用：直流电动机的作用是将蓄电池的电能转换成机械能产生电磁转矩，带动发动机曲轴旋转。

（2）组成：起动机的直流电动机部分主要由定子、转子、换向器、电刷、电刷盖、壳体等组成，如图2-3所示。

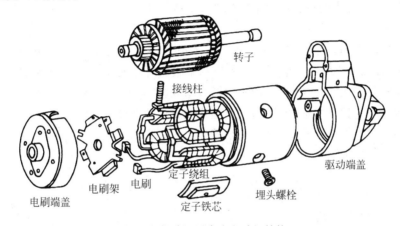

图 2-3　起动机用直流电动机结构

① 定子总成

定子总成又称"励磁总成"，其作用是产生磁场，分励磁式和永磁式两类。励磁式定子总成主要由极性相对交错安装的 4 个磁极和经绝缘处理过的磁场绕组组成，如图2-4所示。

② 转子总成

转子总成又称"电枢总成"，其作用是产生电磁转矩。主要由电枢轴、电枢铁芯、电枢绕组和换向器组成，如图2-5所示。

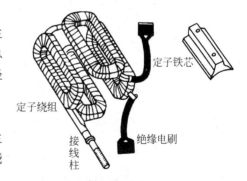

图 2-4　励磁式电动机定子

转子轴驱动端制有螺旋花键，用于套装传动机构中的离合器；转子铁芯由硅钢片叠成，固定在转子轴上，外围开有均匀线槽用以嵌装电枢绕组；电枢绕组由较大矩形截面的粗铜线按一定规律绕制，绕组端头均匀地焊在换向片上。为防止铜制绕组短路，在铜线与铜线之间以及铜线与铁芯之间用性能良好的绝缘纸隔开。

换向器的作用是保证电枢绕组产生电磁转矩的方向保持不变。由铜片和云母叠压而成，压装在电枢轴前端，铜片间及铜片与转子轴之间均由云母绝缘。

转子与定子铁芯之间留有气隙，一般为 0.5～0.8mm，减速式起动机为 0.4～0.5mm。

励磁绕组与电枢绕组串联，故称串励式电动机。先将励磁绕组两两串联后并联再与

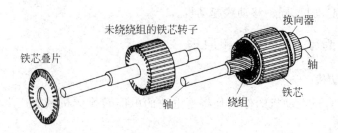

图 2-5 电动机转子总成

电枢绕组串联,串励式电动机内部电路如图 2-6 所示。

③ 电刷装置

电刷装置的作用是将蓄电池的直流电引入电动机电枢绕组,主要由电刷、电刷架、电刷弹簧组成,如图 2-7 所示。电刷架多制成框架式固定在前端盖上,通过绝缘片将绝缘电刷架与端盖隔开;电刷由 80% 铜粉和 20% 石墨粉模压而成,顶部压装软铜引线,两只搭铁电刷引线直接连接在电刷端盖上,两只绝缘电刷引线与励磁绕组的一个端头相连,电刷按极性不同安装在对应的电刷架内,借弹簧压力压紧在换向器上,电刷弹簧的压力一般为 12~15N。

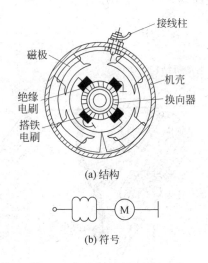

图 2-6 串励式电动机内部电路

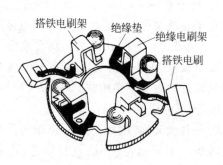

图 2-7 起动机用电刷及支架

④ 外壳与端盖

电动机外壳用钢板焊接或无缝钢管加工而成,壳内装磁极,壳外装有一个绝缘接线柱与励磁绕组的一端连接,壳两端留有与端盖组装用的定位槽或缺口。前端盖又叫电刷端盖,盖内承装电刷装置;后端盖又叫驱动端盖,其上有拨叉座和驱动齿轮行程调整螺钉,前、后端盖上都压装着青铜石墨或铁基含油滑动轴承,有的起动机也采用滚动轴承,如图 2-3 所示。

(3) 工作原理

直流电动机是将电能转变为机械能的装置,它是根据通电导体在磁场中受到电磁力作用而做有规律运动原理制成的,其运动方向用左手定则判断,直流电动机工作原理如图 2-8 所示。由于一个线圈所产生的转矩太小,且转速不稳定,因此实际应用中,电动机的电枢上绕有很多线圈,换向片数也随线圈的增多而相应增加,磁极也由一对增加到四对或六对,从而保证产生足够大的转矩和稳定的转速。

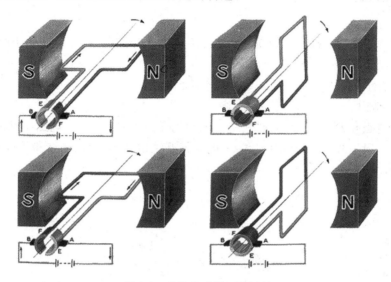

图 2-8　直流电动机工作原理

2. 传动机构

(1) 作用

传动机构的作用是在发动机起动时,使起动机驱动齿轮啮入发动机飞轮齿圈,将直流电动机电磁转矩传给曲轴,在发动机起动后,使驱动齿轮自动打滑,及时切断曲轴与电动机之间的动力传递,防止曲轴反拖。

(2) 组成

汽车用起动机传动机构主要由驱动齿轮、单向离合器、拨叉等组成,起动机驱动齿轮与发动机齿轮的啮合过程如图 2-9 所示。

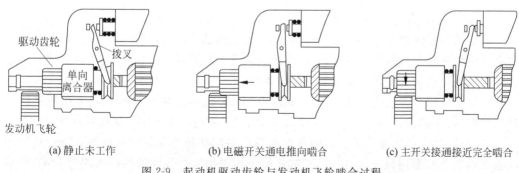

图 2-9　起动机驱动齿轮与发动机飞轮啮合过程

(3) 分类

传动机构按单向离合器结构不同可分为单向滚柱式、弹簧式、摩擦片式,其中单向滚柱式结构简单,传递扭矩小,广泛用于功率较小的轿车起动机上;弹簧式结构简单、轴向尺寸较大,多用于大中型起动机上;摩擦片式可以传递较大转矩,结构相对复杂,主要用于大功率柴油机起动机上。

3. 控制机构

(1) 作用

控制机构的作用是接通和切断起动机与蓄电池之间的电路,并使起动机驱动小齿轮进入或脱离啮合状态。

(2) 电磁开关基本结构

① 基本结构

起动机电磁开关主要由电磁铁机构和电动机开关两部分组成。电磁铁机构由固定铁芯、活动铁芯、吸拉线圈、保持线圈组成;电动机开关由开关触盘、触点和接线柱组成,如图 2-10 所示。

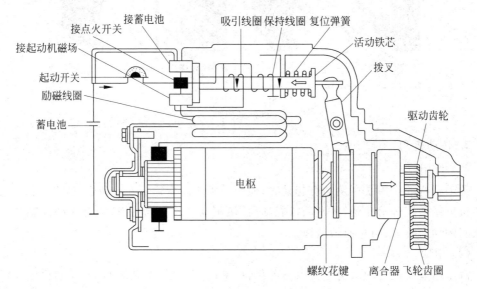

图 2-10 电磁开关结构及起动机电路原理

② 基本结构关系

固定铁芯和活动铁芯安装在一个铜套中,固定铁芯不动,活动铁芯可在铜套中做轴向移动。活动铁芯前端固定有推杆,推杆前端安装开关触盘,活动铁芯后端用调整螺钉和连接销与移动叉连接。铜套外面安装有复位弹簧。

起动机电磁开关接线柱如图 2-10 和图 2-11 所示,电动机开关触盘固定在活动铁芯推杆前端,两个触点分别与起动机连接引线端子"C"和电源端子"30"螺柱制成一体。

接线柱:"C"接线端子通过扁铜片在外部连接起动机壳体绝缘接线柱;"30"接线端子通过电缆外接蓄电池正极柱;"50"接线端子内焊接吸拉线圈和保持线圈公共端,外接起动继电器"S"端子;"15a"接线端子是附加电阻短路接线柱,配合传统点火系统工作,现代电子已不再需要。

线圈:吸拉线圈一端内焊"50"端子,另端内焊"C"端子;保持线圈一端内焊"50"端

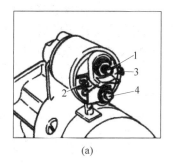 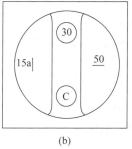

图 2-11　起动机电磁开关接线柱

1—"30"端子；2—"15a"端子；3—"50"端子；4—"C"端子

子,另端壳内搭铁。

（3）电磁控制强制啮合式起动机工作过程

① 起动瞬间：按下起动按钮,给电磁开关供电,吸拉线圈和保持线圈并联通电,保持线圈电流流向：蓄电池"＋"→起动开关→保持线圈→搭铁→蓄电池"－"；吸拉线圈电流流向：蓄电池"＋"→起动开关→吸拉线圈→直流电动机磁场绕组→正电刷→直流电动机电枢绕组→负电刷→搭铁→蓄电池"－",吸拉线圈和保持线圈通电产生的磁通方向相同,电磁吸力吸动活动铁芯向前移动,同时带动拨叉推出驱动小齿轮与发动机飞轮齿圈啮合,在它们即将完全啮合时,推杆带动前端的接触盘后移,接触盘与电动机开关主触点接触,接通电动机主电路。主电路电流流向：蓄电池"＋"→起动机"30"接柱→起动机主触盘→起动机"C"接柱→直流电动机磁场绕组→正电刷→直流电动机电枢绕组→负电刷→搭铁→蓄电池"－"。电动机产生转矩带动发动机曲轴旋转。

② 起动过程：电动机主电路接通后,吸拉线圈被短路,保持线圈仍有电流且方向不变,使铁芯的位置保持不动,电磁开关仍保持吸合位置,主电路电流流向不变,起动机继续通电运转,发动机正常运转后,单向离合器开始打滑保护起动机。

③ 起动后：松开起动开关,主电路尚未断开时,吸拉线圈和保持线圈由主电路供电,吸拉线圈电流反向与保持线圈串联供电,吸拉线圈和保持线圈通电产生的磁通方向相反,电流流向：蓄电池"＋"→起动机控制机构主开关→吸拉线圈→保持线圈→搭铁→蓄电池"－",两线圈产生的电磁力相抵消,在复位弹簧的作用下,活动铁芯等可移动部件自动复位,触盘与主触点断开,切断电动机主电路,同时拨叉将传动机构拨回,两齿轮脱离啮合,起动机停止工作。

四、减速式起动机的结构和工作过程

1. 减速式起动机构造特点

减速式起动机和传统电磁强制啮合式起动机结构大体相似,只是在电枢轴和单向离合器之间安装了减速机构,起动机转速经减速机构降低转速后再带动驱动齿轮向外输出动力。另外在励磁方式上有所不同,一种与常规起动机类似,电动机采用励磁绕组产生磁场,电路控制方式不变；另一种永磁减速式起动机,电动机的磁极不是电磁铁而是采用

4 块或 6 块永久磁铁制成，不再需要磁场绕组，电磁开关接线柱上的"C"端子直接与电动机的正电刷引线连接，控制电路与传统电磁强制啮合式起动机稍有不同。装用减速机构后，可采用小型、高速、低转矩的电动机，从而使起动机的重量和体积可减少 30%～35%，提高起动性能。

2. 减速机构结构形式

起动机的减速装置常见结构形式有三种，如图 2-12 所示。在这三种形式中，行星齿轮减速装置相对较好，输出功率较小的起动机适用外啮合式，输出功率较大的起动机常采用内啮合式和行星齿轮式。

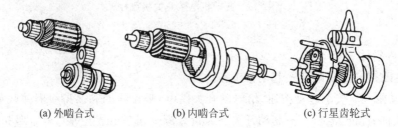

(a) 外啮合式　　　　(b) 内啮合式　　　　(c) 行星齿轮式

图 2-12　起动机减速装置常见结构形式

3. 电磁控制内啮合传动式减速器起动机的工作过程

电磁控制内啮合传动式减速起动机结构如图 2-13 所示，在电枢轴前端，有主动齿轮与内啮合减速齿轮相啮合，内啮合齿轮与螺旋花键轴固定连接成一体，滚柱式单向离合器和驱动小齿轮套装在螺旋花键轴上。

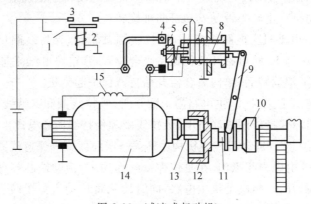

图 2-13　减速式起动机

1—起动开关；2—起动继电器线圈；3—起动继电器触点；4—主触点；5—接触盘；6—吸拉线圈；7—保持线圈；8—活动铁芯；9—拨叉；10—单向离合器；11—螺旋花键轴；12—内啮合减速齿轮；13—主动齿轮；14—电枢总成；15—磁场绕组

接通起动开关，起动继电器线圈通电使继电器触点闭合，接通起动机电磁开关吸拉线圈和保持线圈的电路，铁芯吸动，带动拨叉推出单向离合器及驱动小齿轮与飞轮啮合后，接通电动机主电路，电枢开始高速旋转，电路控制部分与普通起动机一样。电枢转矩传递路线：电枢轴上的主动齿轮→内啮合减速齿轮→螺旋花键轴→单向离合器→驱动齿轮→飞轮，起动发动机。其他工作过程，与普通电磁啮合式起动机相同。

【教】 起动机的拆、装及检测

一、拆、装及检修注意事项

（1）不同型号的起动机解体与组装顺序有所不同，应按厂家维修手册规定的顺序进行拆、装。

（2）部分组件总成无故障时不必分解，有故障时更换总成，如电磁开关、定子总成、转子总成、传动装置。

（3）组装时各螺栓应按规定扭矩旋紧，同时检查调整各部分间隙。

（4）各润滑部件应使用厂家规定的润滑剂润滑。

二、操作流程

准备→清洁→整机检测→拆解→拆解后检测→装复→测试→整理工具、设备→清理环境→填写记录工单。

起动机分解后检查

三、操作步骤

不同起动机结构各具特点，实际工作中拆、装及检修过程应按相应维修手册要求进行，许多环节要求使用专业工具操作，并且安装机件需要达到规定位置和扭矩。下面以QDY1236(12V,1.2kW)型起动机为例进行起动机拆、装及检修。

1. 起动机整机检测过程

起动机整机检测过程见表2-1。

表 2-1 起动机整机检测过程

序号	步骤	图示	操作要领说明
1	准备过程	参见表1-8中的步骤1～4	起动机拆、装及检测过程中的前期准备和后续整理工作，本任务中不再赘述
2	检测起动机主接线柱绝缘情况	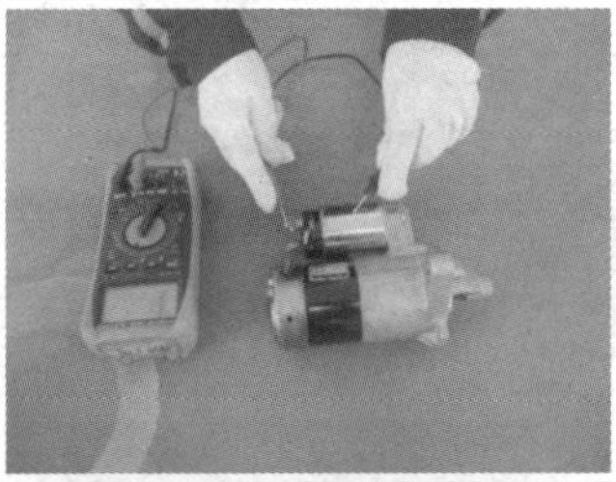	选择万用表测电阻较大量程挡位，测量电磁开关接线柱"30端子"与电磁开关壳体之间的电阻，正常应为∞
3	检测保持线圈电阻	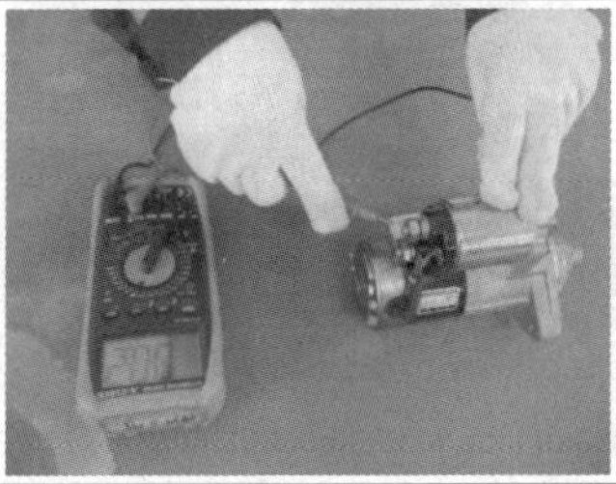	选择万用表测电阻最小量程挡位，测量电磁开关"50端子"与电磁开关壳体之间的电阻，正常阻值为0～2Ω；否则表示保持线圈不正常，应更换起动机电磁开关

续表

序号	步骤	图示	操作要领说明
4	检测吸拉线圈电阻		选择万用表测电阻最小量程挡位,测量电磁开关"50端子"与"C端子"之间的电阻值,正常阻值为0~2Ω;否则表示吸拉线圈不正常,应更换起动机电磁开关。通常同一起动机保持线圈较吸拉线圈电阻大一些
5	记录	边测边记录数据	将测量数据填入工作记录卡

2. 起动机拆解过程

起动机拆解过程见表2-2。

表2-2 起动机拆解过程

序号	步骤	图示	操作要领说明
1	拆卸起动机电磁开关		① 旋下电磁开关"C端子"上固定螺母,摘下与电动机接线柱之间的连接扁铜片
		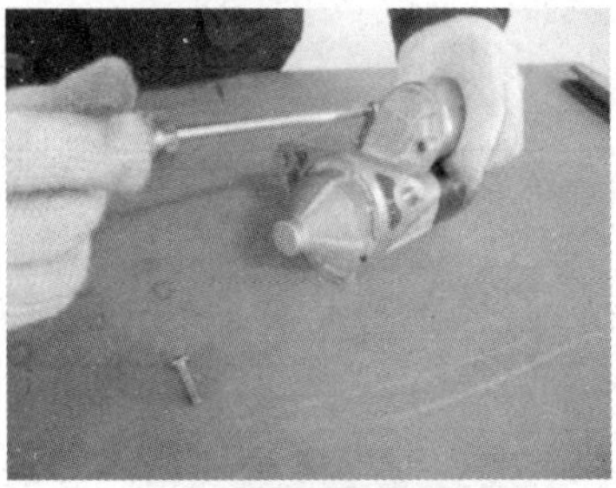	② 分次交换拆下电磁开关与驱动端盖之间的紧固螺钉
		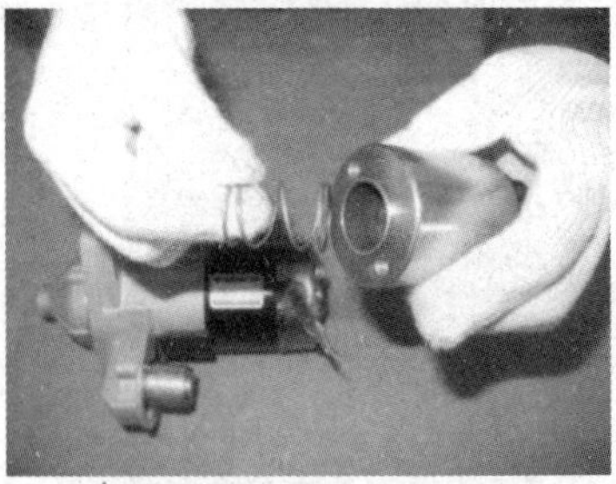	③ 取下电磁开关总成(含铁芯、弹簧)

续表

序号	步骤	图示	操作要领说明
1	拆卸起动机电磁开关	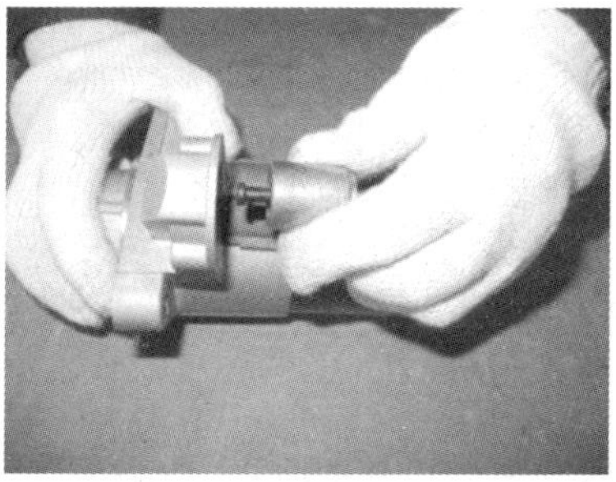	④ 取下电磁铁芯
2	拆前端盖	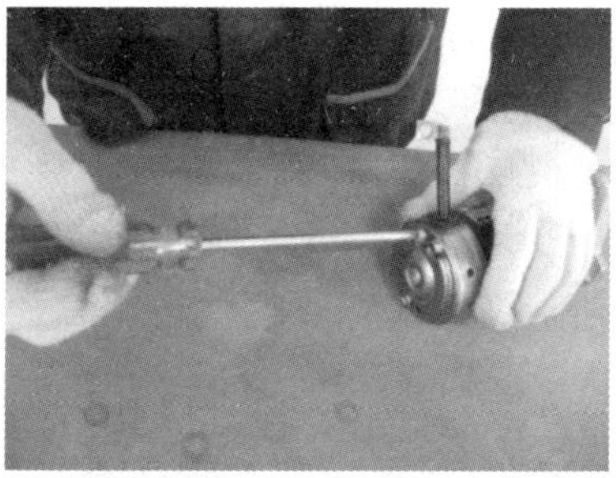	① 旋下前端盖两个紧固螺钉
		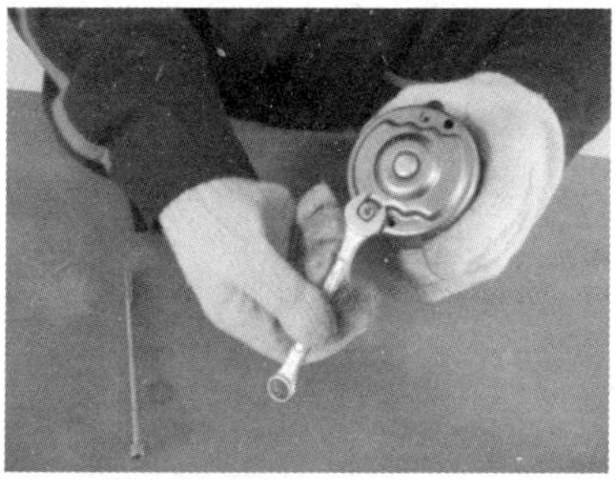	② 旋下两个前后端盖间拉紧长螺栓
			③ 取下前端盖（取下前端盖时注意捏住电刷总成架，防止电刷弹簧掉落丢失）

续表

序号	步骤	图示	操作要领说明
3	拆电刷总成	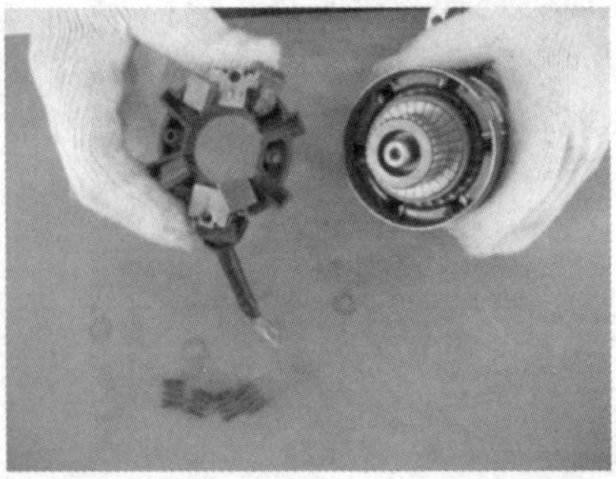	① 拆下所有电刷。 ② 拆下所有电刷弹簧（注意保管）。 ③ 取下电刷总成
4	拆电动机总成		① 拆下电动机总成 ② 分解电动机总成
5	拆橡胶圈	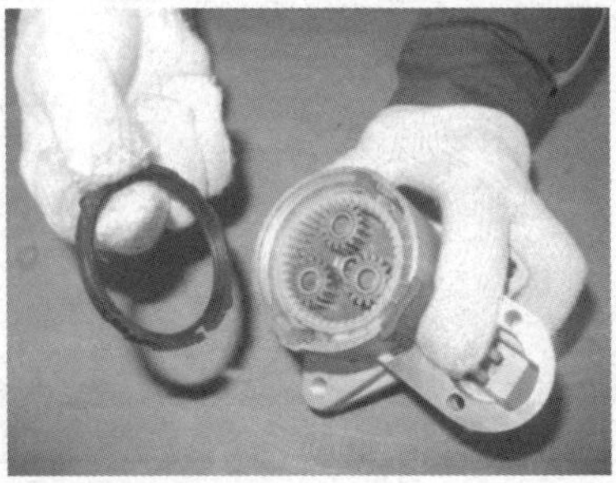	取下橡胶圈，注意观察记录安装记号、方向

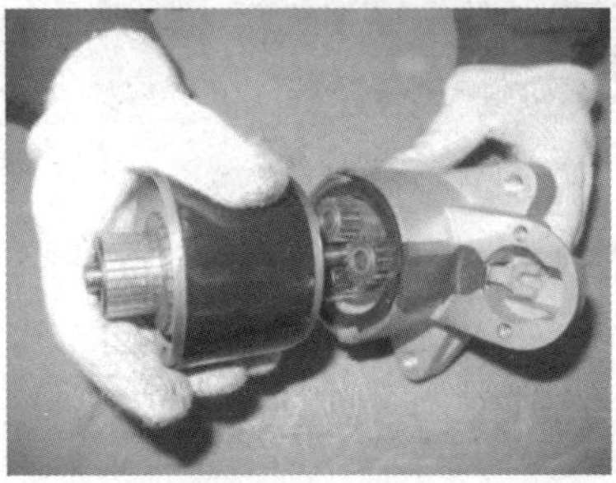

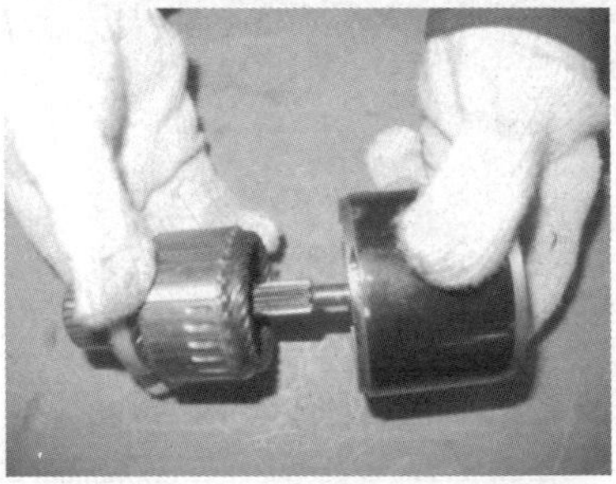

续表

序号	步骤	图示	操作要领说明
6	拆行星齿轮	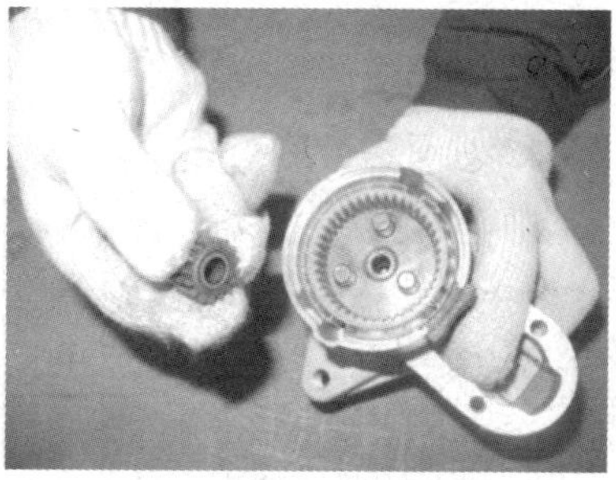	依次取下三个行星齿轮,并按顺序摆放
7	取钢球	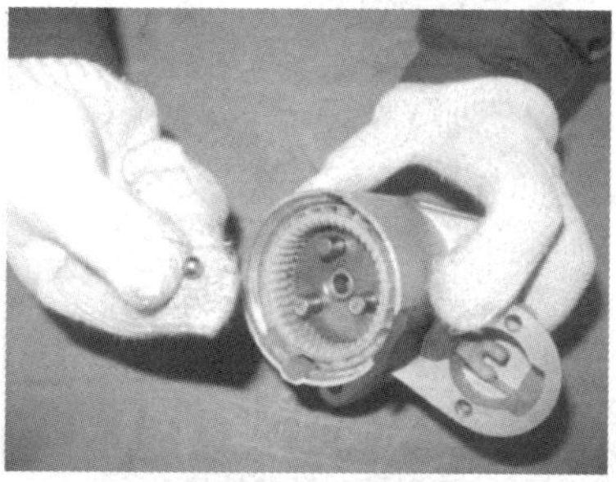	取出钢球
8	拆橡胶挡块	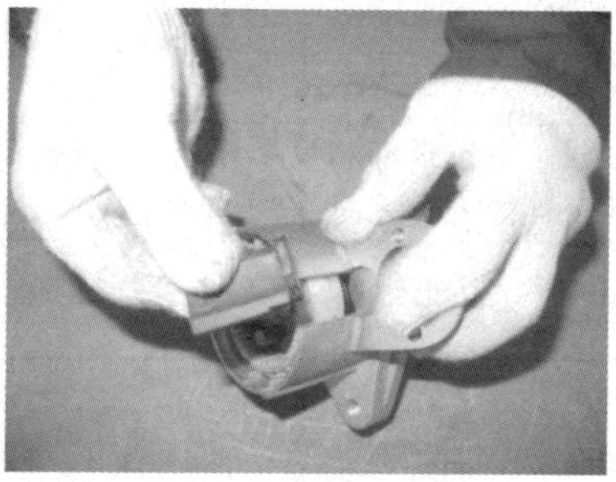	取下橡胶挡块,注意观察记录安装方向
9	取挡片	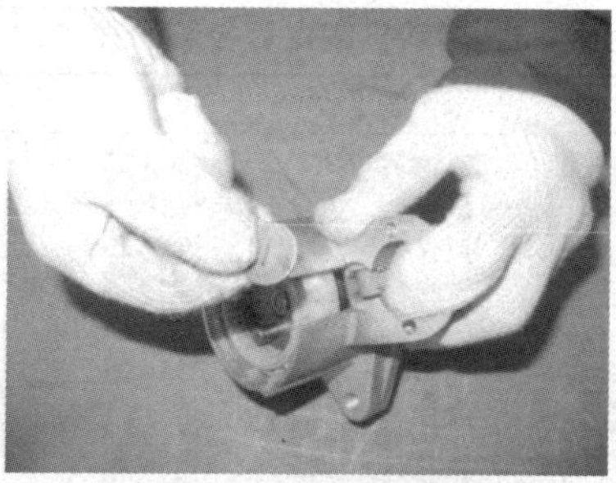	取出金属挡片,并注意观察记录安装方向

续表

序号	步骤	图示	操作要领说明
10	拆传动机构总成		拆下传动机构总成,并注意观察记录安装方向
11	取下拨叉	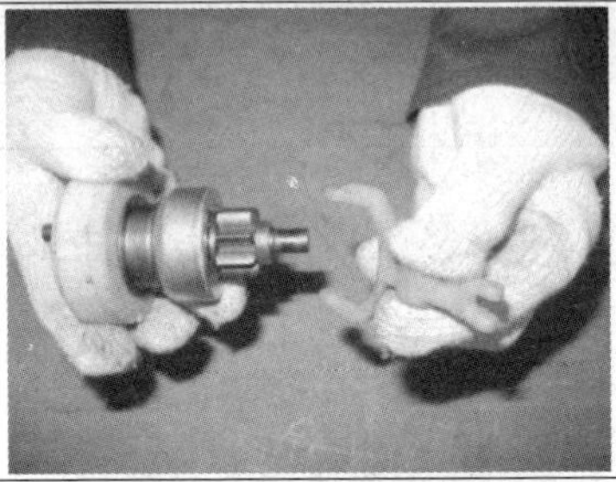	取下拨叉,并注意观察记录安装方向
12	清洁、保养机件	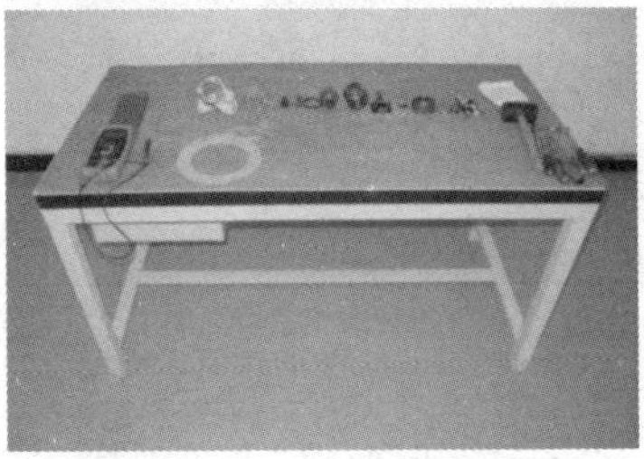	起动机解体完成,清洁机件并按拆卸顺序摆好元器件
13	装复	装复过程基本按拆卸相反顺序进行,需要注意一些机件的安装方向、对正安装记号	
14	整理	参见表1-8中的步骤15	清洁工作台,整理收拾机件、工具、量具、工作台

3. 起动机解体后检测过程

起动机解体后检测过程见表2-3。

起动机整体检测

表2-3 起动机解体后检测过程

序号	步骤	图示	操作要领说明
1	换向器的检查		目测换向器连接导线是否脱焊,表面应平整、无脏污、无烧蚀,轻微磨损可用"00"号砂纸打磨,换向片的厚度小于2mm时,应更换电枢总成

续表

序号	步骤	图示	操作要领说明
2	电枢绕组绝缘情况检查	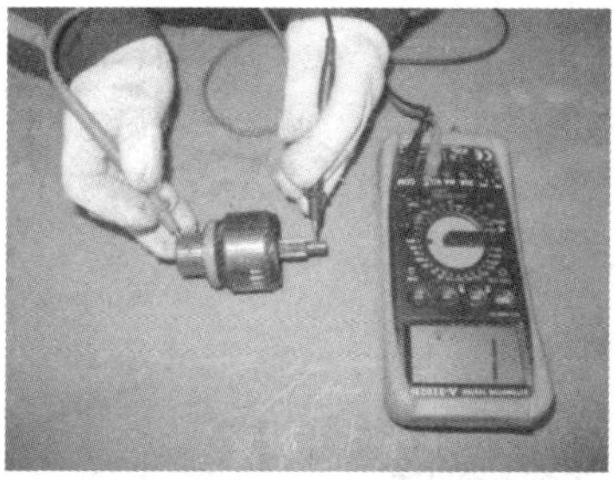	选择万用表测电阻较大量程挡位,测量各换向片与电枢轴(或铁芯)间的电阻,正常应为∞
3	电枢绕组断路检查	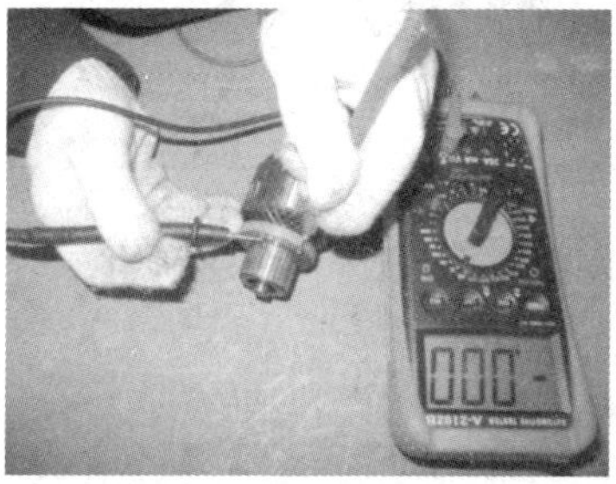	选择万用表测电阻较小的量程挡位,测量电换向器各换向片间电阻应接近0,如不导通,应更换转子总成
4	检查电刷架导通或绝缘情况　检查电刷长度、接触面积	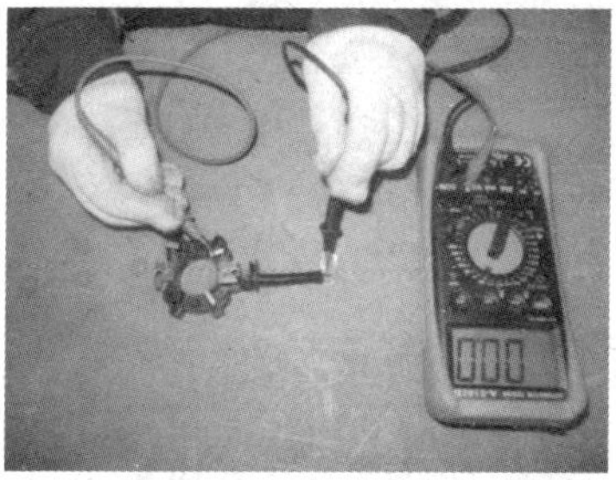	① 绝缘电刷导通情况检查,正常应接近0
		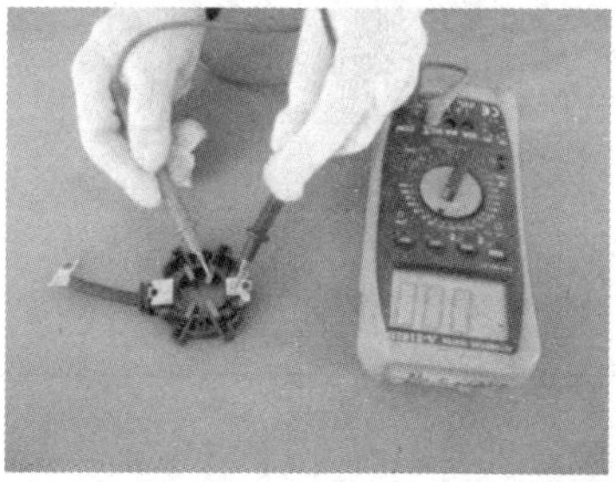	② 搭铁电刷导通情况检查,正常应接近0
		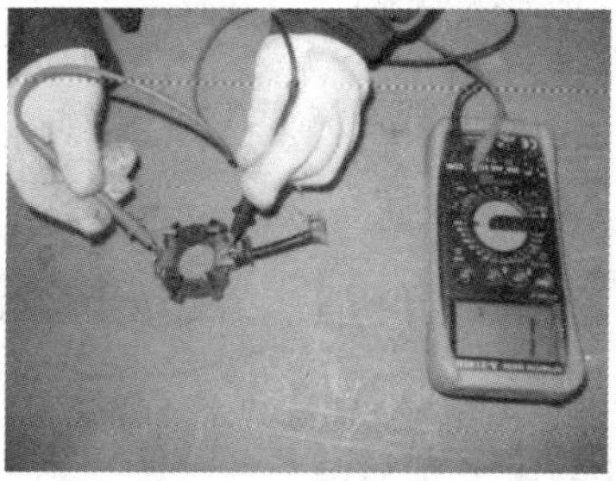	③ 正、负电刷间绝缘检查,正常应为∞

续表

序号	步骤	图示	操作要领说明
4	检查电刷架导通或绝缘情况 检查电刷长度、接触面积	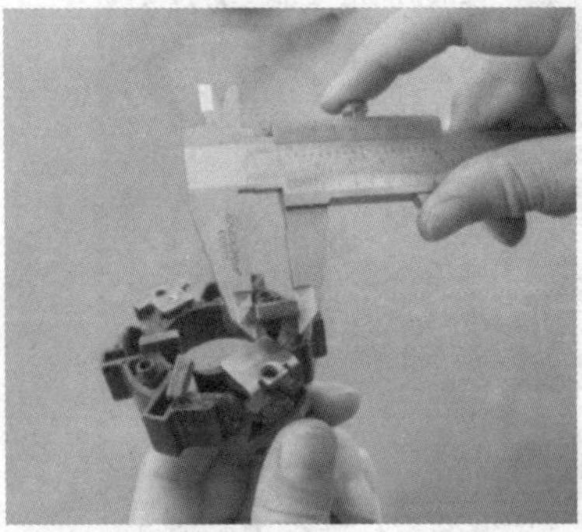	④ 电刷表面应无脏污,在电刷架中活动自如,无卡滞现象。电刷的长度不应低于新电刷高度的 2/3,新电刷高度为 14mm,与换向器之间的接触面积应达到 75%以上;否则更换电刷架总成
5	检查传动机构	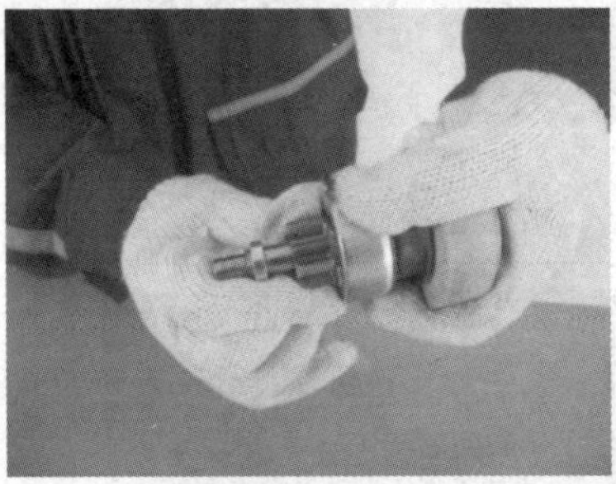	① 目测:驱动齿轮应无过度损伤,离合器在轴上移动自如无卡滞现象; ② 用手旋动驱动齿轮,应在一个方向转动自如,另一方向锁止
6	检查减速机构		目测减速器齿轮磨损情况

4. 起动机装复过程

装复过程基本按拆卸相反顺序进行,需要注意一些机件的安装方向,并对正安装记号。安装结束后,要及时清洁整理工具、设备、工作台并认真填写工单。

起动机装复

【做】 起动机拆、装及检测

按照表 2-1、表 2-2、表 2-3 起动机拆、装及检测过程的相关要求,完成起动机拆、装及检测的操作过程并按要求填写表 2-4 工作记录卡。

表 2-4　起动机拆、装及检测工作记录卡

操作前相关知识准备

1. 无须解体起动机便可拆换的机件是（　　）。
   A. 电磁控制开关总成　　　　　　　B. 转子总成
   C. 定子总成　　　　　　　　　　　D. 单向离合器
2. 电刷的高度不应低于新电刷高度的（　　）。
   A. 1/4　　　　B. 1/3　　　　C. 2/3　　　　D. 3/4
3. 电刷与换向器之间的接触面积应达到（　　）以上。
   A. 65%　　　　B. 75%　　　　C. 85%　　　　D. 95%
4. 电刷弹簧的压力值应为（　　）N。
   A. 6～9　　　　B. 9～12　　　　C. 12～15　　　　D. 15～18
5. 直流串励式电动机中的"串励"是指（　　）。
   A. 磁场绕组和电枢绕组串联　　　　B. 吸拉线圈和保持线圈串联
   C. 吸拉线圈和磁场绕组串联　　　　D. 吸拉线圈和电枢绕组串联
6. 减速起动机和普通起动机的区别在于（　　）。
   A. 电磁控制机构　　B. 电动机　　C. 传动机构　　D. 单向离合器
7. 保持线圈一端搭铁，另一端焊接在（　　）端子上。
   A. 50　　　　B. 30　　　　C. C　　　　D. 50a
8. 吸拉线圈一端焊接在 50 端子上，另一端焊接在（　　）端子上。
   A. 50　　　　B. 30　　　　C. C　　　　D. 50a
9. 正常状态下，30 端子与壳体绝缘，外接（　　）。
   A. 蓄电池"＋"　　B. 蓄电池"－"　　C. 发电机"B"　　D. 发电机"E"

操作所需工具、量具、设备、材料等	
项目	内　　容
工具	
量具	
设备	
材料	

实 训 要 求

　　操作前，要认真阅读相关安全规则手册，熟知有关安全防护常识。

　　学生进入实训场地，必须严格遵守实训场地要求，听从实训老师指挥，不可以擅离规定实训区域，更不可以随意触碰实训场地内的车辆、设备、材料、工具、量具等与本次课无关的物品。学生动手操作一定要在老师的指挥、监管下进行，不可以擅自主张做与当堂课业内容无关的项目，如有需求应及时向当课老师提出申请，经老师同意后在其监管下方可完成操作，以免造成人员伤害和设备损坏。

　　学生进入实训场地，即将自己当作一个职业人，一切言行举止要以职业人的规范行为严格要求自己，养成职业好习惯，为将来上岗做好心理上和行为上的准备。

续表

操作过程			
操作过程	操作要点 （操作过程每个步骤的要点）	操作过程记录 （故障点、坏损件、数据等）	操作过程分析 （问题、原因、解决方法等）
学生自我总结、意见			
教师综合评价			

【评】 起动机的拆装、解体后检测

根据起动机拆、装及检测过程，填写表 2-5。

表 2-5 起动机拆、装及检测评价表

序号	考核内容	考核要点	分值	评分标准	评价			总评得分
					自评得分	互评得分	教师评价	
1	前期准备	1. 着工装及工具、量具等准备齐全； 2. 场地选择合理整洁	5	工具、量具等准备齐全、着工装、场地选择合理、场地清洁，每项 1 分				

续表

序号	考核内容	考核要点	分值	评分标准	评价 自评得分	评价 互评得分	评价 教师评价	总评得分
2	拆卸操作	拆卸电磁开关： 1. 正确选择、使用工具； 2. 顺序合理； 3. 拆卸部位正确； 4. 元器件摆放整洁有序	5	1. 正确选择、使用工具1分； 2. 拆连接片1分； 3. 拆卸连接螺栓1分； 4. 合理取下2分				
		分解电动机： 1. 正确选择、使用工具； 2. 顺序合理； 3. 拆卸部位正确； 4. 拆卸方法恰当； 5. 元器件摆放整洁有序	12	1. 正确选择、使用工具2分； 2. 拆卸前端盖3分； 3. 拆卸电刷总成5分； 4. 分解电动机总成2分				
		分解传动机构： 1. 正确选择、使用工具； 2. 顺序合理； 3. 拆卸方法恰当； 4. 元器件摆放整洁有序	8	1. 拆解减速器4分； 2. 拆卸传动机构总成2分； 3. 顺序合理1分； 4. 元器件摆放整洁有序1分				
3	检测操作	检查电枢总成： 1. 正确使用万用表、百分表； 2. 测量方法正确； 3. 判断结果准确	7	1. 测量过程正确3分； 2. 数据读取、分析正确2分； 3. 电枢轴圆柱度测量过程正确2分				
		检查磁场总成： 1. 正确使用万用表； 2. 测量方法正确； 3. 判断结果准确	3	1. 测量过程正确2分； 2. 数据读取、分析正确1分				
		检查电刷总成： 1. 正确使用万用表； 2. 测量方法正确； 3. 判断结果准确	5	1. 测量过程正确3分； 2. 数据读取、分析正确2分				
		检查电磁开关总成： 1. 正确使用万用表； 2. 测量方法正确； 3. 判断结果准确	8	1. 吸拉线圈测量、读数过程正确3分； 2. 保持线圈测量、读数过程正确3分； 3. 接线柱测量、判断过程正确2分				
		检查传动机构	5	1. 测量过程正确3分； 2. 数据读取、分析正确2分				
		检查减速器	2	测量过程正确2分				

续表

序号	考核内容	考核要点	分值	评分标准	评价 自评得分	评价 互评得分	评价 教师评价	总评得分
4	装复操作	装复传动机构： 1. 工具使用恰当； 2. 安装程序正确	8	1. 工具、量具使用规范 2 分； 2. 程序方法恰当 6 分				
		装复电动机： 1. 安装方法； 2. 安装顺序； 3. 安装质量	10	1. 工具使用正确 2 分； 2. 顺序正确 3 分； 3. 方法恰当 3 分； 4. 质量 2 分				
		装复电磁开关： 1. 安装方法； 2. 安装位置	7	1. 工具使用正确 1 分； 2. 顺序正确 2 分； 3. 方法恰当 2 分； 4. 质量 2 分				
5	整理工位做好记录	1. 安全文明生产； 2. 及时整理工位； 3. 合理处置废旧物； 4. 如实记载使用记录	10	1. 设备复位、工具摆放整齐、清理试件、打扫场地、人走灯灭，每项 1 分； 2. 及时认真填写设备使用记录 5 分				
6	工时定额	操作时间 80min	5	每超 5min 扣 1 分				
成绩评价说明		学生自评成绩的权重是 20%，学生互评成绩的权重是 20%，教师评价成绩的权重是 60% 优秀(≥90)□，良好(≥80)□，一般(≥70)□，及格(≥60)□，不及格(<60)□						

注：考评过程中，如果出现下列情况之一，不予进行评价。
1. 没做好安全防护，安全意识极差。
2. 不听从老师指挥，没有团队合作意识，擅离工作岗位。
3. 操作时严重违反操作规范，操作行为随意。
4. 因违章操作发生人身伤害和设备损坏事故。
5. 操作时间超过规定时间的 50%。

组长签字： 教师签字：

【练】 综合练习

一、填空题

1. 汽车发动机曲轴在外力带动下，从开始旋转到怠速运转的全过程，称为_____。
2. 起动机俗称_____。
3. 起动机由电动机、传动机构和_____三部分组成。

4. 电刷分为两种：搭铁电刷和_____。

5. 电刷架分为两种：搭铁电刷架和_____。

二、判断题

1. 减速式起动机基本结构与电磁强制啮合式起动机相同，只是在电枢和起动齿轮之间装有减速齿轮机构。　　　　　　　　　　　　　　　　　　　　（　）

2. 起动机中的传动装置只能单向传递力矩。　　　　　　　　　　（　）

3. 起动机的磁场线圈与外壳之间始终是导通的。　　　　　　　　（　）

4. 用万用表测量时，安装磁场电刷的刷架与外壳之间应该绝缘。（　）

5. 起动机只能使用蓄电池供电。　　　　　　　　　　　　　　　（　）

三、选择题

1. 起动机中电动机是将(　　　)。
   A. 机械能转换成电能　　　　B. 电能转换成机械能
   C. 机械能转换成热能　　　　D. 电能转换成化学能

2. 起动机主电路接通后，用于保持电磁控制装置铁芯位置的是(　　　)。
   A. 电枢线圈　　B. 磁场线圈　　C. 吸拉线圈　　D. 保持线圈

3. 轿车起动机的单向离合器常采用(　　　)。
   A. 单向滚柱式　　B. 摩擦片式　　C. 弹簧式　　D. 楔块式

4. 起动机工作过程中，电流方向发生改变的是(　　　)。
   A. 电枢线圈　　B. 磁场线圈　　C. 吸拉线圈　　D. 保持线圈

5. 永磁式起动机是用永久磁铁代替普通起动机中的(　　　)。
   A. 电枢线圈　　B. 磁场线圈　　C. 吸拉线圈　　D. 保持线圈

6. 表示点火开关起动挡的是(　　　)。
   A. IG　　　　B. ST　　　　C. ACC　　　　D. LOCK

四、简答题

1. 什么是发动机的起动？

2. 起动系统的作用和组成。

五、拓展练习

随着汽车技术的进步，有哪些新型起动机已经使用？用于哪种类型车上？

任务2　起动机的正确使用与维护

(1) 熟知起动机使用注意事项。

(2) 掌握更换起动机的基本操作过程。
(3) 掌握安全使用举升机的基本方法。

任务准备

汽车1辆、车辆保护套件1套、举升机1部、工作台、工具及工作车1套、汽车用数字万用表1块,防护手套、工装、抹布若干。

【学】 起动机的正确使用

一、起动机的型号

根据我国行业标准 QT/T 73—1993《汽车电气设备产品型号编制规则方法》的规定,汽车起动机的型号由五部分组成:

| (1) | (2) | (3) | (4) | (5) |

其各部分的含义如下。

(1) 为产品代号:QD、QDJ、QDY 分别表示起动机、减速式起动机、永磁起动机。

(2) 为电压等级代号:与交流发电机相同,用1位阿拉伯数字表示,1—12V;2—24V;6—6V。

(3) 为功率等级代号:用1位阿拉伯数字表示,含义见表2-6。

表 2-6 起动机的功率等级代号

功率等级代号	1	2	3	4	5	6	7	8	9
功率/kW	1	1~2	2~3	3~4	4~5	5~6	6~7	7~8	8~9

(4) 为设计序号:按产品的先后顺序,用1位、2位阿拉伯数字表示。
(5) 为变型代号:用大写字母 A、B、C、…顺序表示(不用 O 和 I)。
例如:QD1225 表示额定电压为 12V、功率为 1~2 kW 第 25 次设计的起动机。

二、起动机的使用与检修注意事项

1. 起动机的正确使用

(1) 每次起动时间不能超过 5s。连续起动应间隔 15s 以上。
(2) 发动机起动后,应立即切断起动电路,使起动机停止工作。
(3) 发动机正常工作后,禁止使起动机投入工作。
(4) 发现有起动机打齿、冒黑烟现象时,应及时诊断并排除故障后再做起动。
(5) 装自动变速器的汽车在驻车(P)挡或空挡(N)上才能使用起动机。

2. 起动机的维护

(1) 经常检查起动机与蓄电池的连接是否牢固,导线接触应良好。

(2) 经常保持起动机的干燥与清洁。

(3) 汽车每行驶 3000km，应检查和清洁换向器。

(4) 汽车每行驶 5000～6000km，应检查电刷长度和弹簧压力。

(5) 起动机的电缆线应按规定使用，截面不得过小，其长度应尽量缩短。

(6) 经常检查传动机构和控制装置的活动部件，按规定进行润滑。

(7) 起动机一般每年应进行一次维护性检修，可视实际情况适当缩短或延长。

【教】 起动机的更换

一、拆卸起动机应注意事项

(1) 从车上拆下起动机前应先切断点火开关，关闭车上所有用电设备，拆下蓄电池搭铁线，以防操作过程中产生电火花损坏电子元器件。

(2) 若起动机与发动机之间装有薄金属垫片，要仔细放好，在装配时应按原样装回。

(3) 永磁式起动机对敲击、振动及外压力有很高的敏感性。不得将起动机压紧在台钳上，进行电气试验时线路不得接错；否则会损坏磁铁，且不能修复。

二、操作流程

准备工具、量具、车辆→清洁→拆卸→安装→测试→整理工具、设备→清理环境→填写记录工单。

三、操作步骤

每辆汽车的结构组成和各机件的位置关系各不相同，所以更换起动机的操作步骤、顺序会有些差异，具体情况要求参照各车的维修手册完成。下面对科鲁兹轿车进行起动机的更换。

1. 起动机拆卸过程

起动机拆卸过程见表 2-7。

表 2-7 起动机拆卸过程

序号	步　　骤	图　　示	操作要领说明
1	前期准备	参见表 1-3 中的步骤 1～7	前期准备包括人员安全防护、工具量具、车辆防护与测试、场地整理等
2	断电		拆卸蓄电池负极电缆，使全车断电

续表

序号	步骤	图示	操作要领说明
3	举升汽车		① 合上发动机机盖； ② 车下垫好安全垫块； ③ 正确使用举升机安全举升汽车
4	拆主接线柱"30端子"电缆线		① 旋下固定螺母
			② 摘下"30端子"电缆线
5	拆"50端子"连接线		① 旋下固定螺母
			② 摘下"50端子"连接线

续表

序号	步骤	图示	操作要领说明
6	拆2个固定螺栓		拆下2个固定螺栓
7	取下起动机		从车上取下起动机

2. 起动机安装及检测过程

起动机安装及检测过程见表2-8。

表2-8 起动机安装及检测过程

序号	步骤	图示	操作要领说明
1	安装起动机	起动机安装过程参见拆卸过程	安装过程与拆卸过程相反,需要注意螺栓及螺母上紧扭矩
2	更换新起动机		新起动机安装完成后,将车下清理干净
3	落车		① 落车前注意车下人员撤离、工具清理干净。 ② 安全落车

续表

序号	步骤	图示	操作要领说明
4	安蓄电池负极电缆		① 打开车盖。 ② 安装蓄电池负极电缆,使全车通电
5	测蓄电池电压	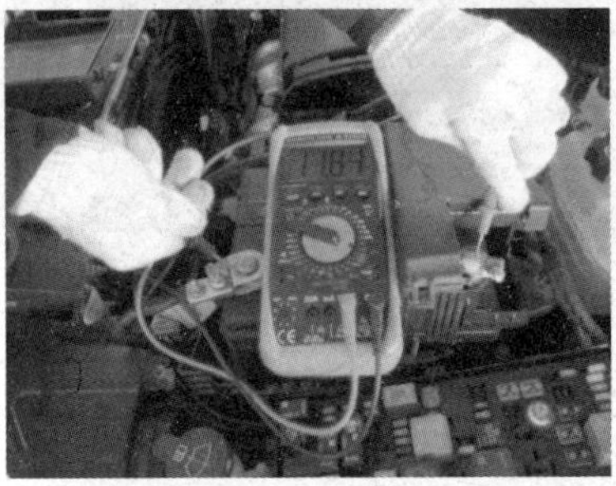	测量蓄电池电压
6	举升车辆		① 合上车盖,检查垫块确定车辆停放安全。 ② 正确使用举升机安全举升汽车
7	测"30端子"	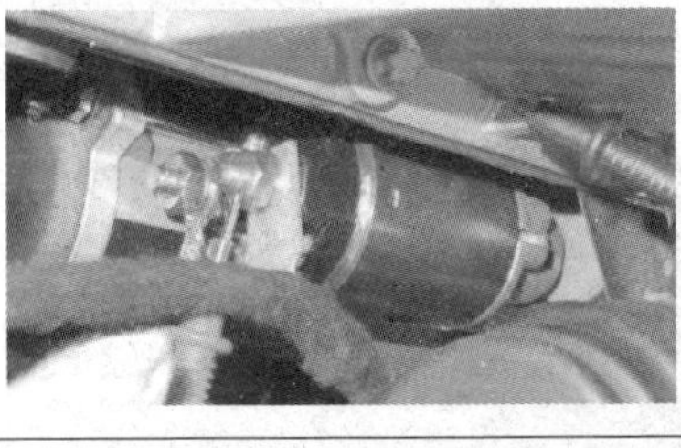	① 选择万用表测电阻较大量程挡位,测量电磁开关接线柱"30端子"与电磁开关壳体之间的电阻,正常应为∞。 ② 选择万用表测直流电压20V挡位,检测"30端子"电压应为蓄电池电压
8	测"50端子"		① 选择万用表测电阻较大量程挡位,测量电磁开关接线柱"50端子"与电磁开关壳体之间的电阻,正常应为保持线圈电阻。 ② 选择万用表测直流电压20V挡位,检测起动瞬间"50端子"电压应接近蓄电池电压

续表

序号	步骤	图示	操作要领说明
9	落车安装外排气管	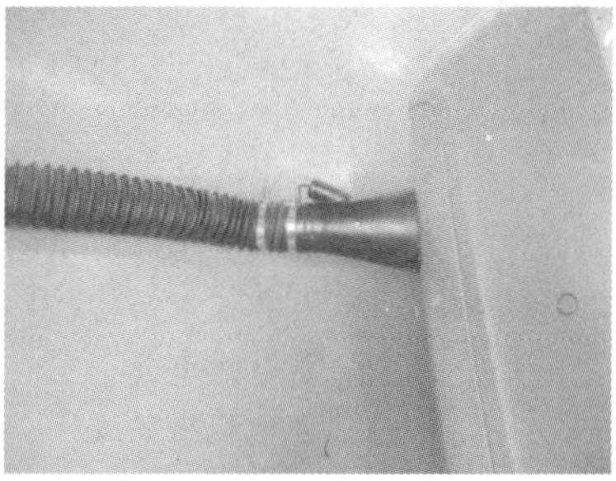	① 落车。 ② 安放外排气管
10	试车	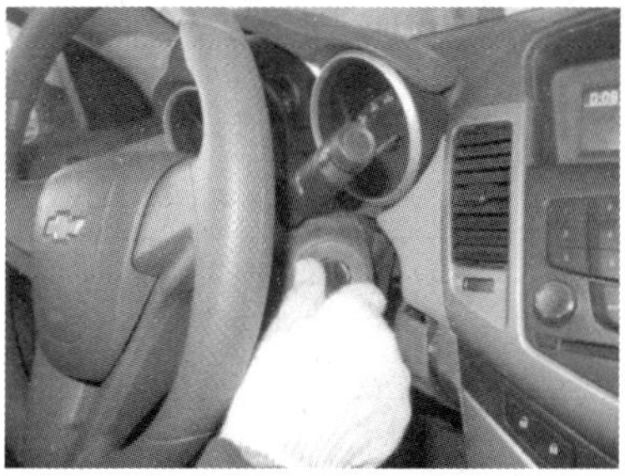	打开点火开关试车
11	整理工作	参见表 1-3 中的相关步骤	整理工作包括起动试车、整理车辆、整理工具箱、处理废旧物、清理场地、填写工单

【做】 起动机的更换

按照表 2-7、表 2-8 起动机更换过程的相关要求,完成起动机更换操作,并按要求填写表 2-9 工作记录卡。

表 2-9 更换起动机工作记录卡

操作前相关知识准备
1. 汽车起动机的型号 QD1225 中的"1"表示(　　)。 　　A. 电压等级 12V　　B. 功率等级 1kW　　C. 设计代号　　D. 变型代号 2. 需要检查起动机电刷长度和弹簧压力的汽车行驶里程是(　　)。 　　A. 3000～4000km　　B. 4000～5000km　　C. 5000～6000km　　D. 6000～7000km 3. 更换起动机时,应将汽车安全停放在(　　)。 　　A. 雪地上　　B. 坡路上　　C. 沙滩上　　D. 平坦地面上 4. 汽车每行驶 3000km,起动机应检查和清洁(　　)。 　　A. 电刷　　B. 换向器　　C. 定子总成　　D. 电磁开关总成 5. 发动机正在工作时严禁使用(　　)。 　　A. 蓄电池　　B. 发电机　　C. 调节器　　D. 起动机

续表

操作前相关知识准备

6. 通常起动机进行维护性检修的时间是( )。
   A. 1年　　　　　B. 2年　　　　　C. 3年　　　　　D. 4年
7. 更换起动机时,首先要关闭( )。
   A. 大灯开关　　　　　　　　　B. 电喇叭开关
   C. 空调开关　　　　　　　　　D. 点火开关
8. 拆卸起动机前应首先拆下( )。
   A. 蓄电池正极　　　　　　　　B. 蓄电池负极
   C. 发电机电源线　　　　　　　D. 发电机搭铁线
9. 永磁式起动机不能受( )。
   A. 敲击　　　　B. 重压　　　　C. 冷冻　　　　D. 阳光直射
10. 打起动开关时,汽车变速器应处于( )。
    A. 前进低速挡　　　　　　　　B. 前进高速挡
    C. 空挡　　　　　　　　　　　D. 倒车挡

操作所需工具、量具、设备、材料等	
项目	内　　容
工具	
量具	
设备	
材料	

实 训 要 求

操作前,要认真阅读相关安全规则手册,熟知有关安全防护常识。

学生进入实训场地,必须严格遵守实训场地要求,听从实训老师指挥,不可以擅离规定实训区域,更不可以随意触碰实训场地内的车辆、设备、材料、工具、量具等与本次课无关的物品。学生动手操作一定要在老师的指挥、监管下进行,不可以擅自主张做与当堂课业内容无关的项目,如有需求应及时向当课老师提出申请,经老师同意后在其监管下方可完成操作,以免造成人员伤害和设备损坏。

学生进入实训场地,即将自己当作一个职业人,一切言行举止要以职业人的规范行为严格要求自己,养成职业好习惯,为将来上岗做好心理上和行为上的准备。

操　作　过　程			
操作过程	操作要点 (操作过程每个步骤的要点)	操作过程记录 (故障点、坏损件、数据等)	操作过程分析 (问题、原因、解决方法等)

续表

操作过程	操作要点 (操作过程每个步骤的要点)	操作过程记录 (故障点、坏损件、数据等)	操作过程分析 (问题、原因、解决方法等)
学生自我总结、意见			
教师综合评价			

【评】 起动机的更换

根据起动机的更换工作过程,填写表2-10。

表2-10 起动机拆卸、安装过程评价表

序号	考核内容	考核要点	分值	评分标准	自评得分	互评得分	教师评价	总评得分
					评价			
1	前期准备	1. 劳保着装及工具准备齐全; 2. 场地选择合理整洁; 3. 设备调试正确	10	工具等准备、劳保着装、场地选择、场地清洁、设备调试符合要求,每项2分				
2	车辆准备	1. 安全停放定位; 2. 做好相关车辆防护	10	1. 车辆安全停放相关事项全面、正确3分; 2. 详实检查、记录车况2分; 3. 车辆相关防护措施全面恰当、操作正确5分				

续表

序号	考核内容	考核要点	分值	评分标准	评价 自评得分	评价 互评得分	评价 教师评价	总评得分
3	拆卸操作	1. 工具、量具使用规范； 2. 程序合理； 3. 方法恰当； 4. 质量标准	30	1. 工具、量具使用规范5分； 2. 程序合理5分； 3. 方法恰当10分； 4. 质量达标10分				
4	安装操作	1. 选择起动机型号正确； 2. 新起动机安装前检查过程合理； 3. 工具、量具使用正确； 4. 安装程序、质量； 5. 操作方法	30	1. 选择、安装前检查合理5分； 2. 工具、量具使用规范5分； 3. 程序合理5分； 4. 方法恰当10分； 5. 质量达标5分				
5	试车交付	1. 试车方法正确； 2. 文明礼貌交车	5	1. 试车方法正确3分； 2. 文明礼貌交车2分				
6	整理工位做好记录	1. 安全文明生产； 2. 及时整理工位； 3. 合理处置废旧物； 4. 如实记载使用记录	10	1. 设备复位、工具摆放整齐、清理试件、打扫场地、人走灯灭，每项1分； 2. 及时认真填写设备使用记录5分				
7	工时定额	操作时间80min	5	每超5min扣1分				
成绩评价说明		学生自评成绩的权重是20%，学生互评成绩的权重是20%，教师评价成绩的权重是60% 优秀(≥90)□，良好(≥80)□，一般(≥70)□，及格(≥60)□，不及格(<60)□						

注：考评过程中，如果出现下列情况之一，不予进行评价。
1. 没做好安全防护，安全意识极差。
2. 不听从老师指挥，没有团队合作意识，擅离工作岗位。
3. 操作时严重违反操作规范，操作行为随意。
4. 因违章操作发生人身伤害和设备损坏事故。
5. 操作时间超过规定时间的50%。

组长签字： 教师签字：

【练】 综合练习

一、填空题

1. 起动机每次起动时间不得超过_____。
2. 拆卸起动机前应先拆卸蓄电池_____。
3. 拆卸起动机前应将车停放平稳,变速杆置于_____挡。

二、判断题

1. 发动机起动后,应马上松开点火开关,切断起动挡。　　　(　)
2. 起动机不怕敲击,可以随意拆卸。　　　　　　　　　　　(　)
3. 汽车在驻车(P)挡或空挡(N)上才能使用起动机。　　　　(　)

三、选择题

1. 发动机正常工作时,严禁开启(　　)。
   A. 雨刷开关高速挡　　　　　　　B. 点火开关起动挡
   C. 空调开关高温挡　　　　　　　D. 大灯开关近光挡
2. 拆卸起动机前应先关闭(　　)。
   A. 点火开关　　B. 音响开关　　C. 空调开关　　D. 大灯开关

四、简答题

1. 简述起动机型号 QD124 的含义。
2. 简述起动机的正确使用。

五、拓展练习

上网查找汽车起动新技术的应用及发展方向。

任务3　起动系统的故障诊断与排除

(1) 了解起动系统工作过程。
(2) 能读识起动系统电路。
(3) 掌握起动系统电路故障诊断的基本方法。

汽车1辆、车辆保护套件1套、举升机1部、工作台、工具车、汽车用数字万用表1块、防护工装、手套、抹布若干。

【学】 起动系统的基本工作过程

一、起动系统控制方式

1. 起动开关直接控制起动机的起动系统

起动开关直接控制起动机的起动电路由点火开关或起动按钮直接控制起动机电磁控制机构中的吸拉线圈和保持线圈的通断,因此通过起动开关的电流就是通过线圈的电流。这种直接控制方式使得流经起动开关的电流较大,对开关触点的材料和制作工艺要求较高,常用于起动功率较小的汽车,如上海桑塔纳。随着汽车技术的不断进步,这种方法已基本不再使用。

2. 起动继电器控制起动机的起动系统

起动继电器控制起动机的起动系统如图 2-14 所示,用点火开关控制起动继电器的电磁线圈,再由起动继电器的触点控制起动机电磁控制机构中吸拉线圈和保持线圈的通断,进而控制起动机工作。

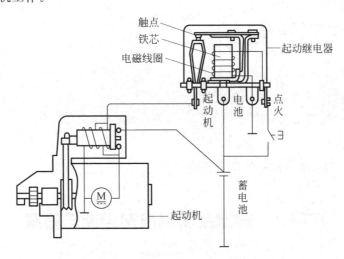

图 2-14 起动继电器典型控制电路

起动继电器的作用就是以小电流控制大电流,保护点火开关,减小起动机电磁开关线路压降。

3. 复合起动继电器控制起动机的起动系统

起动复合继电器由起动继电器和保护继电器组成,如图 2-15 所示。起动继电器为动合触点,控制起动机电磁开关;保护继电器为动断触点,用来控制充电指示灯和起动继电器线圈搭铁。保护继电器一端接发电机中性点,另一端搭铁。工作情况如下。

(1)起动时,点火开关旋至起动挡,电流流向:蓄电池"+"经电流表后分成并联两路。

一路经充电指示灯→接线柱 L→触点 K_2→磁轭→搭铁→蓄电池"−"。

另一路经 SW 接线柱→线圈 L_1→触点 K_2→磁轭→搭铁→蓄电池"−"。

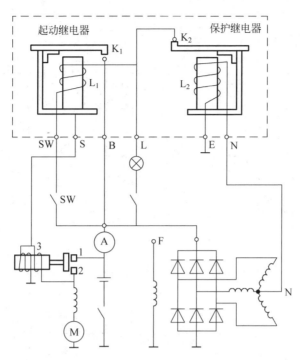

图 2-15 复合起动继电器控制起动电路

线圈 L_1 产生吸力,触点 K_1 闭合,接通吸拉线圈和保持线圈电路。电流流向:蓄电池"+"→电流表→接线柱 B→触点 K_1→磁轭→接线柱 S→分别进入吸拉线圈和保持线圈后,保持线圈直接搭铁,吸拉线圈经电动机内部后搭铁,电动机工作情况如前所述,起动机工作带动发动机曲轴旋转。

(2) 发动机起动后,若驾驶员未及时松开点火开关切断起动挡,中性点电压(发电机输出电压的一半)作用在 L_2 上使触点 K_2 打开,切断充电指示灯电路,使充电指示灯熄灭,指示发电机已经正常工作。同时又将 L_1 的电路切断,触点 K_1 打开,起动机电磁开关断电,使起动机停止工作。

(3) 自动保护作用:发动机正常运转过程中,在发电机中性点电压作用下,触点 K_2 始终打开,充电指示灯不亮表示充电系正常工作。即使驾驶员误操作将点火开关旋到了起动挡,由于线圈 L_1 中无电流,使触点 K_1 始终断开,所以起动机不会工作,起到保护作用。如果充电系统出现故障使中性点电压过低,复合继电器就起不到保护作用了。

4. 增设保护开关的起动系统

为提高汽车安全性能,现代许多汽车在起动系统的控制电路中,增设了离合器开关或变速器空挡开关,确保只有在踩下离合器踏板或变速器换挡杆处于空挡时接通起动开关,起动系统才能工作。图 2-16 所示为 EQ1118GA 载货车起动系统电路,起动控制电路中增设了空挡开关。

5. 计算机控制起动系统

计算机控制起动系统如图 2-17 所示,当点火开关处于 ST 位置,点火开关的"30"与

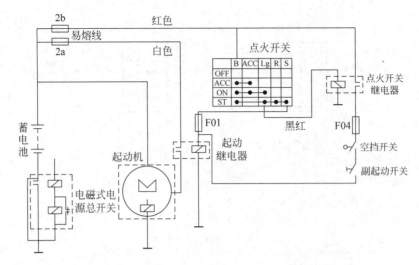

图 2-16　EQ1118GA 载货车起动系统的控制电路

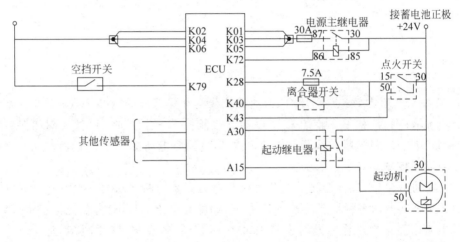

图 2-17　计算机（ECU）控制起动系统

"50"端子导通，ECU 通过 K43 端子感知驾驶员的操作意图，另外点火开关通过接受离合器开关、空挡起动开关信号判断确定汽车所处状态，判断汽车是否符合起动条件，当起动条件满足时，ECU 通过 A30、A15 端子给起动继电器磁化线圈供电，起动发动机。

当发动机起动后，ECU 通过曲轴位置传感器判断发动机是否已经起动成功，以便及时切断起动继电器的供电电路。

如果在电路中增设防盗传感器，此电路还可以具有防盗功能。

二、汽车起动系统控制方式新技术

无钥匙起动系统集"遥控""防盗""起动"等功能于一身，不再需要将钥匙插入点火开关进行起动。无钥匙起动系统采用最先进的 RFID（无线射频识别）技术，车主在整个驾车过程中完全不需要使用钥匙，只需随身携带智能卡（或钥匙）。当车主进入车辆附近的有效范围时,车辆会自动检测钥匙并进行身份识别,如成功会相应地打开车门或后备厢;当车主进入车内,只需要按动起动按钮,车辆会自动检测钥匙的位置,判断钥匙是否在车内,是否在主驾位置,如果检测成功则自动起动发动机,如图 2-18 所示。

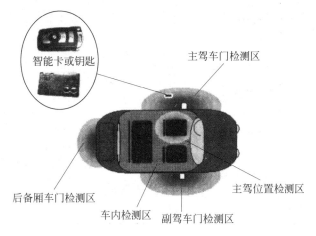

图 2-18　智能钥匙的工作范围

【教】　起动系统的检测

一、起动系统常见故障

汽车起动系统是一个完整的工作体系,这个系统发生故障,汽车发动机将无法起动。起动系统出现故障可能发生在供电电源、供电线路或起动机本身,要准确快速查找到故障根源,就需要熟悉起动机的构造,学会对照维修手册查找起动系统的组成及各元器件分布位置,读懂起动系统电路图,找到故障点,循序渐进地进行故障分析排除。

起动系统常见故障有起动机不转、起动机空转、起动机转动无力、起动机异响,见表 2-11。

表 2-11　起动系统常见故障

故障现象	故障原因及发生部位	故障诊断及排除方法
起动机不转	① 蓄电池亏电或损坏。 ② 起动机内部损坏。 ③ 起动系统控制电路点火开关、保险丝、继电器等损坏,线路断路	① 检查蓄电池电量,及时充电或更换。 ② 检查电磁开关及电动机,判断故障发生部位,维修或更换损坏部件。 ③ 检查控制原件及线路,维修或更换损坏部件
起动机空转	① 驱动齿轮、飞轮齿圈损坏严重。 ② 起动机电磁开关、电磁铁芯行程短。 ③ 单向离合器打滑。 ④ 拨叉脱落	① 检查驱动齿轮、飞轮齿圈。 ② 解体起动机,检查对应元器件,维修或更换

续表

故障现象	故障原因及发生部位	故障诊断及排除方法
起动机转动无力	① 蓄电池存电不足。 ② 起动系统电路接触不良、松动、脏污。 ③ 电刷磨损过多、弹簧过软，开关触点或换向器烧蚀等内电路接触不良。 ④ 轴承过紧转动无力	① 检查蓄电池电量及时充电或更换。 ② 检查控制线路各连接点。 ③ 解体起动机查看
起动机异响	① 驱动齿轮、飞轮齿圈损坏。 ② 电磁开关行程调整不当或内部电路故障。 ③ 起动机内固定螺钉有松动。 ④ 前后铜套磨损严重或电枢变形造成"扫镗"	① 检查齿轮及时更换。 ② 检查起动机电磁开关。 ③ 解体起动机查看

二、操作流程

准备工具、量具→清洁→检测→整理工具、设备→清理环境→填写记录工单。

三、操作步骤

以科鲁兹轿车为例，起动系统常规检查过程见表12-12，其中前期准备中的人员安全、工具量具及车辆场地的准备过程请参见表1-3中的步骤1~7，操作结束整理工作请参见表1-3中的相关步骤。

表2-12 科鲁兹轿车起动系统常规检查过程

序号	步骤	图示	操作要领说明
1	前期准备	参见表1-3中的步骤1~7	前期准备包括人员安全防护、工具量具、车辆防护与测试、场地整理等
2	检查蓄电池静态端压	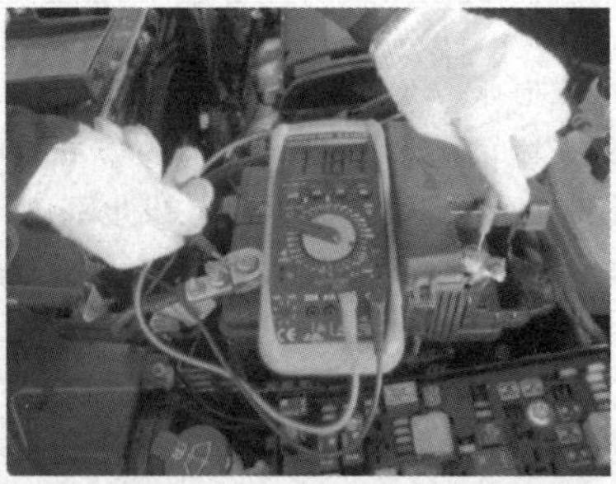	蓄电池静态电压是否符合要求

续表

序号	步骤	图示	操作要领说明
3	检查线路		① 检查蓄电池电缆卡头是否牢固 ② 检查相关线束及线束状况
4	举升汽车		① 合上发动机盖。 ② 在车下垫好安全垫块。 ③ 正确使用举升机安全举升汽车
5	车上检查起动机及线路连接情况	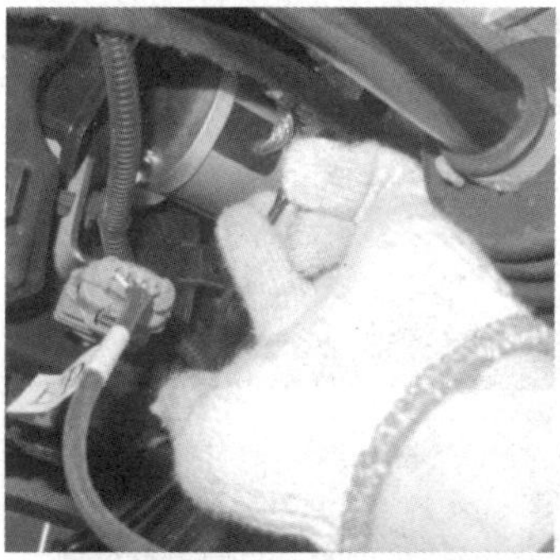	检查起动机线路连接情况
6	检测"30端子"		① 选择万用表测电阻较大量程挡位,测量电磁开关接线柱"30端子"与电磁开关壳体之间的电阻,正常应为∞。 ② 选择万用表测直流电压20V挡位,检测"30端子"电压应为蓄电池电压

续表

序号	步骤	图示	操作要领说明
7	检测"50端子"		① 选择万用表测电阻较大量程挡位,测量电磁开关接线柱"50端子"与电磁开关壳体之间的电阻,正常应为保持线圈电阻。 ② 选择万用表测直流电压20V挡位,检测起动瞬间"50端子"电压应接近蓄电池电压
8	落车		落车前仔细检查车下,人离开,物移走,确保安全操作
9	查找起动保险丝、继电器位置		① 先根据对应维修手册找到保险丝盒位置,再参见保险丝盒盖标志查找起动保险丝、继电器位置 ② 查找对应起动保险丝、继电器
10	检查保险丝	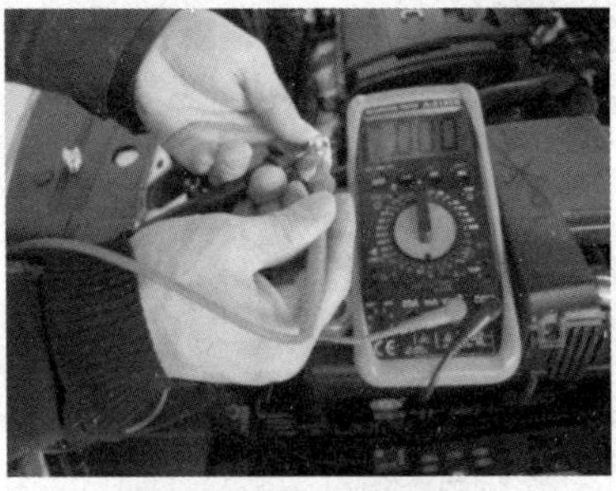	测量起动系统所有保险丝,标准电阻应小于1Ω

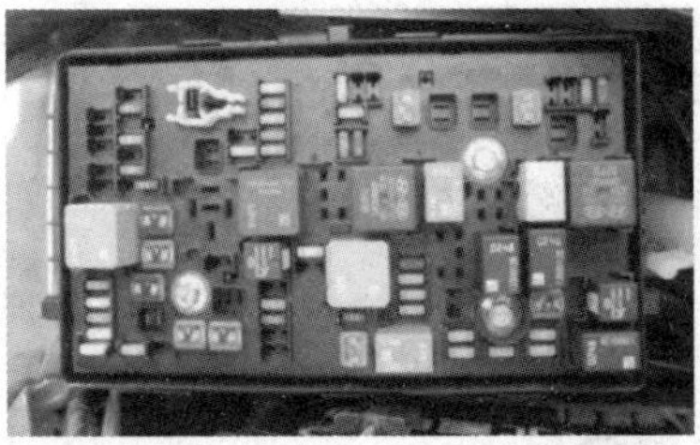

续表

序号	步　骤	图　示	操作要领说明
11	检查继电器	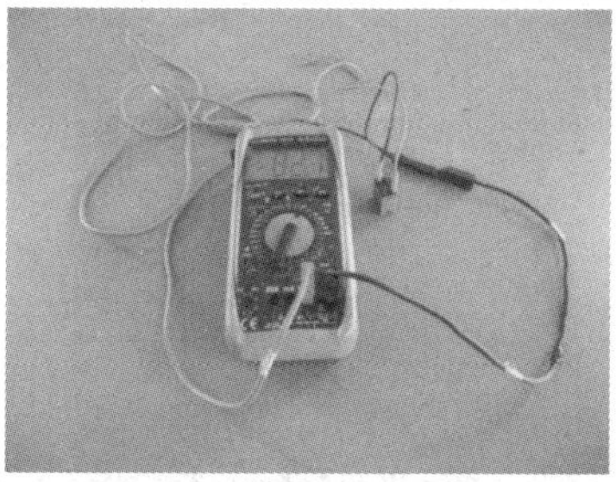	① 静态测量继电器线圈电阻,应符合规定值
		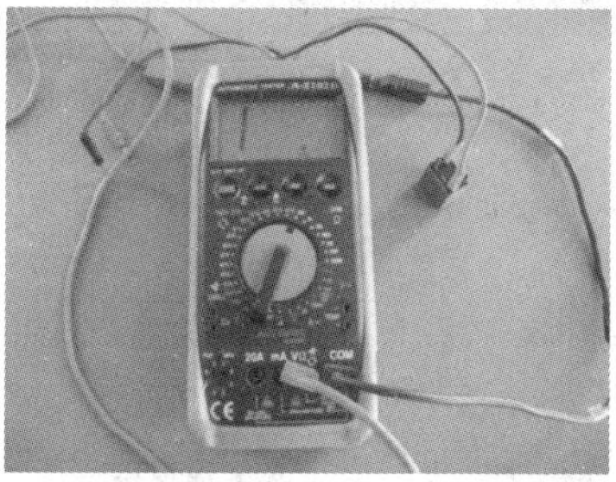	② 静态测量继电器触点间电阻应为无穷大,良好
			③ 动态测量继电器:将继电器两只线圈管脚通电,检查另外两只管脚(触点)应导通
12	检查线路	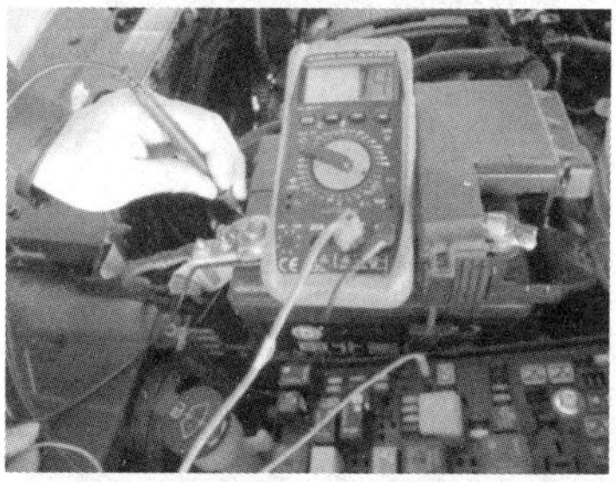 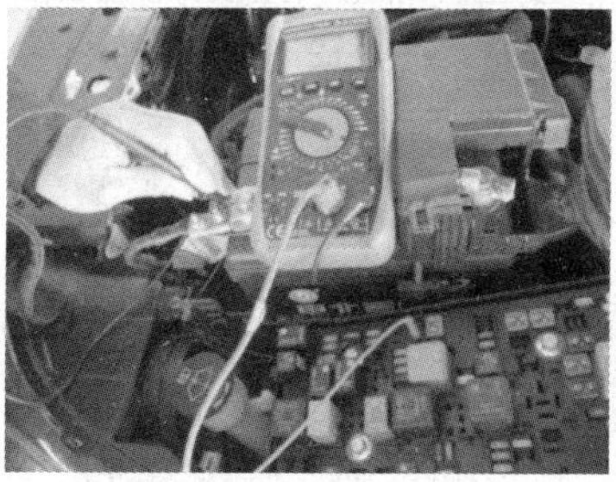	参照对应车型维修手册或电路图,通过继电器各插孔检测各端子电压,并检查起动线路其他部位,参考对应车型维修手册判断结果

续表

序号	步骤	图示	操作要领说明
13	如果有故障，排故后试车	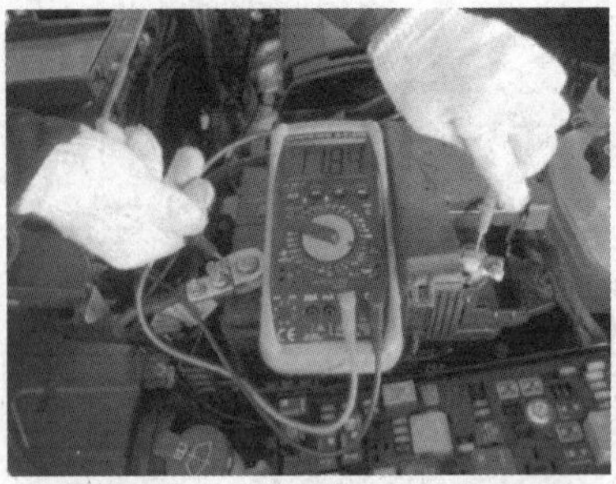	① 蓄电池静态电压符合要求，应大于 12.6V
		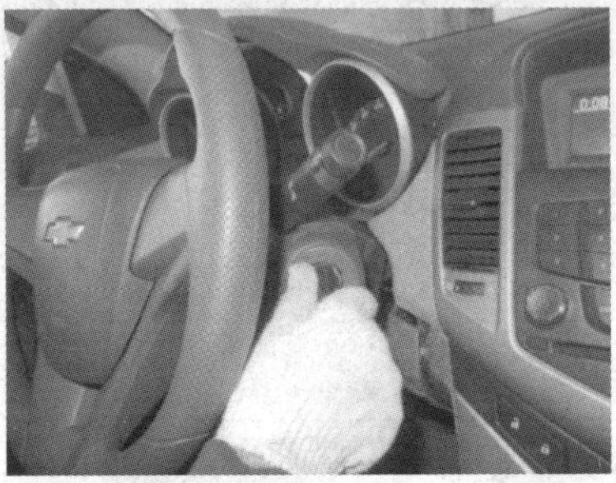	② 将点火开关开到起动挡
			③ 检测蓄电池起动瞬间电压应达到规定要求，通常为 9.6～11.6V
			④ 踩下加速踏板使发动机达到 2000r/min 以上
		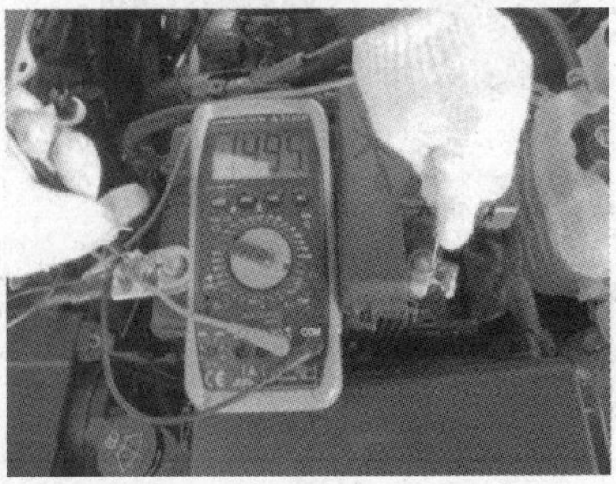	⑤ 检测蓄电池充电电压，应达到规定要求，通常为 13.5～14.5V

续表

序号	步　骤	图　示	操作要领说明
14	整理工作	参见表1-3中的相关步骤	整理工作包括起动试车、整理车辆、整理工具箱、处理废旧物、清理场地、填写工单

【做】 起动系统故障诊断与排除

按照表2-12起动系统常规检查过程的相关要求，模拟完成起动机常规检查的操作过程，并按要求填写表2-13工作记录卡。

表2-13　起动系统常规检查工作记录卡

操作前相关知识准备
1. 检查起动系统故障前，应将汽车变速杆置于(　　)。 　　A. 前进挡位　　B. 空挡　　C. 倒车挡　　D. 驻车挡
2. 大灯亮度正常，喇叭声音洪亮，初步说明蓄电池(　　)。 　　A. 电量充足　　B. 电量不足　　C. 严重馈电　　D. 已损坏
3. 起动机的供电电源是(　　)。 　　A. 蓄电池 　　C. 蓄电池和发电机同时供电　　 　　B. 发电机 　　D. 其他电源
4. 变速器空挡开关通常设置在(　　)。 　　A. 起动机主电路电缆上 　　C. 起动继电器磁化线圈电路上　　 　　B. 蓄电池搭铁电缆上 　　D. 起动继电器控制电路上
5. 起动机"30端子"应接(　　)。 　　A. 蓄电池"＋"　　B. 蓄电池"－"　　C. 发电机"＋"　　D. 搭铁
6. 起动机"50端子"应接起动继电器的(　　)。 　　A. 电源接线柱"B" 　　C. 点火开关接线柱"SW" 　　B. 起动机接线柱"ST" 　　D. 搭铁接线柱"E"
7. 检查汽车电路故障时，通常先检查(　　)。 　　A. 电源　　B. 设备　　C. 保险丝　　D. 导线
8. 用螺丝刀直接短接起动机的"30"和"C"接柱，起动机正常运转，说明(　　)。 　　A. 电磁开关正常 　　C. 电动机部分正常　　 　　B. 起动线路正常 　　D. 起动开关正常
9. 将万用表接在"50"接柱和搭铁之间可以检查(　　)。 　　A. 电枢线圈　　B. 磁场线圈　　C. 吸拉线圈　　D. 保持线圈
10. 将万用表接在"50"和"C"接线柱之间可以检查(　　)。 　　A. 电枢线圈　　B. 磁场线圈　　C. 吸拉线圈　　D. 保持线圈
操作所需工具、量具、设备、材料等

项目	内　容
工具	
量具	
设备	
材料	

续表

实 训 要 求
操作前,要认真阅读相关安全规则手册,熟知有关安全防护常识。 　　学生进入实训场地,必须严格遵守实训场地要求,听从实训老师指挥,不可以擅离规定实训区域,更不可以随意触碰实训场地内的车辆、设备、材料、工具、量具等与本次课无关的物品。学生动手操作一定要在老师的指挥、监管下进行,不可以擅自主张做与当堂课业内容无关的项目,如有需求应及时向当课老师提出申请,经老师同意后在其监管下方可完成操作,以免造成人员伤害和设备损坏。 　　学生进入实训场地,即将自己当作一个职业人,一切言行举止要以职业人的规范行为严格要求自己,养成职业好习惯,为将来上岗做好心理上和行为上的准备。

操 作 过 程			
操作过程	操作要点 (操作过程每个步骤的要点)	操作过程记录 (故障点、坏损件、数据等)	操作过程分析 (问题、原因、解决方法等)
学生自我 总结、 意见			
教师综合 评价			

【评】 起动系统常规检查评价

根据起动系统常规检查过程,填写表 2-14。

表 2-14 起动系统常规检查过程评价表

序号	考核内容	考核要点	分值	评分标准	自评得分	互评得分	教师评价	总评得分
1	前期准备	1. 劳保着装及工具准备齐全; 2. 场地选择合理整洁; 3. 设备调试正确	5	工具等准备、劳保着装、场地选择、场地清洁、设备调试符合要求,每项1分				
2	车辆准备	1. 安全停放定位; 2. 做好相关车辆防护	10	1. 车辆安全停放相关事项全面、正确3分 2. 详实检查、记录车况2分; 3. 车辆相关防护措施全面恰当、操作正确5分				
3	就车检测起动机	1. 操作规范; 2. 工具、量具使用规范; 3. 程序方法恰当; 4. 读数正确; 5. 正确分析读数、判断故障	10	1. 就车检查起动机过程5分; 2. 程序方法恰当5分				
			10	1. 就车检查线路情况过程正确、规范5分 2. 万用表使用方法、读取数据正确5分				
			10	1. 试车检查过程正确、规范5分 2. 万用表使用方法、读取数据正确5分				
4	起动系控制电路检测	1. 操作规范; 2. 工具、量具使用规范; 3. 程序方法恰当; 4. 读数正确; 5. 正确分析读数、判断故障	10	1. 检查保险丝过程正确5分 2. 数据读取、分析正确5分				
			10	1. 检查继电器过程正确5分 2. 数据读取、分析正确5分				
			10	1. 检查点火开关过程正确5分 2. 检查线路过程正确5分				
5	清洁维护	清洁及时、方法恰当	5	1. 整理、清洁全面3分; 2. 方法恰当规范2分				

续表

序号	考核内容	考核要点	分值	评分标准	评价 自评得分	评价 互评得分	评价 教师评价	总评得分
6	试车交付	1. 试车方法正确； 2. 文明礼貌交车	5	1. 试车方法正确3分； 2. 文明礼貌交车2分				
7	整理工位做好记录	1. 安全文明生产； 2. 及时整理工位； 3. 合理处置废旧物； 4. 如实记载使用记录	10	1. 设备复位、工具摆放整齐、清理试件、打扫场地、人走灯灭，每项1分； 2. 及时认真填写设备使用记录5分				
8	工时定额	操作时间40min	5	每超5min扣1分				
成绩评价说明		学生自评成绩的权重是20%，学生互评成绩的权重是20%，教师评价成绩的权重是60% 优秀(≥90)□，良好(≥80)□，一般(≥70)□，及格(≥60)□，不及格(<60)□						

注：考评过程中，如果出现下列情况之一，不予进行评价：
1. 没做好安全防护，安全意识极差。
2. 不听从老师指挥，没有团队合作意识，擅离工作岗位。
3. 操作时严重违反操作规范，操作行为随意。
4. 因违章操作发生人身伤害和设备损坏事故。
5. 操作时间超过规定时间的50%。

组长签字：　　　　　　教师签字：

【练】 综合练习

一、填空题

1. 起动系统控制电路是指除_____的起动系统电路。
2. 常态下，起动机"30"接线柱与外壳_____。
3. 起动继电器的作用是以小电流控制大电流，保护_____。
4. 拨叉连接处脱落能导致起动机_____。

二、判断题

1. 起动系统主要包括起动机和控制电路两部分。　　　　　　　　　　　　（　）
2. 点火开关起动挡控制起动继电器磁化线圈。　　　　　　　　　　　　　（　）
3. 起动继电器触点控制起动机电磁开关中的吸拉线圈和保持线圈。　　　（　）
4. 起动机电磁开关控制电动机主电路。　　　　　　　　　　　　　　　　（　）
5. 起动机电枢轴承装配过紧可能造成起动机运转无力。　　　　　　　　（　）

三、选择题

1. 起动机单向离合器打滑可能造成(　　)。

  A. 起动机不转   B. 起动机转动无力
  C. 起动机空转   D. 起动机异响

2. 俗称起动机"扫镗"是指(　　)。
  A. 驱动齿轮打齿   B. 转子和定子碰擦
  C. 电刷摩擦换向器   D. 轴承响

3. 电刷磨损过多，接触不良可能造成(　　)。
  A. 起动机不转   B. 起动机转动无力
  C. 起动机空转   D. 起动机异响

4. 起动机打齿主要是因为(　　)。
  A. 电磁开关行程调整不当   B. 齿轮材料不对
  C. 齿轮齿数不对   D. 单向离合器损坏

四、简答题

简述起动机空转的原因和排除方法。

五、实操练习

参照起动系统常规检查流程，检查排除起动机不转故障。

六、拓展练习

查找维修手册，学习识读各种车型的起动系统控制电路。

项目 3 点火系统维护与检修

 教学目标

(1) 掌握点火系统分类、组成及工作过程。
(2) 掌握普通电子点火系统故障诊断基本方法。
(3) 掌握计算机控制点火系统使用、检修与维护过程中的注意事项。
(4) 在教师指导下,同学们合作制订点火系统诊断与维修计划;按工作要求合作完成检修计划。

任务 1 普通点火系统结构与检修

 学习目标

(1) 掌握普通点火系统分类、组成及工作过程。
(2) 掌握普通电子点火系统故障诊断基本方法。
(3) 在教师指导下,同学们合作制订普通点火系统诊断与维修计划;按工作要求合作完成检修计划。
(4) 掌握普通点火系统使用、检修与维护过程中的注意事项。

 任务准备

汽车1辆、数字型汽车专用万用表、综合工具箱、火花塞拆装套筒、扭力扳手等工具,

工装、抹布若干。

【学】 点火系统基本知识

一、点火系统概述

1. 点火系统作用

点火系统简称点火系,其作用是在发动机各种工况和使用条件下,适时、可靠地产生足够强的电火花,以点燃气缸内的可燃混合气。

对点火系统的要求有:产生高压电使火花塞跳火,点燃混合气;控制点火提前角;按点火顺序将火花分配到各气缸。

2. 点火系统分类

汽车点火系统发展到现在已经经历了从机械触点式分电器控制点火系统、晶体管控制的无触点式分电器控制点火系统、有分电器式计算机模块控制点火系统,发展到现代的计算机模块控制无分电器点火系统,如图 3-1 所示。

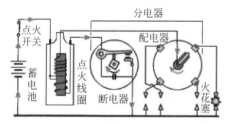
(a) 机械触点式分电器控制点火系

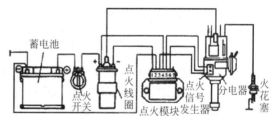
(b) 晶体管控制的无触点式分电器控制点火系

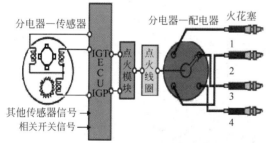

(c) 有分电器式计算机模块控制点火系

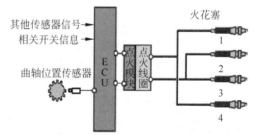
(d) 计算机模块控制无分电器点火系

图 3-1 不同类型汽车点火系统构成

(1) 机械触点式分电器控制点火系统

机械触点式分电器控制点火系统又称传统点火系统,如图 3-1(a)所示。这种点火系统低压电路的通断由断电器的一对触点通过凸轮轴控制。由于这种点火系统存在易磨损、触点烧蚀、点火能量不高、高速缺火等缺点,不适应现代汽车发动机的工作要求,所以已经被淘汰。

(2) 晶体管控制的无触点式分电器控制点火系统

晶体管控制的无触点式分电器控制点火系统又称半导体点火系统,这种点火系统取消了机械触点,由点火信号发生器采集凸轮轴(曲轴位置)信号,并通过晶体管电路控制低压电路的通断,因而不存在传统点火系统的机械故障,点火能量和高速性能也有提高,因此取代了传统点火系统。

(3) 计算机控制的点火系统

计算机(即电子控制模块 ECM)控制的点火系统(以下简称计算机控制点火系统)是由计算机模块根据曲轴位置传感器等许多传感器及相关开关输入的信号,经过计算机运算和逻辑处理,控制低压电路通断的数字化点火系统。

点火系统按照能量储存方式分为电感储能式和电容储能式两种。按照对初级绕组的控制方式不同可以分为普通电子点火系统和计算机控制点火系统。前者是由点火控制器的三极管控制初级点火线圈电流的通断,如图 3-2(a) 所示;后者是由计算机向点火控制器输出点火信号,再由点火控制器控制初级点火线圈电流的通断,如图 3-2(b) 所示。

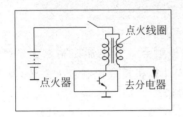

(a) 普通电子点火系   (b) 计算机控制点火系

图 3-2 点火系统

普通电子点火系统按照信号发生器的工作原理不同分为磁感应式、霍尔式和光电式三种。这三种类型电子点火系统的工作原理基本相同。磁感应式电子点火系统的组成及电路如图 3-3 所示。霍尔式电子点火系统的组成及电路如图 3-4 所示。

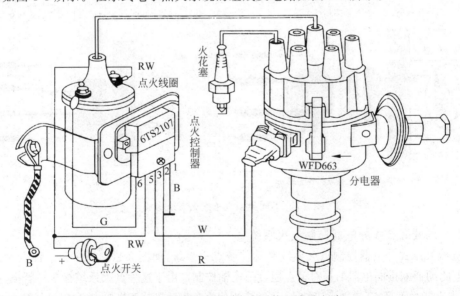

图 3-3 磁感应式电子点火系统组成及电路

3. 点火提前角

(1) 在发动机压缩行程中,从点火开始到活塞运行到上止点为止,曲轴转过的角度叫

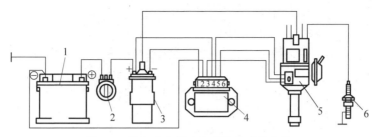

图 3-4 霍尔式电子点火系统组成及电路
1—蓄电池；2—点火开关；3—点火线圈；4—点火控制器；5—霍尔点火信号发生器；6—火花塞

点火提前角。发动机油耗最低或功率最大的点火提前角，叫最佳点火提前角。

（2）点火提前角过大、过小对发动机性能的影响。

① 点火提前角过大，在压缩过程后期燃烧的燃料量增多，使压力升高率增大，给上行的活塞造成很大的阻力，消耗的发动机功率增加，使发动机过热和功率下降，还易出现爆震等不正常燃烧现象。

② 点火提前角过小，在混合气燃烧的同时活塞下行，即燃烧过程是在容积不断增大的膨胀过程中进行。这就使炽热的气体与气缸壁的接触面积增加，散热损失增大，而燃烧放热量未得到充分利用，最高燃烧压力降低，气体的膨胀功减少。结果导致发动机过热，功率下降，耗油量增加。

③ 点火提前角的影响因素。

负荷：负荷增大，点火提前角减小。

转速：转速升高，点火提前角增大。

混合气浓度：当 $\alpha=0.85 \sim 0.95$ 时，点火提前角最小，其他浓度要适当增大点火提前角。

压缩比：压缩比大，点火提前角减小。

汽油辛烷值：汽油辛烷值反映油品抗爆燃能力，辛烷值高，抗爆性强，可以适当增大点火提前角。

起动或怠速：此时为特殊工况，点火不提前，或者点火提前角很小。

二、普通电子点火系统组成

普通电子点火系统由电源、点火开关、点火线圈、分电器、火花塞、点火控制器、信号发生器及高低压导线等组成，如图 3-5 所示。点火系统分为低压电路和高压电路两部分。低压电路由电源、点火开关、点火线圈初级绕组、点火控制装置等部件组成。高压电路由点火线圈次级绕组、高压分配组件、高压线、火花塞等部件组成。

三、普通电子点火系统工作原理

如图 3-6 所示，接通点火开关后，蓄电池或发电机"＋"极经点火开关与点火线圈初级线圈相连，在发动机运转，点火信号传感器产生的信号使点火器的功率三极管导通时，点火线圈的初级绕组经过功率三极管搭铁，初级绕组通电，初级电流流向（图中实线箭头）：蓄电池"＋"→电流表→点火开关→点火线圈低压线圈→点火控制器→搭铁→蓄电池"－"；当发动机继续转动，点火信号传感器产生的信号使点火器的功率三极管截止时，低

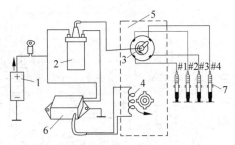

图 3-5　普通电子点火系统的组成

1—蓄电池；2—点火线圈；3—配电器；4—磁感应式点火信号发生器；5—分电器；6—点火控制器；7—火花塞

压电路被切断,初级电流迅速降为零,使初级绕组和次级绕组中的磁通量发生变化,在次级绕组中感应出高压电,并通过高压线、配电器配送给各缸火花塞,使火花塞跳火,点燃可燃混合气。次级电流流向(图中虚线箭头):点火线圈高压线圈一端→点火开关→电流表→蓄电池"＋"→蓄电池"－"→搭铁→火花塞→配电器→分火头→高压导线→点火线圈高压线圈另一端。

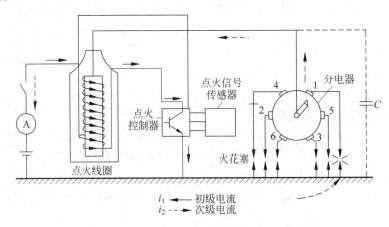

图 3-6　电子点火系统的组成及工作原理

分电器轴每转一圈,各缸火花塞按点火顺序轮流跳火一次。发动机工作时,上述过程周而复始地重复着,若要停止发动机的工作,只要断开点火开关即可。

四、普通电子点火系统主要元器件

1. 点火线圈

点火线圈能将汽车电源提供的12V低压电转变为足以击穿火花塞电极间隙的15～20kV高压电。在传统点火系统中,只有一个点火线圈,它由初级绕组、次级绕组、铁芯、壳体及密封绝缘装置组成,初级和次级绕组都环绕在铁芯上,次级绕组的匝数大约是初级绕组的100倍,能将汽车电源提供的低压电转变为足以击穿火花塞电极间隙混合气的15～20kV高压电。按其磁路结构不同,可分为开磁路式(见图3-7(a))和闭磁路式(见图3-7(b)和图3-7(c))两种。一般在传统点火系统中使用开磁路式点火线圈,而在电子点火系统与计算机控制点火系统中使用闭磁路式点火线圈。

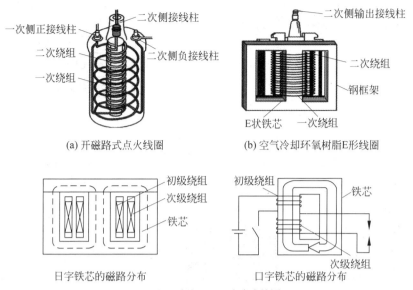

(a) 开磁路式点火线圈　　(b) 空气冷却环氧树脂E形线圈

日字铁芯的磁路分布　　口字铁芯的磁路分布

(c) "日"字和"口"字点火线圈

图 3-7　点火线圈结构形式

2. 分电器

分电器由配电器和点火提前机构组成。一般情况下，将信号发生器也装于分电器内。以霍尔式分电器为例，其结构如图 3-8 所示。

（1）配电器：由分电器盖和分火头组成，如图 3-9 所示。配电器的作用是根据发动机的点火顺序，将点火线圈产生的高压电依次配送给各缸火花塞。

（2）点火提前机构：作用是随发动机转速及负荷的变化，自动调节点火提前角。主要包括离心提前机构和真空提前机构。

3. 火花塞

火花塞将高压电引入燃烧室，产生电火花点燃可燃混合气，其结构如图 3-10 所示。火花塞的主要部分包括钢壳体、绝缘瓷体、一对电极，绝缘瓷体起绝缘和导热作用。一对电极的中心电极在绝缘瓷体内通过连接螺母与高压线相连；侧电极通过壳体搭铁。钢壳体上部是用于拆装火花塞的六角形，下部是安装在发动机上的螺纹。有些火花塞在连接螺母与中心电极间存在电阻，衰减振荡电流以减小对无线电的干扰。

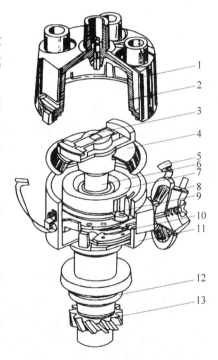

图 3-8　霍尔式分电器

1—屏蔽罩；2—分电器盖；3—分火头；4—防尘罩；5—弹簧夹；6—分电器轴；7—信号转子；8—真空提前装置；9—霍尔触发器；10—离心提前装置；11—分电器壳体；12—橡胶密封圈；13—驱动齿轮

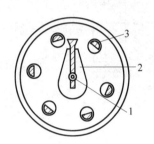
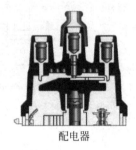
配电器

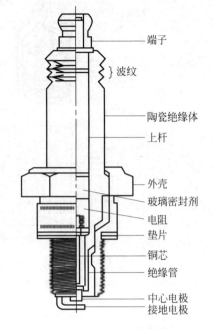

图 3-9　配电器
1—中心电极及带弹簧的炭精柱；2—分火头；3—旁电极

图 3-10　火花塞的结构

火花塞的电极间隙一般为 0.7~0.9mm，为适应现代汽车的排放要求，电控发动机多采用稀混合气燃烧，故火花塞电极间隙可增至 1.0~1.3mm。我国以火花塞绝缘体裙部的长度来标定火花塞的热特性，裙部长的火花塞吸热多，散热相对困难，热值数小，工作温度高，称为热型火花塞；裙部短的火花塞，热值数大，工作温度低，称为冷型火花塞；散热能力介于二者之间的称为中型火花塞。通常高压缩比、高转速、大功率的发动机选用冷型火花塞。火花塞热值数越大其散热能力相对越好。

4. 信号发生器

信号发生器的作用是产生对应各缸点火时刻的点火脉冲信号。主要有磁感应式、霍尔式和光电式三种。

（1）磁感应式信号发生器

磁感应式信号发生器的结构和工作原理如图 3-11 所示。由于信号转子的凸轮逐渐向铁芯靠近，凸轮与铁芯间的空气间隙越来越小，通过传感线圈的磁通逐渐增大，于是在线圈内便产生一感应电动势。当信号转子转到铁芯位于信号转子两个凸齿之间的某一位置时，磁通变化速率最大，其感应电动势最高。

可见，信号转子转动时，传感线圈中的感应电动势的方向会发生交替变化，因而传感线圈两端输出的是交变信号，且信号转子每转一圈，所产生的交变信号个数等于凸齿数，即等于发动机气缸数。点火控制器根据该交变信号的高低，控制点火线圈初级电路的通断，使火花塞跳火。

（2）霍尔式信号发生器

霍尔式信号发生器的结构主要由带叶片的信号转子（又称触发叶轮）、霍尔元器件、永

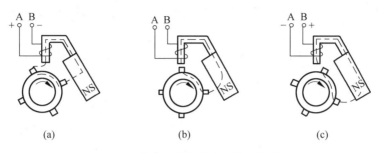

图 3-11　磁感应式信号发生器工作原理

久磁铁及放大和整形电路等组成,如图 3-12 所示。

当触发叶轮的叶片在永久磁铁与霍尔元器件之间的空气隙中时,霍尔电压 U_H 为零,霍尔集成电路内的输出级三极管处于截止状态,因此,点火信号发生器输出高电平(接近于电源电压);当触发叶轮的叶片离开空气隙时,霍尔元器件产生霍尔电压 U_H,则霍尔集成电路输出级三极管导通,信号发生器输出低电平(0.3~0.4V),工作过程如图 3-13 所示。叶片不停地转动,信号发生器输出一个矩形波信号,作为控制信号给点火器,由点火器控制初级线圈电路的通断。

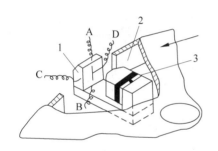

图 3-12　霍尔式信号发生器结构
1—霍尔元器件；2—信号转子；3—永久磁铁

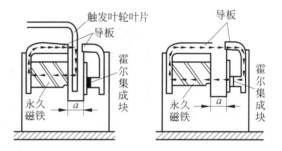

图 3-13　霍尔式信号发生器工作过程

霍尔式信号发生器广泛应用于桑塔纳、奥迪、捷达、红旗等轿车。

(3)光电式信号发生器

光电式信号发生器由发光二极管、信号转子、光敏晶体管组成,其结构如图 3-14 所示。工作时遮光盘随分电器轴一起转动,当遮光盘遮住了发光二极管发出的光线而光敏晶体管感受不到光线时,光敏晶体管截止;当遮光盘的缺口转到装有光电元器件的位置时,光敏晶体管感受到发光二极管发出的光照,光敏晶体管导通,产生点火信号电压,输出到点火模块。点火模块根据该信号控制点火线圈初级电流的通断,产生次级电压。

5. 点火控制器

点火控制器的作用是根据点火信号发生器所产生的点火脉冲信号,控制点火线圈初级绕组中电流的通、断,以便点火线圈次级绕组产生高压电,供火花塞点火,如图 3-15 所示。点火控制器为集成电路,一旦内部发生故障,往往采用换件的方法进行修理。

随着人们要求的不断提高,点火控制器逐步增加了其他一些功能,使电路越来越复杂,性能也更加完善。这些功能主要包括自动断电保护、导通角控制、恒电流控制、点火时间校正等。

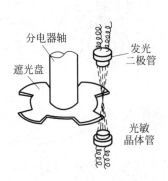

图 3-14　光电式信号发生器

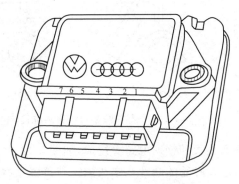

图 3-15　桑塔纳轿车轿点火控制器

6. 高压导线

高压线的作用是承载并传输高压电,用以连接点火线圈与分电器中心插孔,或连接旁插孔与各缸火花塞。汽车用高压导线一般有铜心线和阻尼线两种,如图 3-16 所示。

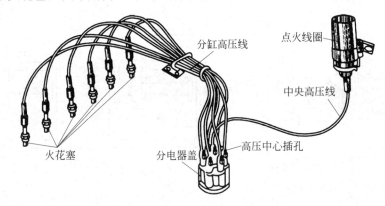

图 3-16　高压线及其连接方式

五、普通电子点火系统故障分析

点火系统的故障有无火、断火或缺火、点火正时不当和火花弱等类型。

1. 无火

各缸火花塞均不跳火。其故障表现是：发动机不能起动,或发动机在运行中突然熄火后再不能起动。

2. 断火或缺火

某缸或几缸火花塞不跳火或火花时有时无。其故障表现是：发动机怠速不稳、动力下降、有时会出现排气管放炮和冒黑烟。

3. 点火正时不当

点火正时不当而使点火提前角过大或过小,或者是点火提前调节装置不良而使点火提前角不当。当点火提前角过大时,会使发动机的功率下降,严重时会出现一加大油门发动机就有尖锐的金属敲击声(俗称敲缸),并使发动机的温度过高。如果点火提前角过小,会出现发动机加速困难、排气管放炮、发动机温度过高。

4. 火花弱

火花塞电极能跳火,但其火花能量不足。火花弱会导致发动机运转不平稳、排气管放炮、不能起动等故障现象。

【教】 普通电子点火系统拆装与检修

一、拆、装及检修注意事项

(1) 不同汽车的点火系统会有所不同,应按车辆各自厂家维修手册规定的进行检修。
(2) 拆装点火系统导线前(包括高压导线和测试仪导线),应关闭点火开关。
(3) 当发动机要以起动机转速运转时(不起动发动机,例如检测压缩压力时),应把高压线从分电器接线柱上拔掉,并将其接地。
(4) 分电器上的接线柱 1(一)不得与电容器连接。
(5) 不得用不同型号的分火头代替 1kΩ(标志:R1)分火头。
(6) 排除干扰时,高压线上仅允许使用 1kΩ 电阻,火花塞接头用 5kΩ 电阻。
(7) 检修电路时应使用数字式万用表,严禁采用试灯或划火的方法检修电路;否则,会导致电子部件的损坏。

二、拆、装及检修操作过程

不同点火系统结构各具特点,实际工作中拆、装及检修过程应按相应维修手册要求进行。教学过程与实际使用维修会存在一定差别。普通电子点火系统拆装与检修操作过程见表 3-1。

表 3-1 普通电子点火系统拆、装与检修操作过程

序号	步骤	图示	操作要领说明
1	前期准备	参见表 1-3 中的步骤 1~7	前期准备包括人员安全防护、工具量具、车辆防护与测试、场地整理等准备过程
2	点火正时的检查与调整		将飞轮 A 调整到一缸的上止点位置

续表

序号	步骤	图示	操作要领说明
2	点火正时的检查与调整	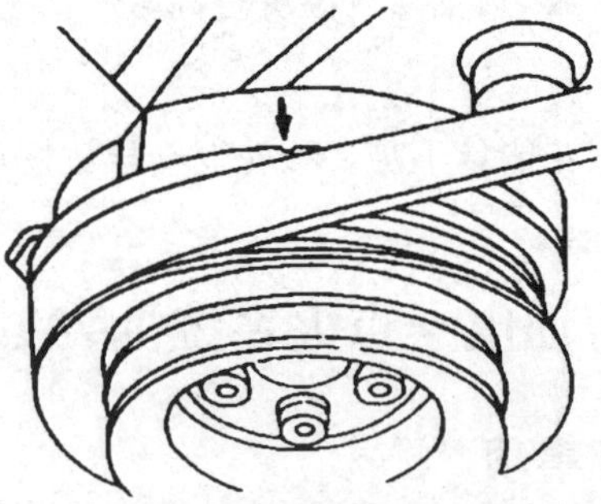	或用扳手转动发动机,将V形带轮调整到一缸的上止点位置
			将凸轮轴正时带轮上的标记与气门罩盖上的箭头对齐
		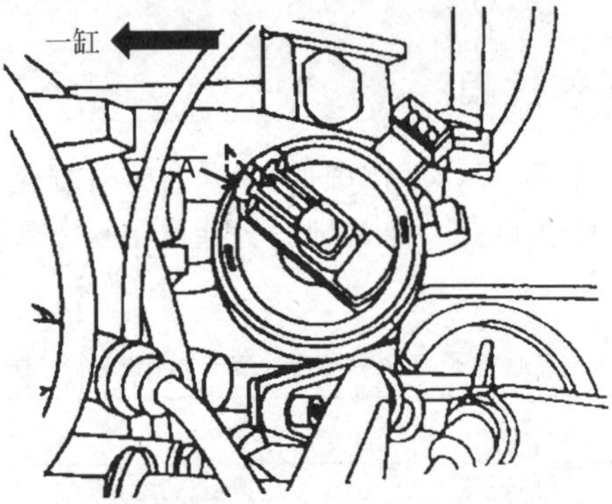	分火头的标记应与分电器壳体上标记(A)对齐,或大概指向一缸位置。否则拆卸分电器重新安装
3	点火线圈检修	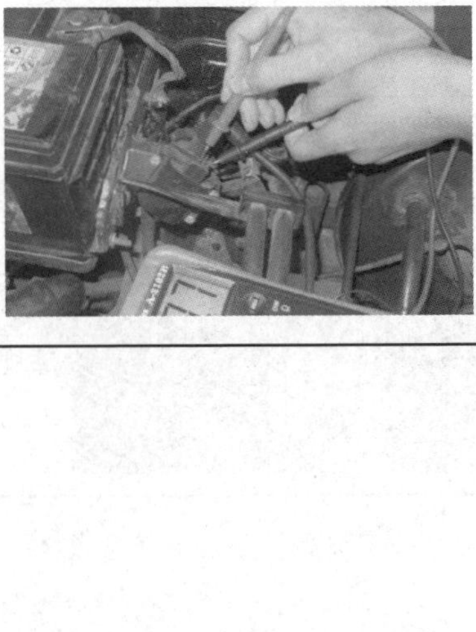	用万用表欧姆挡测量点火线圈的电阻。初级绕组的电阻应为1.2~1.4kΩ,次级绕组的电阻应为6~8kΩ。不在此范围内时,更换点火线圈

续表

序号	步骤	图示	操作要领说明
4	高压回路部件的检修	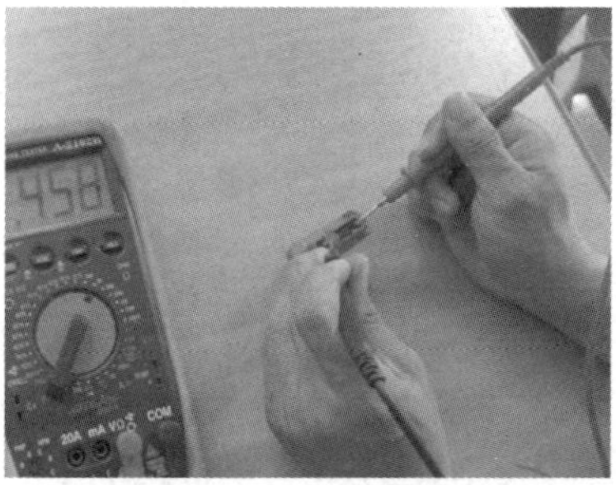	检查分火头电阻,其值应为(1 ± 0.4)kΩ
5	检查防干扰接头与中央高压线间电阻	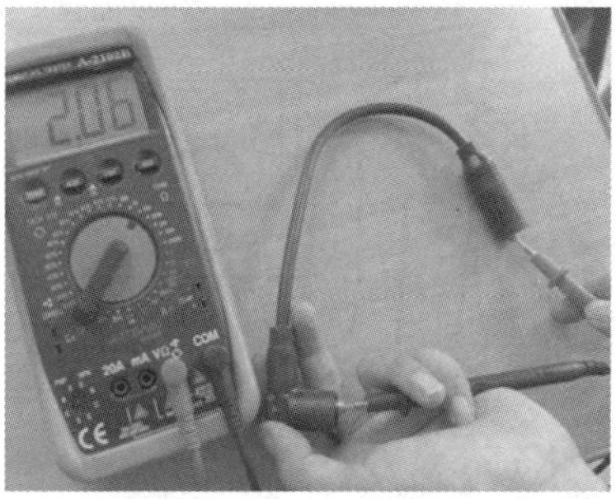	检查防干扰接头与中央高压线间电阻阻值,其值应为1.2～2.8kΩ
6	检查高压分线与火花塞插头间电阻	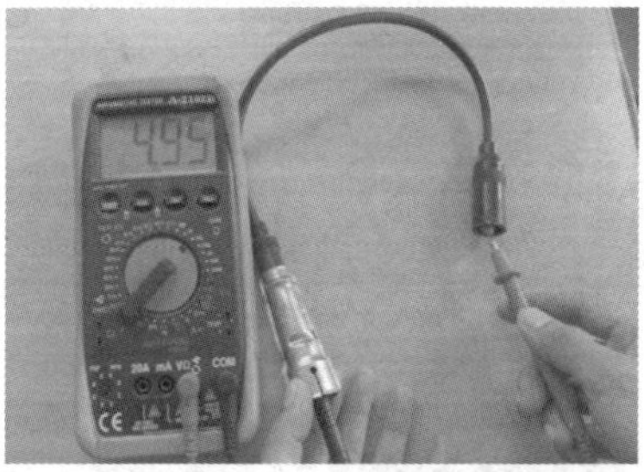	检查高压分线与火花塞插头间电阻阻值,其值应为4.6～7.6kΩ
7	火花塞拆卸		清洁火花塞附近灰尘;拔出各缸火花塞高压线
			用14mm火花塞扳手和100mm加长杆拆下4个火花塞,按气缸安装顺序摆放好

续表

序号	步骤	图示	操作要领说明
8	火花塞检查		检查火花塞工作情况及火花塞间隙。**提示**：若火花塞电极有湿炭痕迹，待其干燥后用火花塞清洁器以低于588kPa的压力、20s左右的时间清洁火花塞电极。若有机油痕迹，在使用火花塞清洁器之前，先用汽油清除机油
		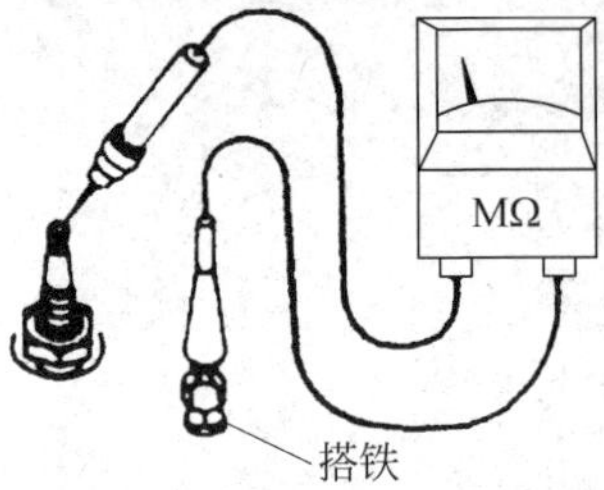	测量火花塞绝缘电阻。电阻值应为10MΩ或更大
9	火花塞安装		按照拆卸相反顺序安装火花塞。按规定力矩紧固火花塞。**提示**：安装火花塞时先用手拧入至底部，再使用扳手拧至规定力矩。**注意**：按点火顺序插入高压线
10	起车检查		起动车辆，检查发动机工作情况是否正常
11	整理工作	参见表1-3中的相关步骤	整理工作包括起动试车、整理车辆、整理工具箱、处理废旧物、清理场地、填写工单

【做】 普通电子点火系统拆装与检修

按照表 3-1 普通电子点火系统拆装与检修过程的相关要求,根据操作认真准备并填写表 3-2 工作记录卡。

表 3-2　普通电子点火系统拆装与检修工作记录卡

操作前相关知识准备

1. 点火正时调整时,将飞轮 A 调整到_____的上止点位置。
   A. 一缸　　　　B. 二缸　　　　C. 三缸　　　　D. 四缸
2. 用扳手或其他工具转动发动机,将 V 形带轮调整到_____上止点位置。
   A. 一缸　　　　B. 二缸　　　　C. 三缸　　　　D. 四缸
3. 凸轮轴正时带轮上的标记应与气门罩盖上的箭头_____。
   A. 错开　　　　B. 对齐　　　　C. 平行　　　　D. 垂直
4. 分火头的标记应与分电器壳体上标记_____,或大概指向一缸位置。
   A. 对齐　　　　B. 错开　　　　C. 平行　　　　D. 垂直
5. 测量点火线圈的电阻应用_____。
   A. 万用表电压挡　　　　　　B. 万用表电流挡
   C. 万用表电阻挡　　　　　　D. 万用表二极管挡
6. 拆卸火花塞后应按_____顺序摆放好。
   A. 安装相同　　B. 安装相反　　C. 先外后内　　D. 先内后外
7. 火花塞电极有机油痕迹,在使用火花塞清洁器之前,先用_____清除机油。
   A. 柴油　　　　B. 汽油　　　　C. 煤油　　　　D. 机油

实 训 要 求

操作前,要认真阅读相关安全规则手册,熟知有关安全防护常识。

学生进入实训场地,必须严格遵守实训场地要求,听从实训老师指挥,不可以擅离规定实训区域,更不可以随意触碰实训场地内的车辆、设备、材料、工具、量具等与本次课无关的物品。学生动手操作一定要在老师的指挥、监管下进行,不可以擅自主张做与当堂课业内容无关的项目,如有需求应及时向当课老师提出申请,经老师同意后在其监管下方可完成操作,以免造成人员伤害和设备损坏。

学生进入实训场地,即将自己当作一个职业人,一切言行举止要以职业人的规范行为严格要求自己,养成职业好习惯,为将来上岗做好心理上和行为上的准备。

操作所需工具、量具、设备、材料等	
项目	内　　容
工具	
量具	
设备	
材料	

续表

操作过程				
序号	操作过程	操作要点 （操作过程每个步骤的要点）	操作过程记录 （故障点、坏损件、数据等）	操作过程分析 （问题、原因、解决方法等）
学生自我总结、意见				
教师综合评价				

【评】 普通电子点火系统拆装与检修评价

根据普通电子点火系统拆装与检修工作过程，填写表3-3。

表3-3　普通电子点火系统拆装与检修评价表

序号	考核内容	考核要点	分值	评分标准	评价			总评得分
					自评得分	互评得分	教师评价	
1	前期准备	1. 劳保着装及工具准备齐全； 2. 场地选择合理整洁	10	工具等准备、劳保着装、场地选择、场地清洁、设备选择符合要求，每项2分				

续表

序号	考核内容	考核要点	分值	评分标准	评价			总评得分
					自评得分	互评得分	教师评价	
2	设备准备	1. 选择设备正确； 2. 停放设备、蓄电池相关事项全面、正确； 3. 详实检查设备使用前情况； 4. 相关安全防护措施全面恰当	10	1. 选择设备正确2分； 2. 停放设备、蓄电池相关事项全面、正确3分； 3. 详实检查设备使用前情况2分； 4. 相关安全防护措施全面恰当3分				
3	点火正时的检查与调整	1. 操作过程全面、规范； 2. 工具选用正确	10	1. 飞轮A调整到一缸的上止点位置3分； 2. V形带轮调整2分； 3. 正时带轮上的标记调整3分； 4. 分火头的标记调整2分				
4	点火线圈的检修	1. 测量过程正确； 2. 数据读取、分析正确； 3. 量具使用正确	10	1. 测量点火线圈初级绕组电阻符合要求5分； 2. 测量点火线圈次级绕组电阻符合要求5分				
5	高压回路部件的检修	1. 测量过程正确； 2. 数据读取、分析正确； 3. 量具使用正确	5	检查分火头电阻阻值5分				
6	检查防干扰接头与中央高压线间阻值	1. 测量过程正确； 2. 数据读取、分析正确； 3. 量具使用正确	5	检查防干扰接头与中央高压线间阻值5分				
7	检查高压分线与火花塞插头间阻值	1. 测量过程正确； 2. 数据读取、分析正确； 3. 量具使用正确	5	检查高压分线与火花塞插头间阻值5分				
8	火花塞拆卸	1. 操作过程全面、规范； 2. 工具选用正确	5	1. 清洁符合要求2分； 2. 火花塞拆卸工艺合理3分				
9	检查火花塞工作情况及火花塞间隙	1. 测量过程正确； 2. 数据读取、分析正确； 3. 量具使用正确	10	1. 测量火花塞间隙5分； 2. 测量火花塞绝缘电阻5分				

续表

序号	考核内容	考核要点	分值	评分标准	评价 自评得分	评价 互评得分	评价 教师评价	总评得分
10	安装点火系统	1. 正确选择、使用工具； 2. 顺序合理； 3. 安装部位正确； 4. 安装方法恰当； 5. 安装质量合格	10	1. 按照拆卸相反顺序安装5分； 2. 紧固力矩符合标准要求5分				
11	起动车辆	1. 检查发动机工作情况； 2. 记录相关情况	5	1. 检查发动机工作情况3分； 2. 记录相关情况2分				
12	整理工位做好记录	1. 安全文明生产； 2. 及时整理工位； 3. 如实记载使用记录	10	1. 设备复位、工具摆放整齐、清理试件、打扫场地、人走灯灭，每项1分； 2. 及时认真填写设备使用记录5分				
13	工时定额	操作时间30min	5	每超1min从总分中扣1分				
成绩评价说明		学生自评成绩的权重是20%，学生互评成绩的权重是20%，教师评价成绩的权重是60% 优秀(≥90)□，良好(≥80)□，一般(≥70)□，及格(≥60)□，不及格(<60)□						

注：考评过程中，如果出现下列情况之一，不予进行评价。
1. 没做好安全防护，安全意识极差。
2. 不听从老师指挥，没有团队合作意识，擅离工作岗位。
3. 操作时严重违反操作规范，操作行为随意。
4. 因违章操作发生人身伤害和设备损坏事故。
5. 操作时间超过规定时间的50%。

组长签字： 教师签字：

【练】 综合练习

一、填空题

1. 点火系统按照对初级绕组的控制方式不同可以分为_____点火系统和_____点火系统。
2. 普通电子点火系统按照信号发生器的工作原理不同可分为_____、_____和_____三种。
3. 发动机油耗最低或功率最大的点火提前角，称为_____。
4. _____的作用是按发动机工作顺序将高压电分配给工作缸的火花塞。
5. 我国以火花塞_____的长度来标定火花塞的热特性。

6. 分电器轴每转一圈,各缸火花塞按_____顺序轮流跳火一次。

7. 点火提前机构的作用是根据发动机工况调整_____。

二、判断题

1. 对点火系统的要求有:产生高压电使火花塞跳火,点燃混合气;控制点火提前角;按点火顺序将火花分配到各气缸。( )

2. 汽车用高压导线一般只用铜芯线。( )

3. 拆装点火系统导线前,应关闭点火开关。( )

4. 检修计算机控制点火系统时,在拆下蓄电池的负极搭铁线之前应先读取故障码。( )

5. 无火故障表现是:发动机怠速不稳、动力下降,有时会出现排气管放炮和冒黑烟。( )

6. 火花弱会导致发动机运转不平稳、排气管放炮、不能起动等故障现象。( )

三、选择题

1. 不能影响点火系统点火提前角的因素有( )。
   A. 转速   B. 冷却液温度   C. 压缩比   D. 负荷

2. 下列不属于普通电子点火系统组成部件的是( )。
   A. 电源   B. 点火开关   C. 火花塞   D. ECU

3. 下列不是点火控制器的作用是( )。
   A. 自动断电保护   B. 恒电流控制   C. 点火时间校正   D. 控制转速

4. 当点火提前角过大时,会使发动机的功率下降,严重时会出现一加大油门发动机就有尖锐金属敲击声(俗称敲缸),并使发动机的温度( )。
   A. 过高   B. 过低   C. 忽高忽低   D. 没有变化

5. 普通点火系统中产生高压电的部位是( )。
   A. 初级绕组   B. 次级绕组   C. 火花塞   D. 分电器

6. 点火控制器为集成电路,一旦内部发生故障,往往采用( )方法进行修理。
   A. 换新件   B. 二次修理   C. 焊接   D. 拼装

四、简答题

1. 普通电子点火系统组成。
2. 影响点火提前角的因素。
3. 无火与火花塞弱火的故障表现。
4. 简述点火控制器的检查方法。
5. 简述点火正时的检查方法。
6. 简述火花塞的检查方法。

五、拓展练习

了解目前应用普通点火系统的汽车品牌及其各自技术特点。

任务2 计算机控制点火系统结构与检修

(1) 掌握计算机控制点火系统的作用、类型、组成及工作原理。
(2) 掌握计算机控制点火系统的故障检测方法及步骤。
(3) 能规范、安全地使用检测仪器对点火系统的主要元器件进行测试,并正确记录、分析各种检测结果,做出故障判断。
(4) 熟知电子点火系统使用、检修与维护过程中的注意事项。

卡罗拉轿车1辆、KT600解码仪1台、塞尺1把、数字式汽车专用万用表、兆欧表、火花塞清洁器、综合工具箱、火花塞拆装套筒、扭力扳手等工具。

【学】 计算机控制点火系统基本知识

一、计算机控制点火系统的作用和分类

计算机(即电子控制模块 ECM)控制的点火系统(以下简称计算机控制点火系统)是由计算机模块根据曲轴位置传感器等传感器及相关开关输入的信号,经过计算机运算和逻辑处理,控制低压电路通断的数字化点火系统。它除了具有点火能量高、点火精确、提高发动机动力性和燃油经济性等优点外,通过点火调整有利于发动机排放控制和其他相关电子控制系统的工作。计算机控制点火系统在现代汽车上应用越来越广。

二、有分电器式计算机控制点火系统

1. 有分电器式计算机控制点火系统的组成

有分电器式计算机点火系统一般由电源、点火开关、传感器、ECU、点火器(点火模块)、点火线圈、分电器、高压线、火花塞等组成,如图3-17所示。

主要部件的作用如下。

(1) 传感器及各种开关信号

用于检测发动机各种运行工况下的参数变化,为 ECU 提供点火控制所需的信号。

① 凸轮轴/曲轴位置传感器:检测凸轮轴位置和曲轴的位置及转角,并向 ECU 输送 G 信号(上止点信号)和 Ne 信号(曲轴位置及转角),以便控制点火正时。同时 ECU 还根据曲轴位置传感器的信号(Ne 信号)确定发动机的转速,以便确定基本点火提前角。

② 空气流量计(或进气压力传感器):提供进气量信号,是 ECU 确定基本点火提前

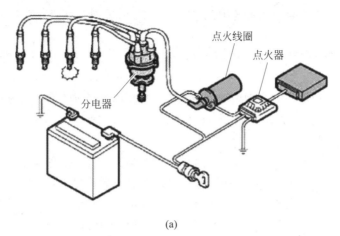

(a)

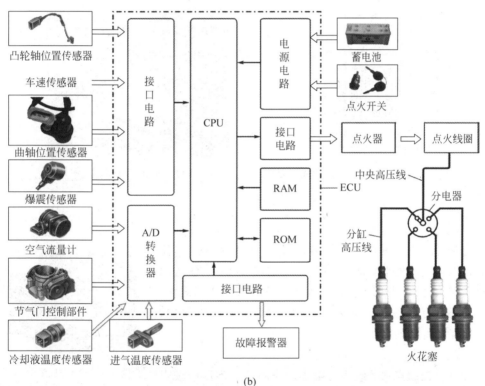

(b)

图 3-17 有分电器式计算机控制点火系统的组成

角的主要依据。

③ 爆震传感器：判断发动机气缸内是否产生爆震，用于修正点火提前角。

④ 冷却液温度传感器：ECU 根据冷却液温度传感器信号修正点火提前角。

⑤ 节气门位置传感器：提供发动机负荷信号，ECU 根据该信号对点火提前角进行修正。

⑥ 车速传感器：向 ECU 输送车速信号，用于 ECU 对点火提前角进行修正。

⑦ 空调开关：检测空调系统的工作状态，用于在急速工况下，ECU 对点火提前角进行修正。

⑧ 起动开关：发动机起动时，起动信号是 ECU 对点火提前角进行控制的主信号。

(2) ECU

在发动机工作时，它不断地接收各传感器的信息，按其储存的控制程序计算出每种工况下相对应的最佳点火提前角，并向点火器提供点火正时信号（即 IGT 信号）。

(3) 点火线圈

计算机控制点火系统中使用的是闭磁路的高能点火线圈，在有分电器式计算机控制点火系统中，只有一个点火线圈，而无分电器式点火系统中则有两个或多个点火线圈。电控发动机用高能点火线圈内部结构如图 3-18(a)所示，有些车辆点火线圈组装在分电器内，如图 3-18(b)所示是丰田威驰 5A-FE 发动机的点火线圈。

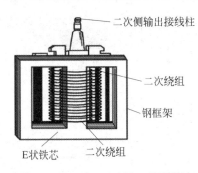 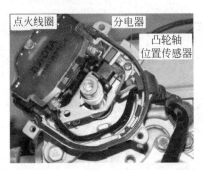

(a) 空气冷却环氧树脂E形线圈　　(b) 5A-FE发动机点火线圈及分电器

图 3-18　点火线圈

(4) 点火器

它是计算机控制点火系统的执行器，丰田威驰 5A-FE 发动机点火器的外形如图 3-19 所示。它接收 ECU 输送的点火正时信号（IGT 信号），控制大功率三极管导通或截止。点火器还具有恒定电流控制、闭合角控制、停车断电保护、过点压保护等功能。

(5) 分电器

计算机控制点火系统中分电器的作用是将高压电按点火顺序分配至各缸火花塞，主要由分电器盖、分火头等组成。

图 3-19　5A-FE 发动机点火器的外形

2. 有分电器计算机控制点火系统的工作原理

(1) 点火原理

发动机运转时，ECU 根据曲轴位置和凸轮轴位置传感器判断出曲轴的位置及气缸的冲程，根据发动机的转速和进气量信号确定基本点火提前角，再根据其他传感器信号对点火提前角进行实时修正，最后确定出最佳点火提前角，并向点火器发出点火控制指令（IGT 信号）。点火器依据 IGT 信号接通或切断点火线圈的初级电路，在次级绕组中感应出很强的高压电,通过高压线、配电器配送给各缸火花塞,使火花塞跳火,点燃可燃混合气。当点火线圈正常工作时,点火器不断向 ECU 提供点火反馈信号,同时 ECU 还利用爆震传感器对点火提前角实施反馈控制,其工作原理如图 3-20 所示。

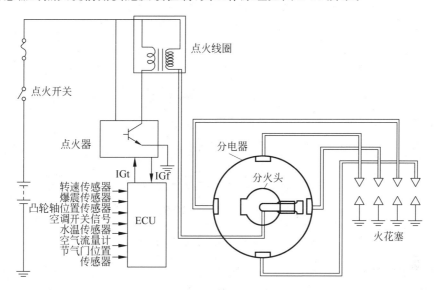

图 3-20 有分电器式计算机控制点火系统的工作原理图

（2）点火提前角控制

实际点火提前角＝初始点火提前角＋基本点火提前角＋修正点火提前角,如图 3-21 所示。

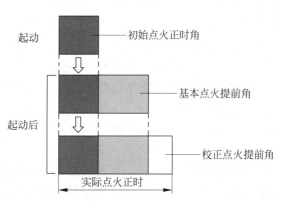

图 3-21 点火提前角组成

初始点火提前角是原始设定的,又称固定点火提前角。初始点火提前角一般为上止点前 5°～10°。

基本点火提前角是计算机根据转速和负荷等主控信号确定的点火提前角。

修正点火提前角是计算机根据其他因素对点火提前角进行的修正。

点火提前角控制包括起动点火控制和起动后点火提前角控制两个基本控制。点火提前角的组成及影响因素如图 3-22 所示。

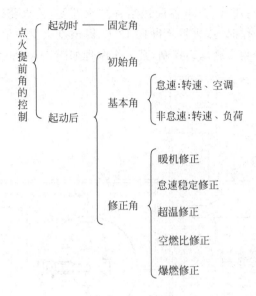

图 3-22 点火提前角的组成及影响因素

(3) 爆震传感器

爆震的危害：爆震会导致冷却液过热，功率下降油耗上升。

爆震传感器：爆震传感器是发动机电子控制系统中必不可少的重要部件，它的功用是检测发动机有无爆震现象，并将信号送入发动机 ECU。

常见的爆震传感器的有两种，一种是磁致伸缩式爆震传感器，另一种是压电式爆震传感器。磁致伸缩式爆震传感器的外形与结构如图 3-23 所示，其内部有永久磁铁、靠永久磁铁激磁的强磁性铁芯以及铁芯周围的线圈。其工作原理是：当发动机的气缸体出现振动时，该传感器在 7kHz 左右处与发动机产生共振，强磁性材料铁芯的磁导率发生变化，致使永久磁铁穿心的磁通密度也变化，从而在铁芯周围的绕组中产生感应电动势，并将这一电信号送入 ECU。

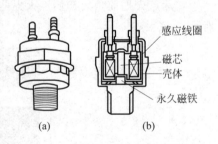

图 3-23 磁致伸缩式爆震传感器

压电式爆震传感器的结构如图 3-24 所示。这种传感器利用结晶或陶瓷多晶体的压电效应工作，也有利用掺杂硅的压电电阻效应的。该传感器的外壳内装有压电元器件、配重块及导线等。其工作原理是：当发动机的气缸体出现振动传递到传感器外壳上时，外壳与配重块之间产生相对运动，夹在这两者之间的压电元器件所受的压力发生变化，从而产生电压。

一旦爆震传感器信号异常，电控单元（ECU）就不能正确判定发动机是否发生爆震，爆震控制系统随着失效。因此，在使用中应当注意以下几点：

① 不同发动机使用的共振型爆震传感器不能互换使用。

② 非共振型爆震传感器的扭紧力矩不得随意调整，必要时应按《使用说明书》规定的

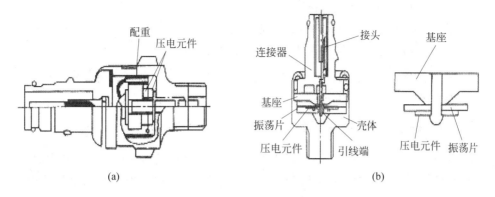

图 3-24 共振型压电式爆震传感器

数值进行调整。

三、无分电器式计算机控制点火系统

在有分电器式计算机控制点火系统中,由于分电器的机械传动部分会产生磨损,加上分火头与各高压线之间的跳火间隙会产生点火能量损耗及由此产生的电磁干扰等缺陷,故无分电器式计算机控制点火系统正在逐步取代有分电器式计算机控制点火系统。无分电器计算机控制点火系统由点火线圈产生的高压电直接送到火花塞,因此无分电器式计算机控制点火系统又称为"直接点火系统",该点火系统的突出优点是无机械机构磨损、无须调整,工作可靠。无分电器式计算机控制点火系统又分为同时点火方式与单独点火方式两种。

【教】 计算机控制点火系统检修

一、计算机控制点火系统 ECU 自诊断

现代汽车中,多数带有计算机控制点火系统的发动机都设有发动机 ECU 自诊系统。当我们怀疑点火系统出现故障时,应首先利用发动机的自诊系统进行检查,必要时再采用人工检查故障。

发动机 ECU 自诊功能是指发动机 ECU 利用内部的自诊断系统,时刻监视工作中各电子控制系统传感器和执行器的工作状态。当系统发现信号异常时,汽车仪表板上的"CHECK ENGING"或者"CHECK"指示灯会亮(也称检查发动机警报灯或发动机故障指示灯),以通知驾驶员,同时系统将故障信息以相应代码形式储存,供专业维修人员通过相应仪器调取。

二、拆、装及检修注意事项

(1) 不同汽车的点火系统会有所不同,应按各自厂家维修手册规定进行检修。
(2) 拆、装点火系统导线前(包括高压导线和测试仪导线),应关闭点火开关。

(3) 当发动机要以起动机转速运转时(不起动发动机,例如检测压缩压力时),应把高压导线从分电器接线柱上拔掉,并将其接地。

(4) 在拆下蓄电池的负极搭铁线之前应先读取故障码。

(5) 在车上进行焊接作业时,应先拆去蓄电池的搭铁线和电控单元的连接器。

(6) 清洗发动机时,必须关断点火开关。

三、拆、装及检修操作过程

不同点火系统结构各具特点,实际工作中拆、装及检修过程应按相应维修手册要求进行。由于计算机控制点火系统的故障种类繁多,教学过程与实际维修会存在一定差别,下面以同时点火、故障码 P0300 点火线圈故障的某款卡罗拉轿车为例进行检修。故障码 P0300 的中文含义为随机/多个气缸检测到失火,该故障码表明有多个气缸失火或者是电子控制单元(ECU)不能确定哪一个气缸失火。本案例先以解码仪对车辆进行检测,然后对点火系统进行拆、装与检修,其中重点对发动机火花塞进行拆、装与检修。拆、装与检修过程见表 3-4。

表 3-4 计算机控制点火系统拆、装与检修过程

序号	步骤	图示	操作要领说明
1	前期准备	参见表 1-3 中的步骤 1~7	前期准备包括人员安全防护、工具量具准备、车辆防护与测试、场地整理等准备过程
2	作业前准备		
3	车辆检查		
4	起动汽车		将汽车钥匙拨至"ON"挡
5	读取故障码	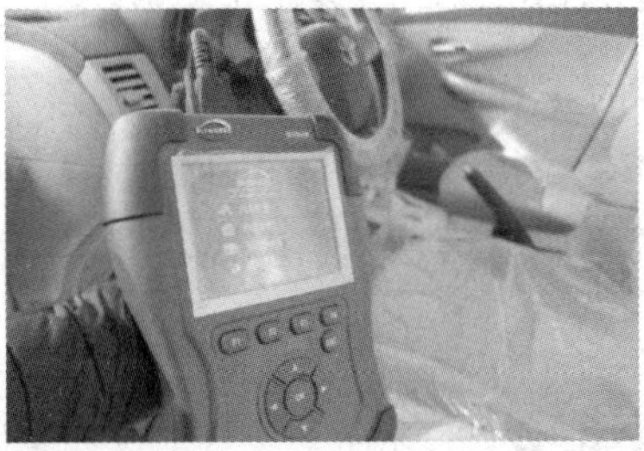	(1) 将解码仪 KT600 连接好; (2) 进行检查。 提示:连接仪器后应先清除保存的故障码

续表

序号	步骤	图示	操作要领说明
6	断开蓄电池负极		（1）拆下解码仪； （2）断开蓄电池负极
7	拆卸2号气缸盖罩		握住罩的后端并提起，以分离罩后端的2个卡子。 继续提起罩，以分离罩前端的2个卡子并拆下罩。 注意： 同时分离前后卡子可能会使其破裂
8	拆卸点火线圈总成		（1）断开4个点火线圈连接器； （2）拆下4个螺栓和4个点火线圈。 注意： 拆下点火线圈时，不要损坏发动机盖罩开口上的火花塞盖或火花塞套管顶部边缘
9	拆卸火花塞	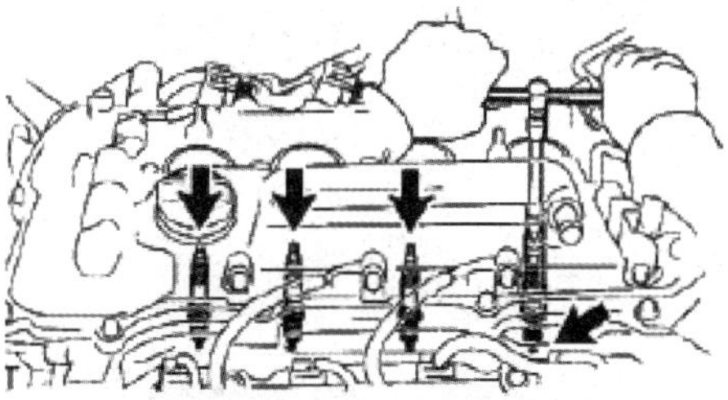	逐步拆下4个火花塞，按顺序摆放好
10	断开喷油器连接器	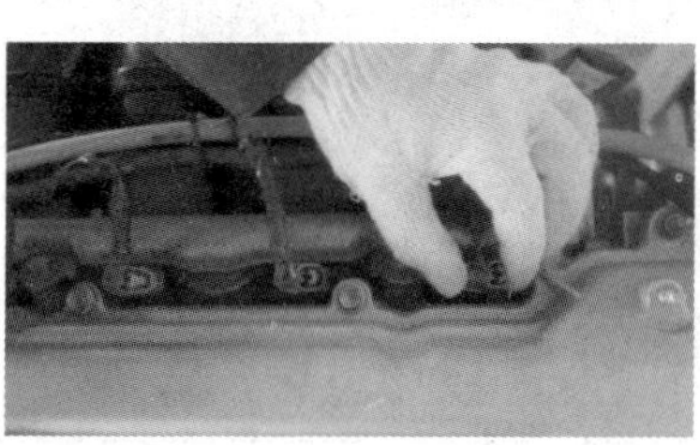	断开4个喷油器连接器

续表

序号	步骤	图示	操作要领说明
11	再次连接点火线圈与火花塞并检查发动机跳火情况	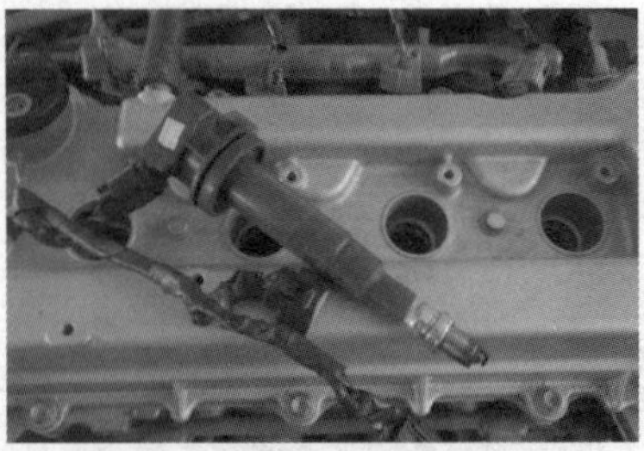	(1) 在发动机外部将火花塞安装到各点火线圈上,并连接点火线圈连接器; (2) 将火花塞搭铁; (3) 不要使发动机起动超过2s,如果没有出现火花,执行以下程序
12	执行火花测试	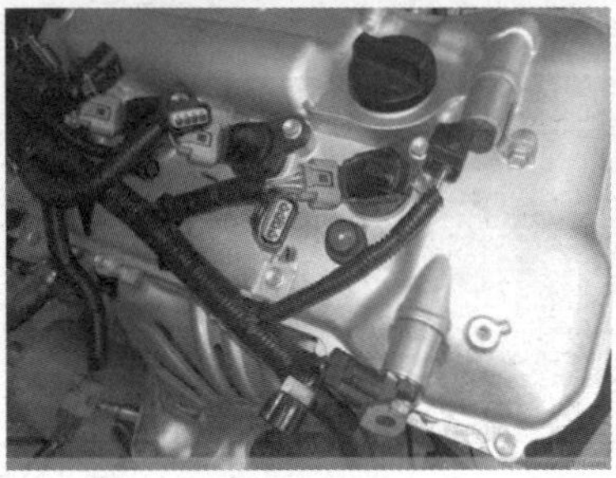	(1) 检查并确认带点火器的点火线圈的线束侧连接器连接牢固; (2) 对每个带点火器的点火线圈执行火花测试
13	检查火花塞电极	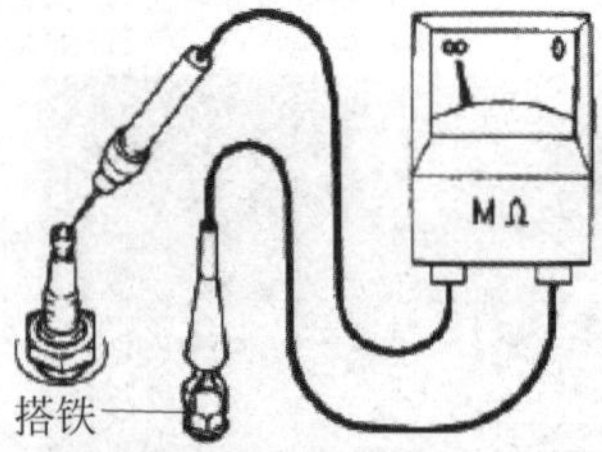	用兆欧表测量绝缘电阻。(标准电阻:10MΩ或更大) **提示**:如果结果不符合规定,用火花塞清洁器清洁火花塞并再次测量电阻
14	检查火花塞的螺纹和绝缘垫		(1) 检查火花塞的螺纹和绝缘垫是否损坏; (2) 如果有任何损坏,则更换火花塞
15	检测火花塞电极间隙		旧火花塞的最大电极间隙:1.3mm(0.051in)。如果间隙大于最大值,则更换火花塞。 新火花塞的电极间隙:1.0~1.3mm(0.039~0.043in)

续表

序号	步骤	图示	操作要领说明
16	清洁火花塞		用火花塞清洁器清洁火花塞并对其进行干燥
17	检查并确认带点火器的点火线圈有电源	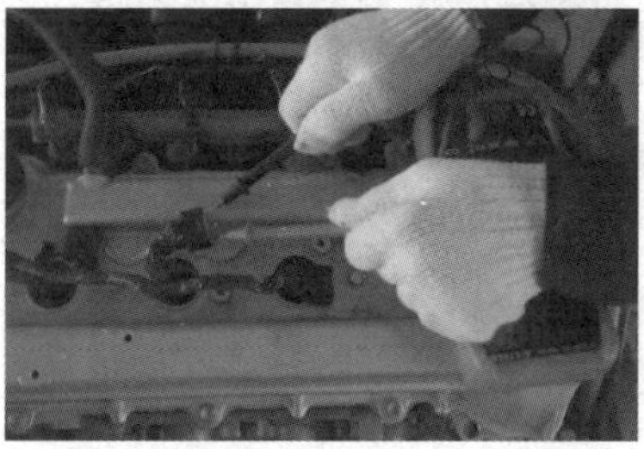	(1) 确认点火开关置于 ON 位置； (2) 检查并确认点火线圈正极（＋）端子处有蓄电池电压
18	连接喷油器连接器		连接 4 个喷油器连接器
19	安装火花塞	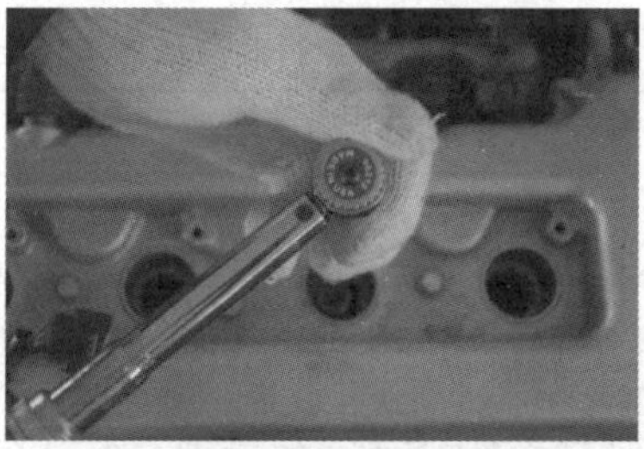	扭矩：20N·m
20	安装点火线圈总成		(1) 安装 4 个点火线圈，扭矩：10N·m； (2) 连接 4 个点火线圈连接器

续表

序号	步骤	图示	操作要领说明
21	安装 2 号气缸盖罩		接合 4 个卡子,以安装 2 号气缸盖罩: (1) 一定要牢固地接合卡子; (2) 不要施加过大的力或敲击气缸盖罩以接合卡子
22	起车检修		(1) 检查发动机工作情况 (2) 记录相关情况
23	整理工作	参见表 1-3 中的相关步骤	整理工作包括起动试车、整理车辆、整理工具箱、处理废旧物、清理场地、填写工单

【做】 计算机控制点火系统拆装与检修

按照表 3-4 计算机控制点火系统检修过程的相关要求,根据操作认真准备并填写表 3-5 工作记录卡。

表 3-5 计算机控制点火系统拆装与检修工作记录卡

操作前相关知识准备
1. 用解码仪 KT600 检测汽车时,应先把之前的故障码予以(　　)。 　　A. 清除　　　　B. 保留　　　　C. 不管 2. 拆下点火线圈时,不要损坏发动机盖罩开口上的火花塞盖或火花塞套管(　　)边缘。 　　A. 顶部　　　　B. 底部　　　　C. 中部 3. 检修时,再次连接点火线圈与火花塞并检查发动机,要进行(　　)实验。 　　A. 电阻检查　　B. 电压检查　　C. 跳火 4. 测量绝缘电阻时应使用(　　)。 　　A. 兆欧表　　　B. 电压表　　　C. 电流表 5. 火花塞的螺纹或者绝缘垫有损坏情况,应进行(　　)。 　　A. 更换　　　　B. 清洁　　　　C. 维修 6. 清洁火花塞后要对其进行(　　)。 　　A. 打磨　　　　B. 干燥　　　　C. 维修 7. 跳火检查时应将火花塞(　　)。 　　A. 搭铁　　　　B. 测试　　　　C. 干燥

续表

<table>
<tr><td colspan="2">操作所需工具、量具、设备、材料等</td></tr>
<tr><td>项目</td><td>内　容</td></tr>
<tr><td>工具</td><td></td></tr>
<tr><td>量具</td><td></td></tr>
<tr><td>设备</td><td></td></tr>
<tr><td>材料</td><td></td></tr>
</table>

实训要求

操作前,要认真阅读相关安全规则手册,熟知有关安全防护常识。

学生进入实训场地,必须严格遵守实训场地要求,听从实训老师指挥,不可以擅离规定实训区域,更不可以随意触碰实训场地内的车辆、设备、材料、工具、量具等与本次课无关的物品。学生动手操作一定要在老师的指挥、监管下进行,不可以擅自主张做与当堂课业内容无关的项目,如有需求应及时向当课老师提出申请,经老师同意后在其监管下方可完成操作,以免造成人员伤害和设备损坏。

学生进入实训场地,即将自己当作一个职业人,一切言行举止要以职业人的规范行为严格要求自己,养成职业好习惯,为将来上岗做好心理上和行为上的准备。

<table>
<tr><td colspan="5">操 作 过 程</td></tr>
<tr><td>序号</td><td>操作过程</td><td>操作要点
(操作过程每个步骤的要点)</td><td>操作过程记录
(故障点、坏损件、数据等)</td><td>操作过程分析
(问题、原因、解决方法等)</td></tr>
<tr><td></td><td></td><td></td><td></td><td></td></tr>
<tr><td></td><td></td><td></td><td></td><td></td></tr>
<tr><td></td><td></td><td></td><td></td><td></td></tr>
<tr><td></td><td></td><td></td><td></td><td></td></tr>
<tr><td colspan="2">学生自我
总结、意见</td><td colspan="3"></td></tr>
<tr><td colspan="2">教师综合
评价</td><td colspan="3"></td></tr>
</table>

【评】 计算机控制点火系统拆装与检修

根据点火系统检修工作过程,填写表 3-6 计算机控制点火系统检修评价表。

表 3-6 计算机控制点火系统检修评价表

序号	考核内容	考核要点	分值	评分标准	评价 自评得分	评价 互评得分	评价 教师评价	总评得分
1	前期准备	1. 劳保着装及工具准备齐全; 2. 场地选择合理整洁; 3. 设备调试正确	10	工具等准备、劳保着装、场地选择、场地清洁、设备调试符合要求,每项 2 分				
2	车辆准备	1. 选择设备正确; 2. 停放设备、蓄电池相关事项全面、正确; 3. 详实检查设备使用前情况; 4. 相关安全防护措施全面恰当	10	1. 选择设备正确 2 分; 2. 停放设备、蓄电池相关事项全面、正确 3 分; 3. 详实检查设备使用前情况 2 分; 4. 相关安全防护措施全面恰当 3 分				
3	读取故障码	1. 工具使用规范; 2. 程序方法恰当	5	1. 汽车钥匙拨至"ON"挡 2 分; 2. 读取故障码 3 分				
4	断开蓄电池负极	1. 工具使用规范; 2. 程序方法恰当	5	断开蓄电池负极 5 分				
5	点火系统拆卸	1. 工具使用规范; 2. 程序方法恰当	10	1. 拆卸 2 号气缸盖罩 5 分; 2. 拆卸点火线圈总成 5 分				
6	跳火检测	1. 工具使用规范; 2. 程序方法恰当	5	跳火检测 5 分				
7	火花测试	1. 工具使用规范; 2. 程序方法恰当	5	火花测试 5 分				
8	火花塞检测	1. 工具使用规范; 2. 程序方法恰当; 3. 测量方法正确; 4. 读数准确; 5. 正确分析读数、判断故障	10	1. 检查火花塞电极阻值 3 分; 2. 检查火花塞螺纹和绝缘垫是否损坏 3 分; 3. 检测火花塞电极间隙 4 分				
9	火花塞清洁	1. 工具使用规范; 2. 程序方法恰当	5	火花塞清洁与干燥 5 分				

续表

序号	考核内容	考核要点	分值	评分标准	自评得分	互评得分	教师评价	总评得分
10	点火线圈检查	1. 工具使用规范； 2. 程序方法恰当	5	点火线圈通电检查5分				
11	安装操作	1. 正确选择、使用工具； 2. 顺序合理； 3. 安装部位正确； 4. 安装方法恰当； 5. 安装质量合格	10	1. 正确选择、使用工具2分； 2. 顺序合理2分； 3. 安装部位正确2分； 4. 安装方法恰当2分； 5. 安装质量合格2分				
12	试车交付	1. 试车方法正确； 2. 文明礼貌交车	5	1. 试车方法正确3分； 2. 文明礼貌交车2分				
13	整理工位做好记录	1. 安全文明生产； 2. 及时整理工位； 3. 合理处置废旧物； 4. 如实记载使用记录	10	1. 设备复位、工具摆放整齐、清理试件、打扫场地、人走灯灭，每项1分； 2. 及时认真填写设备使用记录5分				
14	工时定额	操作时间40min	5	每超5min扣1分				
成绩评价说明		学生自评成绩的权重是20%，学生互评成绩的权重是20%，教师评价成绩的权重是60%						
		优秀(≥90)□，良好(≥80)□，一般(≥70)□，及格(≥60)□，不及格(<60)□						

注：考评过程中，如果出现下列情况之一，不予进行评价。
1. 没做好安全防护，安全意识极差。
2. 不听从老师指挥，没有团队合作意识，擅离工作岗位。
3. 操作时严重违反操作规范，操作行为随意。
4. 因违章操作发生人身伤害和设备损坏事故。
5. 操作时间超过规定时间的50%。

组长签字：　　　　　　教师签字：

【练】 综合练习

一、填空题

1. 计算机控制点火系统按点火能量的储存方式，汽油机点火系统可分为_____和_____两大类。
2. 计算机控制点火系统按高压电分配方式不同分为有_____和_____。
3. 有分电器计算机点火系统一般由电源、点火开关、传感器、点火器(点火模块)、点火线圈、分电器、高压线、_____、_____等组成。

4. 基本点火提前角是计算机根据_____和_____等主控信号确定的点火提前角。

5. 计算机控制点火系统中用于 ECU 对点火提前角进行修正的传感器有_____、_____、_____、_____、_____。

6. 点火提前角控制包括_____控制和_____控制两个基本控制。

二、判断题

1. 无分电器式点火系统中有两个或多个点火线圈。（ ）
2. 过电压保护功能是指点火器能在停车后点火开关忘记关断的情况下，切断初级电流。（ ）
3. 拆装点火系统导线前，应关闭点火开关。（ ）
4. 停车断电保护功能是指当电源电压超过规定值时，该功能能自动停止点火系统的工作，以免损坏点火装置。（ ）
5. 初始点火提前角一般为上止点前 5°～10°。（ ）

三、选择题

1. 为 ECU 确定基本点火提前角主要依据的传感器是（ ）。
   A. 空气流量计   B. 节气门位置传感器
   C. 爆震传感器   D. 车速传感器

2. 下列（ ）不是影响实际点火提前角的因素。
   A. 初始点火提前角   B. 计算点火提前角
   C. 修正点火提前角   D. 基本点火提前角

3. 提供发动机负荷信号的传感器是（ ）。
   A. 节气门位置传感器   B. 车速传感器
   C. 空气流量计   D. 爆震传感器

四、简答题

1. 计算机控制点火系统分类方式是什么？
2. 修正点火提前角包括哪些内容？

五、拓展练习

1. 了解目前应用计算机控制点火系统的汽车品牌及其各自技术特点。
2. 当前汽车发展中，比较先进的单独点火系统有哪些？

项目 4

汽车照明、信号、仪表及报警系统使用与检修

(1) 了解汽车照明、信号、仪表、报警系统的组成和作用。
(2) 掌握照明、信号、仪表、报警设备的正确使用方法。
(3) 学会照明、信号、仪表、报警设备的基本检修方法。

任务 1　汽车照明、信号、仪表及报警系统的正确使用

(1) 能概括照明、信号及仪表系统的组成与作用。
(2) 学会正确操作照明、信号设备。
(3) 能读懂仪表及报警系统信息。

汽车 1 辆、常用检修工具 1 套、车辆保护套件 1 套(5 件)。

【学】　照明信号仪表及报警系统的基础知识

一、汽车照明系统的组成

汽车照明系统由电源、照明装置和控制部分组成。控制部分包括各种灯光开关和继

电器等；照明装置包括外部灯、内部灯和工作照明灯等。

外部灯包括前照灯、尾灯、雾灯、牌照灯等，如图 4-1(a)所示。内部灯包括仪表灯、阅读灯、顶灯等。工作照明灯包括行李舱灯、发动机罩灯等，如图 4-1(b)所示。

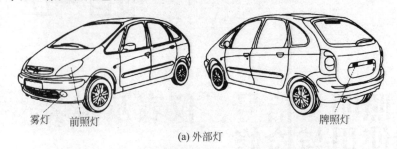

图 4-1 照明灯

有的新型轿车装有自动灯光控制系统、日间行车灯光系统、前照灯光束水平控制系统、前照灯清洗装置等。

1. 前照灯

前照灯俗称前大灯，装在汽车头部的两端，用于夜间或光线昏暗的路面上汽车行驶时的照明。有单侧远光灯与近光灯合为一体的双灯制（双大灯）和单侧远光灯与近光灯分置的四灯制（四个大灯）两种形式。

2. 雾灯

雾灯用于下雾、下雪、暴雨或尘埃等恶劣条件下改善道路照明情况，安装在车头和车尾，位置比前照明灯稍低。装于车头的雾灯称为前雾灯，装于车尾的雾灯称后雾灯。雾灯光色为黄色或橙色（黄色光波较长，透雾性能好）。

3. 倒车灯

倒车灯安装于车辆尾部，给驾驶员提供车辆后部照明，使其能在夜间倒车时看清车辆后面的情况，同时提示后面的车辆本车驾驶员想要倒车或正在倒车。当点火开关接通，同时变速杆换到倒车挡时，倒车灯自动点亮。

4. 牌照灯

牌照灯点亮时，可使牌照数字清晰，从而向外界提供牌照信息。丰田轿车灯光控制开关置于一挡时，尾灯、牌照灯、仪表灯、示宽灯同时点亮。

5. 仪表灯

仪表灯用于仪表盘照明,使驾驶员能迅速容易地看清仪表。尾灯亮时,仪表灯也同时亮。有些车辆还加装了灯光控制变阻器,使驾驶员能调整仪表灯的亮度。

6. 顶灯

顶灯用于为车内乘客照明,但必须不至于使驾驶员炫目。车内顶灯通常都位于驾驶室中部,使车内灯光均匀分布。

7. 阅读灯

阅读灯用于车室内乘客阅读时照明。

8. 后备厢照明灯和发动机室内照明灯

用于后备厢及发动机室内照明。

二、汽车灯光信号系统组成

灯光信号系统用来向外界传送车辆的有关信息,用来进行提示和警告。灯光信号系统包括制动灯、转向灯(前、后)、示宽灯、尾灯(后灯)、倒车灯、报警信号灯等。

车辆信号系统主要设备包括位灯、制动信号灯、倒车灯、电喇叭、转向信号灯和应急警告灯等。

各信号设备的安装位置如图 4-2 所示。

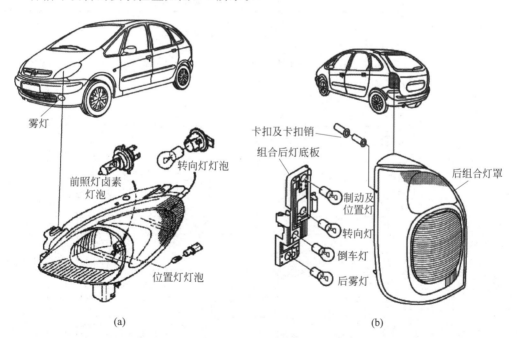

图 4-2 信号设备的安装位置

1. 制动灯

制动灯安装在车辆尾部后组合灯内。制动灯亮是通知后面车辆本车正在制动,以避免后面车辆与其发生碰撞。

2. 转向信号灯

转向信号灯安装在车辆两侧四外角及前翼子板或后视镜上,向前后左右车辆表明汽车正在转弯或改换车道。汽车转向时,转向信号灯以 60~120 次/min 的频率闪烁。

3. 危险警告灯

当车辆紧急停车或驻车时,危险警告灯给前后左右车辆显示本车的位置。四角转向信号灯同时闪烁时,作危险警告灯使用。

4. 示宽灯与尾灯

示宽灯与尾灯都是低强度灯,用于夜间指示车辆位置与宽度。位于前方的灯称为示宽灯(前小灯),位于后方的灯称为尾灯。

5. 倒车灯

倒车灯的作用是倒车时照明并指示本车正在倒车。

目前,多数汽车将前照灯、雾灯、示宽灯等组合起来,称为组合式前灯;将尾灯、后转向信号灯、制动灯、倒车灯等组合起来称为组合式后灯。我国对各种汽车灯光设备的使用规定见表 4-1。上述装置中的前照灯、示宽灯、尾灯、倒车灯、转向信号灯、牌照灯、制动灯等都是强制安装使用,其他灯光设备是在一定条件下强制安装或选装。

表 4-1 我国对各种灯光设备的使用规定

灯光设备种类			安装使用	数量/只	光色
照明设备	前照灯	近光	强制	2	白色
		远光	强制	2 或 4	白色
	前雾灯		有雾地区强制	2	黄色
	后雾灯		高速公路行驶车辆强制	1	红色
	后牌照灯		强制	至少 1	白色
信号设备	转向信号灯	前	强制	2	琥珀色
		侧	强制	2	琥珀色
		后	强制	2 或 4	琥珀色
	危险警告信号灯		强制	所有转向信号灯	琥珀色
	位灯	前	强制	2 或 4	白色或黄色
		侧	选用	侧前 2,侧中至少 1,侧后 2	琥珀色
		后	强制	2 或 4	红色
	驻车灯	前	选用	2	白色或琥珀色
		后	选用	2	红色
	示廓灯	前	空载车高 3m 以上客货车强制	2	白色
		后	空载车高 3m 以上客货车强制	2	红色
	倒车灯		强制	1 或 2	白色
	制动灯		强制	2 或 4	红色
	驻车标志灯		全挂车强制	2	红色

警车、消防车、救护车、出租车等特殊类型车辆,在车顶部装有警示灯或标志灯。

三、汽车仪表报警系统组成

1. 汽车仪表

一般汽车仪表由车速里程表、发动机转速表、水温表、燃油表、机油压力表等组成,如图 4-3 所示。

图 4-3 汽车仪表板

传统的仪表多为机电式模拟仪表,只能给驾驶员提供汽车运行中必要而少量的数据信息。随着电子技术的发展,多功能、高精度、高灵敏度、读数直观的电子数字显示和图像显示的仪表不断在汽车上应用。

2. 汽车报警装置

为了提示汽车发动机或某一系统处于不良或特殊状态,引起驾驶员注意,保证汽车可靠工作和安全行驶,防止事故发生,汽车上安装了多种报警装置,主要包括报警灯和监视器两类。

报警灯由报警开关控制,当被检测的系统或总成工作不正常时,开关自动接通而使报警灯点亮,以提醒驾驶员注意。如水温报警灯、机油压力报警灯、燃油不足报警灯、气压不足报警灯等。

报警灯通常安装在仪表板上,功率为 1~4W,在灯泡前设有滤光片,使报警灯发出黄光或红光,滤光片上通常制有标准的图形符号。有些汽车报警灯采用发光二极管显示,标准图形符号标在发光二极管旁边。

汽车仪表、指示灯、报警灯功能见表 4-2。

表 4-2 汽车仪表、指示灯、报警灯功能表

结构组成		功 能
仪表	车速表	根据车速传感器的信号,显示汽车行驶速度
	发动机转速表	显示当前发动机的曲轴转速
	燃油表	根据燃油箱液位传感器的信号,指示汽车燃油箱内的燃油量
	发动机冷却液温度表	显示发动机冷却液的温度
	里程表	记录车辆已行驶的总里程
	行程里程表	记录从里程表归零开始以来的行驶里程,通常最大显示值为 999km

续表

结构组成		功　能
警告灯（红色或黄色）	故障指示灯	常亮时，发动机控制系统存在故障
	制动警告灯	驻车制动起作用；制动液液面过低
	ABS 警告灯	常亮时，警告制动防抱死控制系统出现故障
	SRS 警告灯	常亮时，警告 SRS 控制系统出现故障
	门开警告灯	警告有车门或行李厢门处于未关闭状态
	燃油液位警告灯	警示燃油箱燃油处于快耗尽的状态
	发动机机油压力低警告灯	发动机运转时该灯应熄灭。若发动机运转时该灯亮，警告发动机此时的机油压力低于规定值
	驾驶员侧座椅安全带未系警告灯	警示驾驶员此时处于未系安全带状态
	充电警告灯	发动机运转时该灯应熄灭。若发动机运转时该灯亮，警告发动机充电系统出现故障
指示灯	转向指示灯	指示汽车转向信号灯“向左”或“向右”闪烁的状态；指示按下危险警告开关状态
	远光灯指示灯	指示汽车前照灯为远光灯状态
	挡位指示灯（AT）	指示自动变速器换挡手柄所处的挡位：1、2、3、D、N、R 或 P
	前雾灯开启指示灯	指示汽车前雾灯处于打开的状态
	后雾灯开启指示灯	指示汽车后雾灯处于打开的状态

常见的仪表盘指示灯图标见表 4-3。

表 4-3　常见的仪表盘指示灯图标

充电指示灯	刹车盘指示灯	机油指示灯	手刹指示灯驻车指示灯	水温指示灯	安全气囊指示灯
ABS指示灯	发动机自检灯	燃油指示灯	车门未关指示灯	清洗液指示灯	电子油门指示灯
前后雾灯指示灯	转向指示灯	远光指示灯	示宽灯指示灯	O/D挡指示灯	安全带指示灯

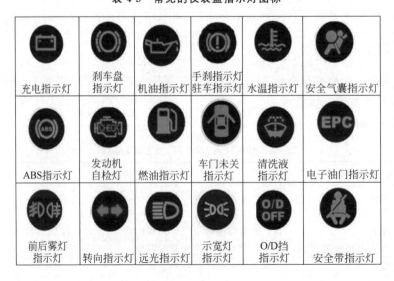

【教】 汽车照明信号仪表系统的使用

一、技能训练过程中的安全及环保事项

1. 人身安全

（1）严格按照实验室实验规则进行实验。
（2）起动车辆或设备应告知现场所有人员,避免伤害。
（3）确保举升的车辆安全可靠后再进入车辆下方进行实验,实验时不得用力晃动车辆。
（4）远离正在运行的设备、车辆或部件。
（5）注意正在运转的发动机的皮带、风扇、水箱、排气管、高压线,有擦伤、烫伤、电击危险。
（6）发动机运行时,接好排气通风装置,避免尾气中毒。
（7）实验室严禁烟火,避免火灾。
（8）随时留意实验场地和周围,及时发现潜在危险并妥善处理。
（9）如有意外伤害发生,立即报告教师,及时处理,如有必要到医院治疗。
（10）严禁私自进入驾驶室,严禁在发动机运行时私自动作驾驶室内踏板、手柄、开关。

2. 车辆安全

（1）确保车辆驻车可靠。
（2）正确使用车辆,车辆的移动或起动由教师来完成。
（3）实验严格按照操作流程进行。
（4）实验前要安装好车辆保护5件套。
（5）师生服饰不要有裸露坚硬部位(拉链、纽扣、腰带、戒指等),避免划伤车漆。
（6）正确开关发动机盖,避免意外下落或关时用力过大造成机器盖变形、车灯损坏。
（7）利用正确的车辆举升点举升车辆,确保安全可靠。
（8）严禁私自进入驾驶室,严禁在发动机运行时私自动作驾驶室内踏板、手柄、开关。
（9）一旦发现车辆异常,立即停止实验,进行调整。
（10）做好实验前后的车辆状况记录。

3. 设备安全

（1）确保设备运行状况良好。
（2）按使用手册正确使用设备。
（3）做好设备使用记录。

4. 环保意识

（1）保持实训场地卫生。
（2）发现有尾气或车辆中液体泄漏,及时有效处理。

二、操作流程

工具准备→作业前准备→车辆检查→认知汽车照明信号系统元器件→检查后车辆整

理→整理设备工具→清洁工位→记录。

三、操作步骤

汽车照明信号仪表系统正确使用见表4-4。

表4-4 汽车照明信号仪表系统正确使用

序号	步骤	图示	操作要领说明
1	前期准备	参见表1-3中的步骤1～7	前期准备包括人员安全防护、工具量具准备、车辆防护与测试、场地整理等准备过程
2	作业前准备		
3	车辆检查		
4	照明信号仪表系统元器件使用		钥匙插入点火开关并转至ON位置,灯光组合开关打开至Ⅰ挡,仪表盘照明灯点亮,示宽灯亮
			灯光组合开关打开至Ⅱ挡,仪表盘指示灯亮,前照灯亮
			按下后雾灯开关,仪表盘指示灯亮,后雾灯亮

续表

序号	步骤	图示	操作要领说明
4	照明信号仪表系统元器件使用		前后推拉灯光组合开关手柄,仪表盘指示灯亮,转向灯亮
			按下应急闪光灯开关,仪表盘指示灯亮,应急警告灯(左右转向灯)亮
			变速器倒挡位置接通倒车灯控制开关,倒车灯亮,同时有语音提示
			踩下脚制动踏板,接通制动灯控制开关,制动灯亮

续表

序号	步骤	图示	操作要领说明
4	照明信号仪表系统元器件使用	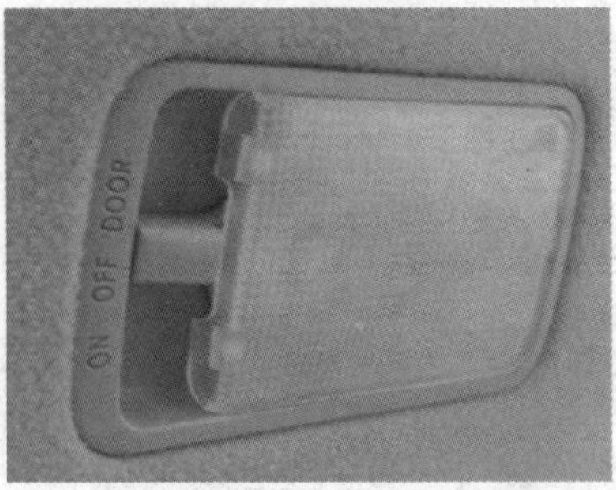	室内灯开关控制室内灯
5	整理工作	参见表1-3中的相关步骤	整理工作包括起动试车、整理车辆、整理工具箱、处理废旧物、清理场地、填写工单

【做】 汽车照明信号仪表系统的使用

按照表4-4汽车照明信号仪表系统正确使用的操作过程完成汽车照明信号仪表系统的使用练习,并填写表4-5。

表4-5 汽车照明信号系统操作练习工作记录卡

操作前相关知识准备
1. 车辆紧急停车或驻车时需要开启(　　)。 　A. 前照灯　　B. 尾灯　　C. 应急警告灯　　D. 雾灯 2. 前雾灯的灯光颜色是(　　)色。 　A. 红　　B. 黄　　C. 白　　D. 蓝 3. (　　)的工作受点火开关控制。 　A. 转向灯　　B. 示宽灯　　C. 制动灯　　D. 应急警告灯 4. (　　)是后雾灯的显示灯标志。 　A. ▣   B. ▣   C. ▣   D. ▣
操作所需工具、量具、设备、材料等

项目	内容
工具	
量具	
设备	
材料	

续表

实 训 要 求

操作前,要认真阅读相关安全规则手册,熟知有关安全防护常识。

学生进入实训场地,必须严格遵守实训场地要求,听从实训老师指挥,不可以擅离规定实训区域,更不可以随意触碰实训场地内的车辆、设备、材料、工具、量具等与本次课无关的物品。学生动手操作一定要在老师的指挥、监管下进行,不可以擅自主张做与当堂课业内容无关的项目,如有需求应及时向当课老师提出申请,经老师同意后在其监管下方可完成操作,以免造成人员伤害和设备损坏。

学生进入实训场地,即将自己当作一个职业人,一切言行举止要以职业人的规范行为严格要求自己,养成职业好习惯,为将来上岗做好心理上和行为上的准备。

操 作 过 程			
序号	操作过程	操作要点 (操作过程每个步骤的要点)	操作过程记录 (故障点、坏损件、数据等)	操作过程分析 (问题、原因、解决方法等)
学生自我总结、意见	
教师综合评价	

【评】 汽车照明信号系统的使用

根据汽车灯光信号系统使用的工作过程,填写表4-6。

表4-6 汽车照明信号系统的使用评分表

序号	考核内容	考核要点	分值	评分标准	自评得分	互评得分	教师评价	总评得分
1	前期准备	1. 劳保着装及工具准备齐全; 2. 场地选择合理整洁; 3. 设备调试正确	10	工具等准备、劳保着装、场地选择、场地清洁、设备调试符合要求,每项2分				
2	车辆准备	1. 安全停放定位; 2. 做好相关车辆防护	15	1. 车辆安全停放相关事项全面、正确5分; 2. 详实检查、记录车况5分; 3. 车辆相关防护措施全面恰当、操作正确5分				
3	就车检测	操作规范	5	使用万用表检查蓄电池电压过程完整正确5分				
4	灯光开关使用操控	1. 操作程序正确; 2. 操作方法恰当	55	1. 小灯开关使用正确5分; 2. 前照灯开关使用正确5分; 3. 雾灯开关使用正确10分; 4. 转向灯开关使用正确10分; 5. 应急闪光灯使用正确5分; 6. 室内灯使用正确5分; 7. 制动灯使用正确10分; 8. 倒车灯使用正确5分				
5	整理工位做好记录	1. 安全文明生产; 2. 及时整理工位; 3. 合理处置废旧物; 4. 如实记载使用记录	10	1. 设备复位、工具摆放整齐、清理试件、打扫场地、人走灯灭,每项1分; 2. 及时认真填写设备使用记录5分				

续表

序号	考核内容	考核要点	分值	评分标准	评价			总评得分
					自评得分	互评得分	教师评价	
6	工时定额	操作时间 10min	5	每超 1min 扣 1 分				
成绩评价说明		学生自评成绩的权重是 20%,学生互评成绩的权重是 20%,教师评价成绩的权重是 60% 优秀(≥90)□,良好(≥80)□,一般(≥70)□,及格(≥60)□,不及格(<60)□						

注：考评过程中，如果出现下列情况之一，不予进行评价。
1. 没做好安全防护，安全意识极差。
2. 不听从老师指挥，没有团队合作意识，擅离工作岗位。
3. 操作时严重违反操作规范，操作行为随意。
4. 因违章操作发生人身伤害和设备损坏事故。
5. 操作时间超过规定时间的 50%。

组长签字：　　　　　教师签字：

任务 2　汽车照明、信号、仪表及报警系统的检测与维修

学习目标

（1）叙述照明系统的组成、功能与工作过程。
（2）识读常规车型照明系统电路，查阅相关资料，分析照明系统故障的原因。
（3）在教师指导下，制订照明线路、照明装置的诊断与维修计划。
（4）实施计划，按专业要求独立或合作完成照明系统的电路检修。
（5）能够更换照明系统的元器件。
（6）能够调整前照灯的光束照射位置。

任务准备

汽车 1 辆、常用检修工具 1 套、车辆保护套件 1 套(5 件)、维修资料。

【学】　汽车照明信号系统的检测与维修

一、前照灯

1. 基本结构

前照灯主要用于夜间行车时的道路照明，灯光颜色为白色。前照灯由灯泡、反射镜和

配光镜组成,如图 4-4 所示。

现在越来越多的汽车,如 LS400,采用无配光镜的多反射镜式前照灯。相比于传统的前照灯,由于多反射镜式前照灯以透镜代替配光镜,因此可实现更清晰的照明效果。

2. 前照灯的要求

由于汽车前照灯的照明效果对夜间行车安全影响很大,故世界各国多以法律的形式规定了前照灯的照明标准。

3. 防炫目措施

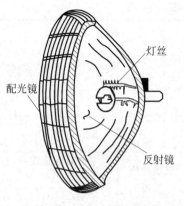

图 4-4 前照灯灯芯总成

夜间两车相会时,前照灯强烈的灯光可造成迎面驾驶员炫目,容易引发交通事故。为避免事故发生,我国交通法规规定,夜间会车时,必须在距对面来车 150m 以外互闭远光灯,改用防炫目近光灯;夜间城市道路上行驶,汽车必须使用近光灯。

4. 前照灯电路

照明系统的组成与工作原理如图 4-5 所示。

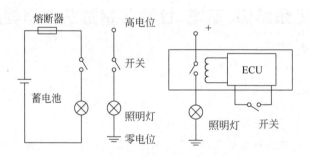

图 4-5 照明系统基本电路示意图

在前照灯和倒车灯的电路图中有蓄电池、熔断丝、点火开关、倒车灯开关、多个中继线连接器、继电器盒、前照灯、倒车灯等电器元器件。

5. 前照灯对光调整

前照灯应保证车前有明亮而均匀的照明,使驾驶员能看清车前 100m 范围内路面上的障碍物。如果前照灯光束调整不当,如光束照射位置偏移、灯光亮度不够等,会对夜间行车安全产生重大影响。

国家标准对汽车前照灯的发光强度和光束照射位置作了具体规定,并将其列为汽车安全性能的必检项目。

(1) 前照灯发光强度

发光强度:是指光源在给定方向上所能发出的光线强度,单位是坎德拉(cd)。

前照灯远光光束发光强度要求见表 4-7。

表 4-7　前照灯远光光束发光强度要求　　　　　　　　　cd

检查项目 车辆类型	新注册车			在用车		
	一灯制	两灯制	四灯制	一灯制	两灯制	四灯制
汽车、无轨电车	—	15000	12000	—	12000	10000
四轮农用运输车	—	10000	8000	—	8000	6000
三轮农用运输车	8000	6000	—	6000	5000	—

(2) 前照灯光束照射位置

机动车(除运输用拖拉机)的前照灯在距离屏幕 10m 处,光束明暗截止线转角(ECE 配光)或中心的高度应为 $(0.6\sim0.8)H$ (H 为前照灯基准中心的高度);在水平方向上,向左偏或向右偏均不能超过 100mm,如图 4-6 所示。

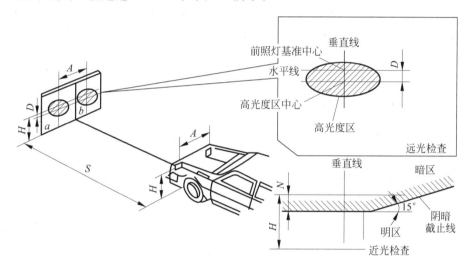

图 4-6　前照灯灯光检查

四灯制前照灯其远光单光束灯的调整要求在屏幕上光束中心离地高度为 $(0.85\sim0.90)H$,水平位置要求左灯向左偏不得大于 100mm,向右偏不得大于 170mm;右灯向右向左偏均不得大于 170mm。

机动车装备远光和近光双光束灯时以调整近光光束为主。对于只能调整远光单光束的灯,调整远光单光束。

(3) 前照灯对光调整

前照灯的对光调整是指调整发光强度和照射位置。前照灯的对光调整可以采用屏幕检验法,但是屏幕检验法只能检测照射位置,不能检测发光强度。目前,汽车维修企业广泛采用各种前照灯检测仪检测前照灯的照射位置和发光强度。

在调整或校准前照灯之前,应该先进行以下检查,以保证调整正确:清除轮胎上的石子、泥浆,清洁轮胎;确保油箱是半满状态;检查弹簧和减振器。如果弹簧和减振器受损,会影响调整结果。

前照灯的照明范围随着汽车的负荷变化而变化,当汽车负荷较大时,前照灯距地面变近,使照明范围减小;反之,照明范围则增大,使会车驾驶员炫目,容易造成事故。为克服负荷对照明的影响,部分汽车设置了前照灯自动调整系统,能根据汽车负荷的变化自动调整前照灯前倾的角度,从而使照明范围不变。

二、雾灯

雾灯一般在有雾、下雪、暴雨或尘埃等恶劣条件下使用,用来改善道路的照明状况。

当灯光控制开关在 TAIL 或 HEAD 位置,前雾灯开关转到 ON 位置时,前雾灯继电器运行,前雾灯点亮,前雾灯指示灯点亮。

对于无单独后雾灯开关的汽车,当灯光控制开关在 TAIL 或 HEAD 位置,雾灯开关从前雾灯开关的 ON 位置进一步前移,后雾灯开关接通,此时,前后雾灯均点亮。

对于有单独后雾灯开关的汽车,尾灯开启、前照灯开启、前雾灯开启,按下后雾灯开关,后雾灯将点亮。当后雾灯开启时,仪表盘上的后雾灯指示器将发亮;当其他所有灯都关闭时,后雾灯将自动熄灭;前照灯开关关闭后,即使重新打开前照灯,后雾灯也不会点亮,即后雾灯有防止驾驶员忘记关灯的功用。

三、牌照灯

牌照灯用于车辆尾部牌照的照明,以向外界显示车辆牌照号码。

四、车内照明系统

1. 车内灯

车内灯有车内照明灯和信号指示灯两类。车内照明灯一般有顶灯、阅读灯、化妆镜灯、脚坑灯、内把手灯、烟灰缸灯、杂物箱灯、行李厢灯等。

2. 进车照明系统/车内灯提示系统

(1) 进车照明系统

夜间车内很暗,难以看见点火开关和足部区域。进车照明系统可在车门关闭后,将点火开关照明灯及车内灯开亮一段时间,使驾驶员能容易将点火钥匙塞入锁芯,或看清足部区域(只有车内灯开关处于 DOOR 位置时)。点亮的时间随车型号不同而异。

(2) 车内灯提示系统

驾驶员忘记关闭车内灯而长时间离开车辆时,将导致蓄电池电量放完。车内灯提示系统可在门虚掩或开着、点火开关在 LOCK 位置未拔出或点火钥匙没有插入点火锁芯的情况下,经过一定的时间后自动关掉车内灯(包括顶灯和点火钥匙锁芯的照明)。

【教 1】 汽车前照灯检测与维修

一、技能训练过程中的安全及环保事项

参见本项目任务 1。

二、操作流程

工具准备→作业前准备→车辆检查→照明信号系统检查→查看电路图→确定检测流程→线路检测→确定故障点→排除故障→修复后检测→检测后车辆整理→整理设备工具→清洁工位→记录。

三、操作步骤

汽车前照灯检测与维修见表 4-8。

表 4-8 汽车前照灯检测与维修

序号	操作步骤	图 示	操作要领说明
1	前期准备	参见表 1-3 中的步骤 1~7	前期准备包括人员安全防护、工具量具准备、车辆防护与测试、场地整理等准备过程
2	作业前准备		
3	车辆检查		
4	照明信号系统检查	略	两人配合,一人车内操作,一人车外检测。小灯检查,正常。近光灯检查,左侧灯异常。远光灯检查,正常。转向灯检查,正常。应急警告灯检查,正常。前雾灯检查,正常。后组合灯检查,正常
		略	确定故障现象:左侧近光灯不亮
5	左侧近光灯电路检查	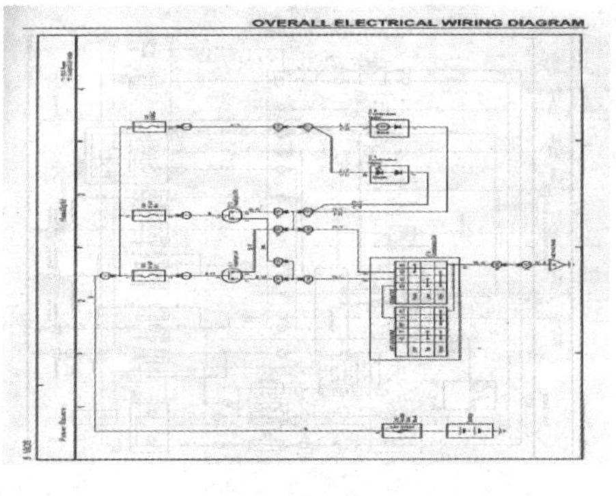	查看电路图,确定检测流程

续表

序号	操作步骤	图　　示	操作要领说明
5	左侧近光灯电路检查	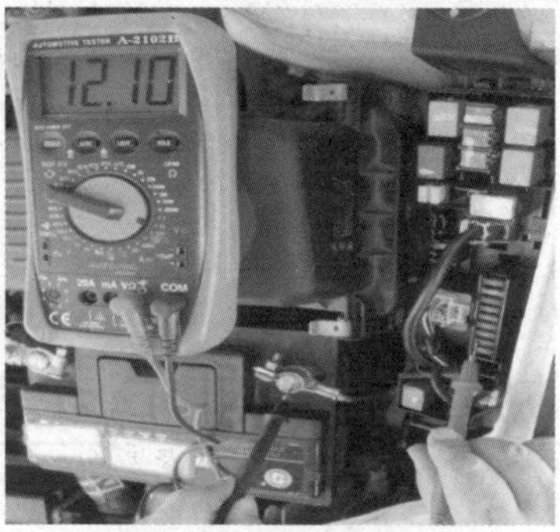	打开发动机舱盖,取下继电器盒盖,检测左侧近光灯保险丝,正常
		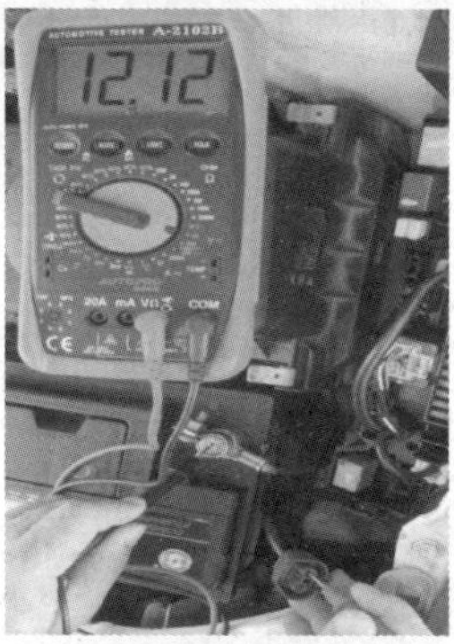	拔下左侧近光灯电线插头,检测左侧近光灯插头电源线路,正常
5	左侧近光灯电路检查		打开点火开关至ON挡,检测左侧近光灯电线插头搭铁线路,正常
		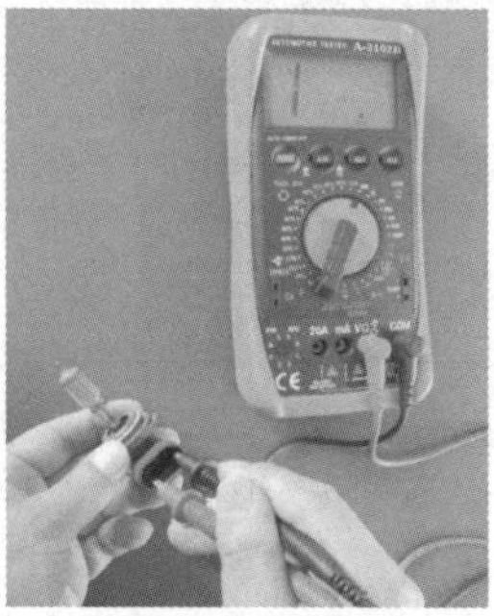	取下左侧近光灯灯泡,检测左侧近光灯灯泡,不正常

续表

序号	操作步骤	图 示	操作要领说明
6	左侧近光灯线路修复	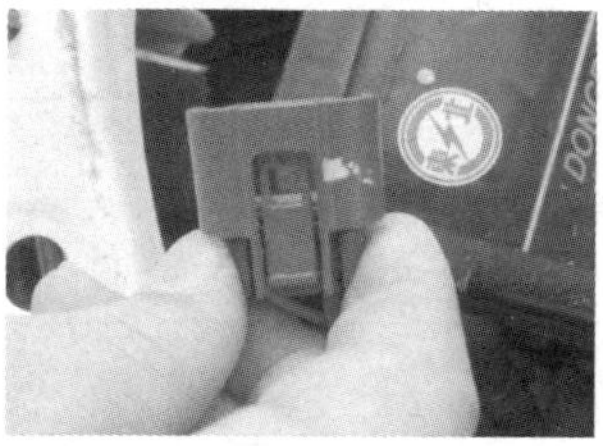	更换新的近光灯泡，装复，并装回电线插头
7	修复后灯光检测	略	检测远近光灯，正常
8	车辆恢复		装复继电器盒盖，放下发动机舱盖
9	起动试车	参见表1-3中的相关步骤	整理工作包括起动试车、整理车辆、整理工具箱、处理废旧物、清理场地、填写工单
10	整理车辆、设备、工具		
11	清洁工位场地		
12	记录		

【做 1】 汽车前照灯检测与维修

按照表 4-8 汽车前照灯检测与维修的操作过程，完成汽车前照灯检测与维修任务，并填写表 4-9。

表 4-9 汽车前照灯检测与维修工作记录卡

操作前相关知识准备
1. 按下应急警告灯开关，（　　）亮。 　　A. 前照灯　　　　B. 小灯　　　　C. 转向灯　　　　D. 雾灯
2. 当出现应急警告灯和转向信号灯都不亮的故障时，可能是由于（　　）造成的。 　　A. 转向信号灯线路损坏　　　　B. 应急警告熔断器损坏 　　C. 转向信号灯灯泡损坏　　　　D. 转向信号闪光器损坏
3. 我国交通法规定，夜间会车时，必须在距对面来车（　　）米远关闭远光灯。 　　A. 100　　　　B. 150　　　　C. 200　　　　D. 250
4.（　　）不是照明系统的灯。 　　A. 尾灯　　　　B. 转向灯　　　　C. 雾灯　　　　D. 倒车灯

续表

项目	内　容
操作所需工具、量具、设备、材料等	
工具	
量具	
设备	
材料	

实　训　要　求

操作前，要认真阅读相关安全规则手册，熟知有关安全防护常识。

学生进入实训场地，必须严格遵守实训场地要求，听从实训老师指挥，不可以擅离规定实训区域，更不可以随意触碰实训场地内的车辆、设备、材料、工具、量具等与本次课无关的物品。学生动手操作一定要在老师的指挥、监管下进行，不可以擅自主张做与当堂课业内容无关的项目，如有需求应及时向当课老师提出申请，经老师同意后在其监管下方可完成操作，以免造成人员伤害和设备损坏。

学生进入实训场地，即将自己当作一个职业人，一切言行举止要以职业人的规范行为严格要求自己，养成职业好习惯，为将来上岗做好心理上和行为上的准备。

操作过程				
序号	操作过程	操作要点 (操作过程每个步骤的要点)	操作过程记录 (故障点、坏损件、数据等)	操作过程分析 (问题、原因、解决方法等)
1	准备工作			
2	检测前灯光			
3	确认故障现象			
4	检测故障			
5	确认故障点			
6	排除故障			

续表

序号	操作过程	操作要点 (操作过程每个步骤的要点)	操作过程记录 (故障点、坏损件、数据等)	操作过程分析 (问题、原因、解决方法等)
7	维修后灯光检查			
8	车辆整理			
9	实训后5S			
学生自我总结、意见				
教师综合评价				

【评1】 汽车前照灯检测与维修

根据汽车灯光信号系统使用的工作过程,填写表4-10。

表4-10 汽车前照灯检测与维修评分表

| 序号 | 考核内容 | 考核要点 | 分值 | 评分标准 | 评价 | | | 总评得分 |
					自评得分	互评得分	教师评价	
1	前期准备	1. 劳保着装及工具准备齐全; 2. 场地选择合理、整洁; 3. 设备调试正确	10	工具等准备、劳保着装、场地选择、场地清洁、设备调试符合要求,每项2分				
2	车辆准备	1. 车辆安全停放定位; 2. 做好相关车辆防护	15	1. 车辆安全停放相关事项全面、正确5分; 2. 详实检查、记录车况5分; 3. 车辆相关防护措施全面恰当、操作正确5分				
3	就车检测	操作规范	5	使用万用表检查蓄电池电压过程完整正确5分				

续表

序号	考核内容	考核要点	分值	评分标准	评价 自评得分	评价 互评得分	评价 教师评价	总评得分
4	故障检测并排除	1. 操作程序正确； 2. 操作方法恰当	55	1. 检测前灯光方法、程序正确10分； 2. 按电路图检测故障方法正确20分； 3. 故障点准确5分； 4. 排除故障方法正确10分； 5. 修复后检测正确5分； 6. 车辆清理正确5分				
5	整理工位做好记录	1. 安全文明生产； 2. 及时整理工位； 3. 合理处置废旧物； 4. 如实记载使用记录	10	1. 设备复位、工具摆放整齐、清理试件、打扫场地、人走灯灭，每项1分； 2. 及时认真填写设备使用记录5分				
6	工时定额	操作时间10min	5	每超1min扣1分				
	成绩评价说明	学生自评成绩的权重是20%，学生互评成绩的权重是20%，教师评价成绩的权重是60%							
		优秀(≥90)□，良好(≥80)□，一般(≥70)□，及格(≥60)□，不及格(<60)□							

注：考评过程中，如果出现下列情况之一，不予进行评价。
1. 没做好安全防护，安全意识极差。
2. 不听从老师指挥，没有团队合作意识，擅离工作岗位。
3. 操作时严重违反操作规范，操作行为随意。
4. 因违章操作发生人身伤害和设备损坏事故。
5. 操作时间超过规定时间的50%。

组长签字：　　　　　　教师签字：

【教2】 汽车前照灯总成更换

一、技能训练过程中的安全及环保事项

参见本项目任务1。

二、操作流程

工具准备→作业前准备→车辆检查→拆下前照灯总成→更换前照灯总成→恢复车辆→整理工具器材→清洁工位→记录。

三、操作步骤

汽车前照灯总成更换操作步骤见表 4-11。

表 4-11 汽车前照灯总成更换

序号	操作步骤	图示	操作要领说明
1	前期准备	参见表 1-3 中的步骤 1~7	前期准备包括人员安全防护、工具量具准备、车辆防护与测试、场地整理等准备过程
2	作业前准备		
3	车辆检查		
4	拆卸前照灯总成		中网共 3 个固定位置,拆下左右两侧的固定螺栓,拆下中间固定卡扣
			按照先两侧后中间的顺序,拆下保险杠固定螺钉,共 8 个
		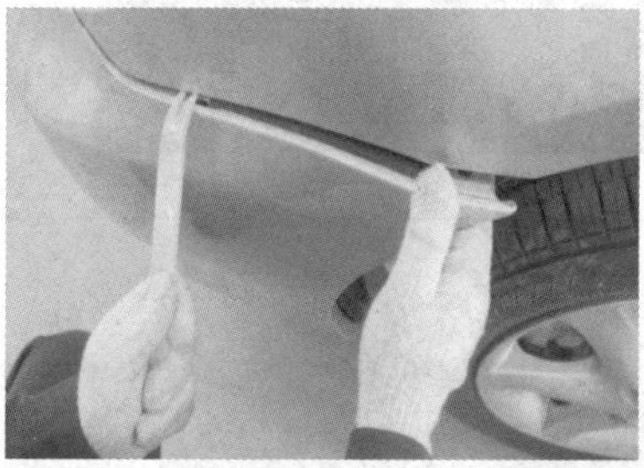	用撬板使保险杠左右上角从固定卡扣上脱开
			扶好脱出所有卡扣的保险杠

续表

序号	操作步骤	图示	操作要领说明
4	拆卸前照灯总成	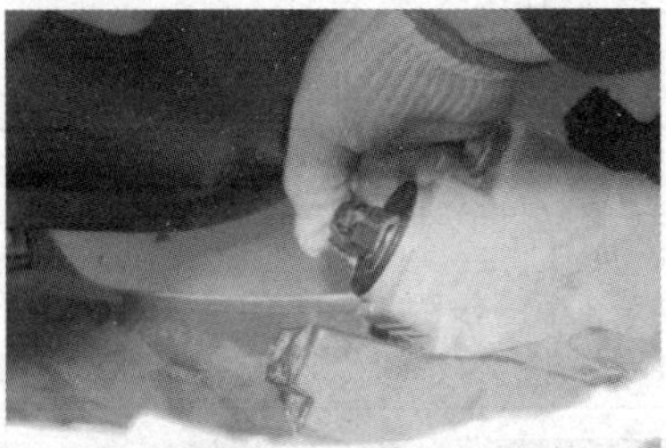	拔下两侧前雾灯电线插头,取下保险杠
	安装前照灯总成	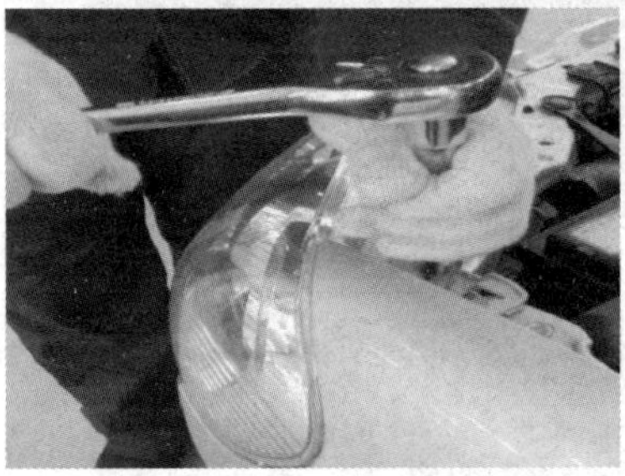	前照灯总成有3个固定螺栓,依次拆下
		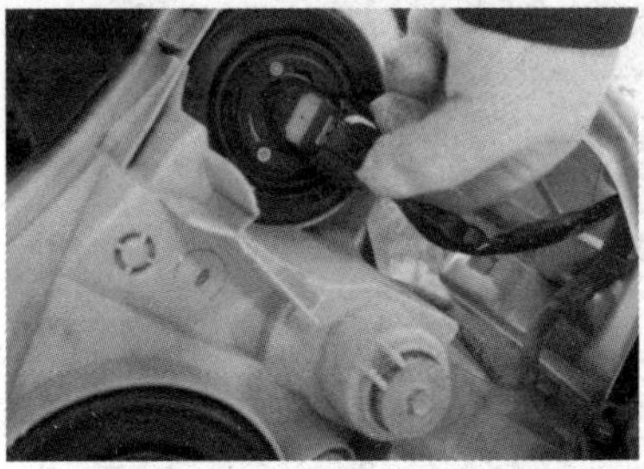	从固定销上脱出前照灯总成,拔下各灯泡的电线插头,共4个
		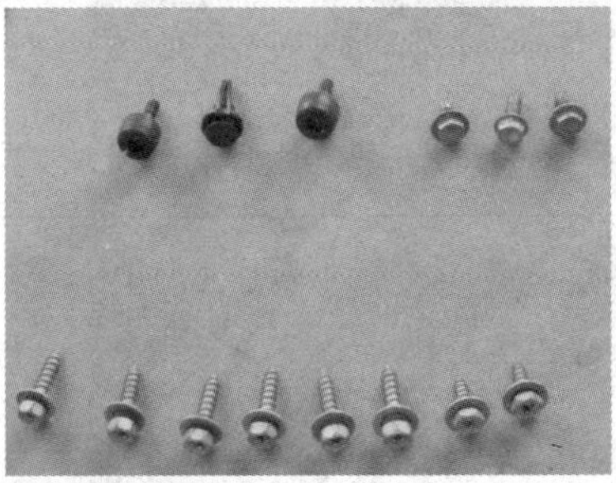	所有拆下的螺栓、螺钉规范放置工作台上

续表

序号	操作步骤	图 示	操作要领说明
4	安装前照灯总成	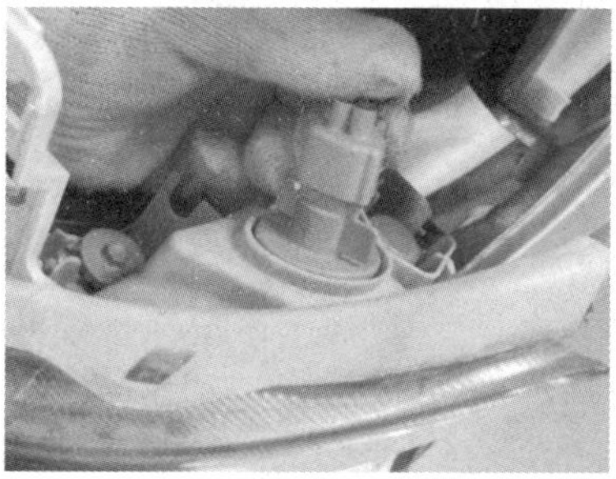	取新的前照灯总成，插上4个灯电线插头
		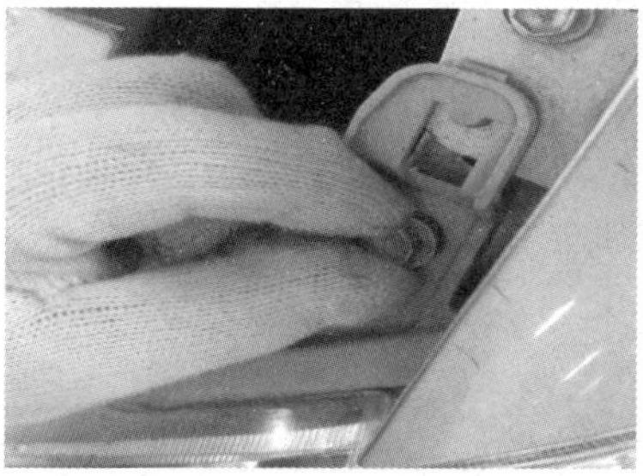	将前照灯总成安放到位，固定销安进固定销孔内，分别安好3个固定螺栓
		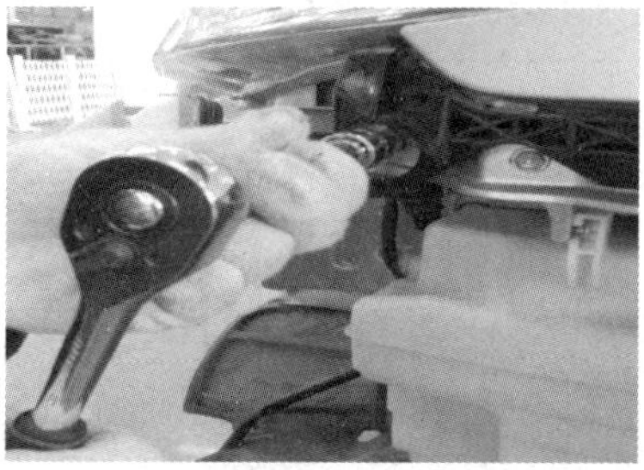	按标准力矩分别拧紧3个固定螺栓
	装复保险框	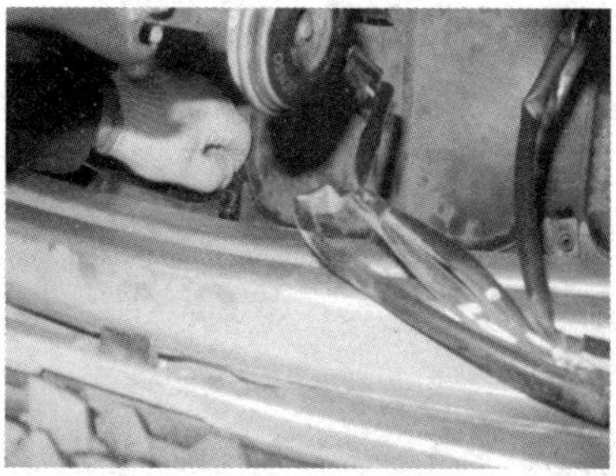	插上前雾灯电线接头，将保险杠与下护板连接到位

续表

序号	操作步骤	图示	操作要领说明
4	装复保险框		将保险杠放置到位,并拧紧 8 个保险杠固定螺钉
			装复中网固定螺栓和卡扣
	修复后灯光检测	略	前组合灯灯光检查,均正常
5	车辆整理	参见表 1-3 中的步骤 15	
6	整理设备工具	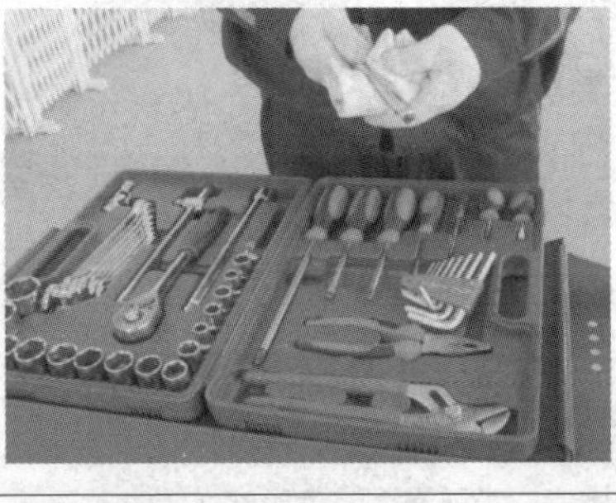	检查并清洁工具设备
7	清洁工位		
8	记录		完成工单

【做 2】 汽车前照灯总成更换

按照表 4-11 汽车前照灯总成更换的操作过程,完成汽车前照灯总成更换任务,并填写表 4-12。

表 4-12　汽车前照灯总成更换工作记录卡

操作前相关知识准备

1. 功率低、发光强度高、寿命长且无灯丝的汽车前照灯是(　　)。
   A. 投射式前照灯　　　　　　B. 封闭式前照灯
   C. 半封闭式前照灯　　　　　D. 氙灯
2. 更换卤素灯泡时,甲认为可以用手指接触灯泡的玻璃部分,乙认为不可以,你认为(　　)。
   A. 甲对　　　　B. 乙对　　　　C. 甲乙都对　　　　D. 甲乙都错
3. (　　)不在前组合灯里。
   A. 转向灯　　　B. 示宽灯　　　C. 雾灯　　　　　　D. 前照灯
4. 前照灯电路不需要(　　)。
   A. 闪光器　　　B. 继电器　　　C. 灯光开关　　　　D. 变光开关

操作所需工具、量具、设备、材料等	
项目	内　　容
工具	
量具	
设备	
材料	

实 训 要 求

操作前,要认真阅读相关安全规则手册,熟知有关安全防护常识。

学生进入实训场地,必须严格遵守实训场地要求,听从实训老师指挥,不可以擅离规定实训区域,更不可以随意触碰实训场地内的车辆、设备、材料、工具、量具等与本次课无关的物品。学生动手操作一定要在老师的指挥、监管下进行,不可以擅自主张做与当堂课业内容无关的项目,如有需求应及时向当课老师提出申请,经老师同意后在其监管下方可完成操作,以免造成人员伤害和设备损坏。

学生进入实训场地,即将自己当作一个职业人,一切言行举止要以职业人的规范行为严格要求自己,养成职业好习惯,为将来上岗做好心理上和行为上的准备。

操作过程			
序号	操作过程	操作要点 (操作过程每个步骤的要点)	操作过程记录 (故障点、坏损件、数据等)	操作过程分析 (问题、原因、解决方法等)
1	准备工作			
2	拆下保险杠			
3	拆下左侧前照灯总成			
4	装复新前照灯总成			

续表

序号	操作过程	操作要点 （操作过程每个步骤的要点）	操作过程记录 （故障点、坏损件、数据等）	操作过程分析 （问题、原因、解决方法等）
5	装复保险杠			
6	维修后灯光检查			
7	车辆整理			
8	实训后5S			
学生自我总结、意见				
教师综合评价				

【评2】 汽车前照灯总成更换

根据汽车前照灯总成更换的工作过程，填写表4-13。

表4-13 汽车前照灯总成更换评分表

序号	考核内容	考核要点	分值	评分标准	评价			总评得分
					自评得分	互评得分	教师评价	
1	前期准备	1. 劳保着装及工具准备齐全； 2. 场地选择合理整洁； 3. 设备调试正确	10	工具等准备、劳保着装、场地选择、场地清洁、设备调试符合要求，每项2分				
2	车辆准备	1. 车辆安全停放定位； 2. 做好相关车辆防护	15	1. 车辆安全停放相关事项全面、正确5分； 2. 详实检查、记录车况5分； 3. 车辆相关防护措施全面恰当、操作正确5分				
3	就车检测	操作规范	5	使用万用表检查蓄电池电压过程完整正确5分				
4	前照灯总成更换	1. 操作程序正确； 2. 操作方法恰当	55	1. 拆卸保险杠正确15分； 2. 拆卸前照灯总成正确10分； 3. 安装新的前照灯总成正确10分； 4. 安装保险杠正确15分； 5. 修复后灯光检查正确5分				

续表

序号	考核内容	考核要点	分值	评分标准	评价 自评得分	评价 互评得分	评价 教师评价	总评得分
5	整理工位做好记录	1. 安全文明生产； 2. 及时整理工位； 3. 合理处置废旧物； 4. 如实记载使用记录	10	1. 设备复位、工具摆放整齐、清理试件、打扫场地、人走灯灭，每项1分； 2. 及时认真填写设备使用记录5分				
6	工时定额	操作时间10min	5	每超1min扣1分				
成绩评价说明		学生自评成绩的权重是20%，学生互评成绩的权重是20%，教师评价成绩的权重是60%						
		优秀(≥90)□，良好(≥80)□，一般(≥70)□，及格(≥60)□，不及格(<60)□						

注：考评过程中，如果出现下列情况之一，不予进行评价。
1. 没做好安全防护，安全意识极差。
2. 不听从老师指挥，没有团队合作意识，擅离工作岗位。
3. 操作时严重违反操作规范，操作行为随意。
4. 因违章操作发生人身伤害和设备损坏事故。
5. 操作时间超过规定时间的50%。

组长签字：　　　　　　　教师签字：

【教3】 汽车仪表盘更换

一、技能训练过程中的安全及环保事项

参见本项目任务1。

二、操作流程

工具准备→作业前准备→车辆检查→拆下仪表盘→安装更换的仪表盘→车辆整理→整理设备工具→清洁工位→记录。

三、操作步骤

仪表盘更换过程见表4-14。

表4-14　汽车仪表盘更换

序号	操作步骤	图示	操作要领说明
1	前期准备	参见表1-3中的步骤1~7	前期准备包括人员安全防护、工具量具准备、车辆防护与测试、场地整理等准备过程
2	作业前准备		
3	车辆检查		

续表

序号	操作步骤	图示	操作要领说明
4	拆卸仪表盘	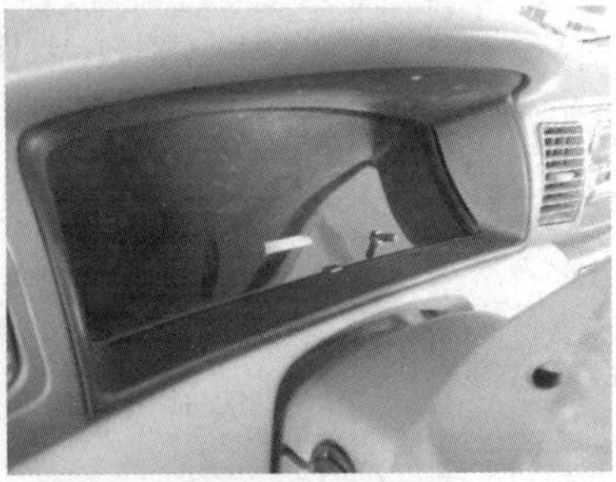	汽车仪表盘外形
			拆下上方固定螺钉
		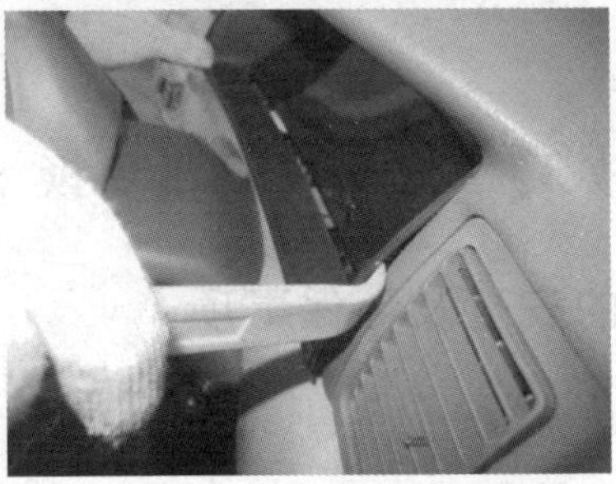	用撬板撬脱卡扣
		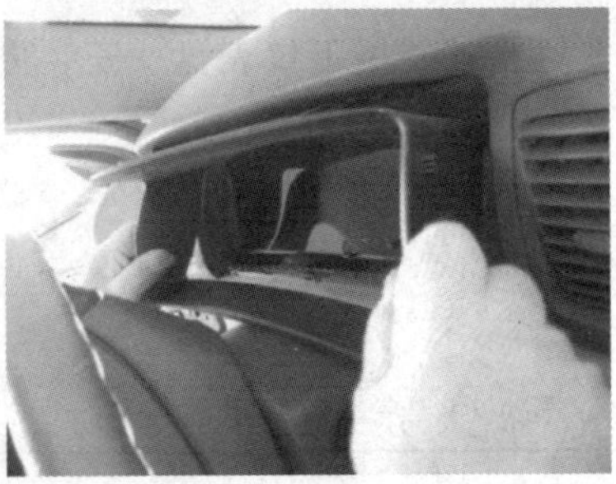	取下外装饰板

续表

序号	操作步骤	图 示	操作要领说明
4	拆卸仪表盘	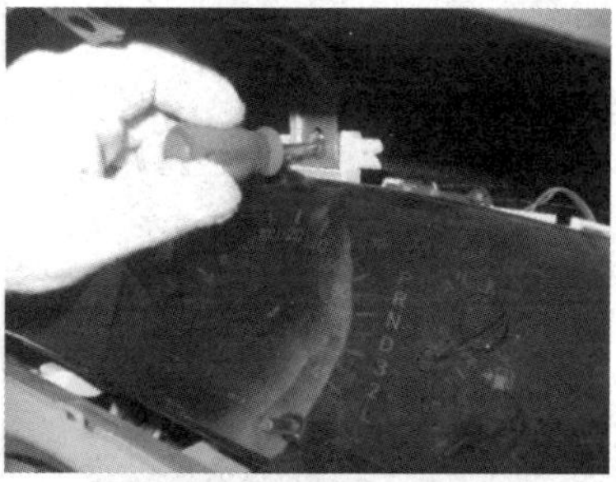	拆下仪表盘固定螺钉
		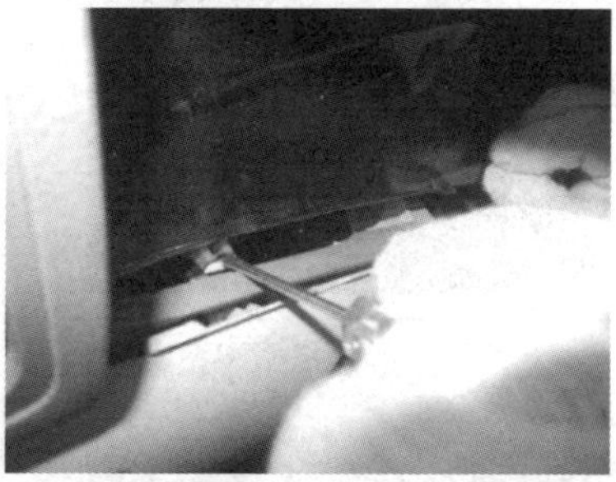	用螺丝刀顶松卡扣
		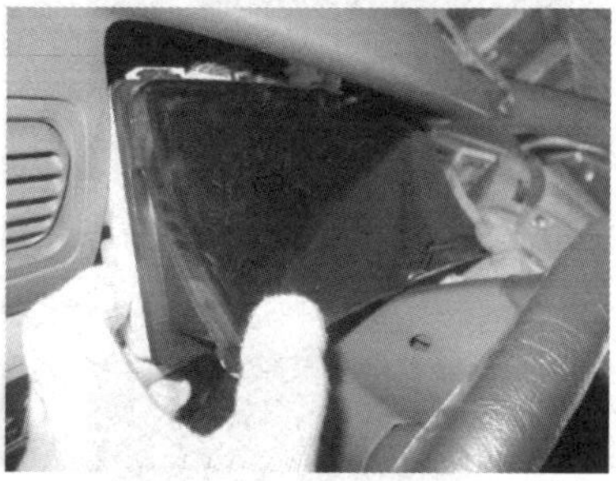	取出仪表盘
			拆下2个电线插头

续表

序号	操作步骤	图示	操作要领说明
5	安装仪表盘	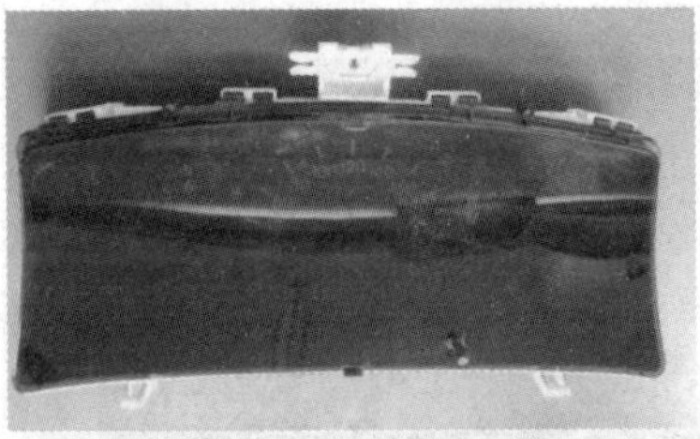	待更换的仪表盘
			插好仪表盘的2个电线插头
		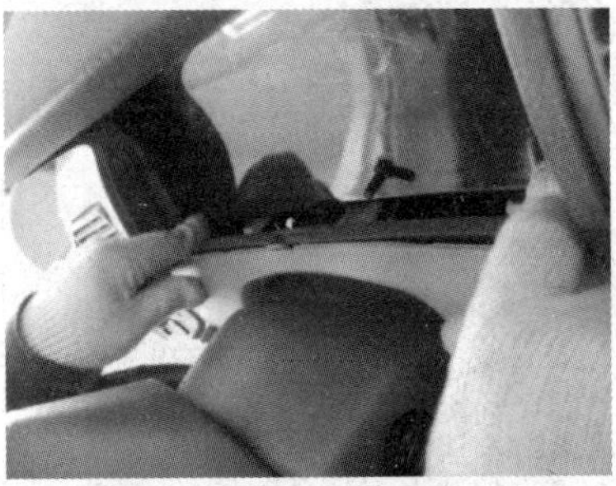	安装仪表盘,注意将下方两个卡扣安装到位
		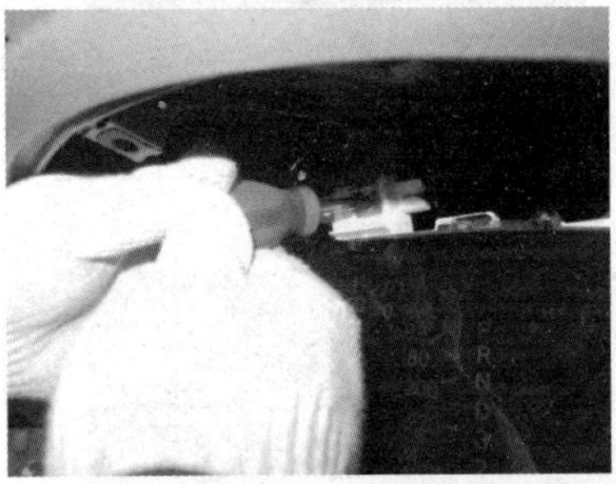	拧紧仪表盘固定螺钉
		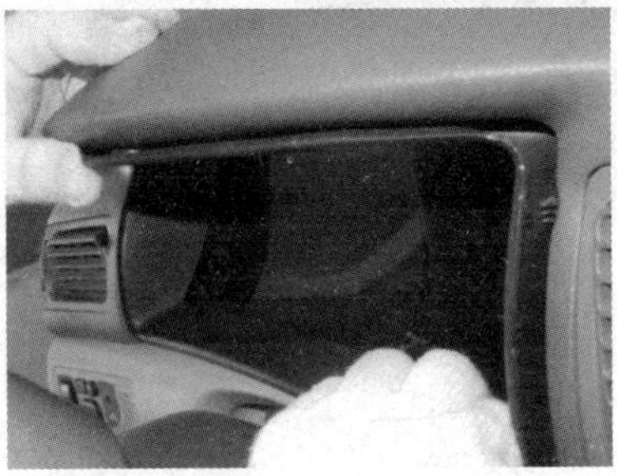	安装仪表盘外装饰板

续表

序号	操作步骤	图　示	操作要领说明
5	安装仪表盘		拧紧外装饰板固定螺钉
6	打开点火开关检查		打开点火开关,检查仪表、指示灯,正常
			关闭点火开关
7	检查后车辆整理	参见表1-3中的相关步骤	
8	整理设备工具		
9	清洁工位		
10	记录		完成工单

【做3】 汽车仪表盘更换

按照表4-14汽车仪表盘更换的操作过程,完成汽车仪表盘更换任务,并填写表4-15。

表4-15　汽车仪表盘更换操作练习工作记录卡

操作前相关知识准备

1. 对汽车插拔电线插头时,点火开关必须置于(　　)挡位上。
   A. OFF　　　　　B. ACC　　　　　C. ON　　　　　D. STR
2. 从卡扣上拆除汽车内饰时,用(　　)损伤最小。
   A. 螺丝刀　　　　　　　　　　B. 塑料撬板
   C. 刀子　　　　　　　　　　　D. 用手拉出

续表

操作所需工具、量具、设备、材料等

项目	内容
工具	
量具	
设备	
材料	

实训要求

操作前,要认真阅读相关安全规则手册,熟知有关安全防护常识。

学生进入实训场地,必须严格遵守实训场地要求,听从实训老师指挥,不可以擅离规定实训区域,更不可以随意触碰实训场地内的车辆、设备、材料、工具、量具等与本次课无关的物品。学生动手操作一定要在老师的指挥、监管下进行,不可以擅自主张做与当堂课业内容无关的项目,如有需求应及时向当课老师提出申请,经老师同意后在其监管下方可完成操作,以免造成人员伤害和设备损坏。

学生进入实训场地,即将自己当作一个职业人,一切言行举止要以职业人的规范行为严格要求自己,养成职业好习惯,为将来上岗做好心理上和行为上的准备。

操作过程

序号	操作过程	操作要点 (操作过程每个 步骤的要点)	操作过程记录 (故障点、坏损件、 数据等)	操作过程分析 (问题、原因、 解决方法等)
1	准备工作			
2	仪表盘拆下			
3	仪表盘装复			
4	装复后仪表工作情况检查			
5	实训后5S			
学生自我总结、意见				
教师综合评价				

【评3】 汽车仪表盘更换

根据汽车仪表盘更换的工作过程,填写表 4-16。

表 4-16 汽车仪表盘更换评分表

序号	考核内容	考核要点	分值	评分标准	评价 自评得分	评价 互评得分	评价 教师评价	总评得分
1	前期准备	1. 劳保着装及工具准备齐全； 2. 场地选择合理整洁； 3. 设备调试正确	10	工具等准备、劳保着装、场地选择、场地清洁、设备调试符合要求,每项 2 分				
2	车辆准备	1. 车辆安全停放定位； 2. 做好相关车辆防护	15	1. 车辆安全停放相关事项全面、正确 5 分； 2. 详实检查、记录车况 5 分； 3. 车辆相关防护措施全面恰当、操作正确 5 分				
3	就车检测	操作规范	5	使用万用表检查蓄电池电压过程完整正确 5 分				
4	汽车仪表盘更换过程	1. 操作程序正确； 2. 操作方法恰当	55	1. 仪表盘拆下方法正确 25 分； 2. 安装仪表盘方法正确 25 分； 3. 装复后仪表指示灯检查操作正确 5 分				
5	整理工位做好记录	1. 安全文明生产； 2. 及时整理工位； 3. 合理处置废旧物； 4. 如实记载使用记录	10	1. 设备复位、工具摆放整齐、清理试件、打扫场地、人走灯灭,每项 1 分； 2. 及时认真填写设备使用记录 5 分				
6	工时定额	操作时间 10min	5	每超 1min 扣 1 分				
成绩评价说明		学生自评成绩的权重是 20%,学生互评成绩的权重是 20%,教师评价成绩的权重是 60% 优秀(≥90)□,良好(≥80)□,一般(≥70)□,及格(≥60)□,不及格(<60)□						

注:考评过程中,如果出现下列情况之一,不予进行评价。
1. 没做好安全防护,安全意识极差。
2. 不听从老师指挥,没有团队合作意识,擅离工作岗位。
3. 操作时严重违反操作规范,操作行为随意。
4. 因违章操作发生人身伤害和设备损坏事故。
5. 操作时间超过规定时间的 50%。

组长签字: 　　　　教师签字:

【练】 综合练习

一、填空题

1. 照明系统包括车外和_____照明灯具。
2. 信号系统包括灯光信号和_____信号。
3. 应急警告灯_____点火开关控制。
4. 雾灯灯光颜色为_____。
5. 采用双丝灯泡的前照灯,通过_____切换远光与近光来避免炫目。

二、判断题

1. 配光屏在接通远光灯时依然起作用。（　　）
2. 前照灯由反光镜、配光屏和灯泡三部分构成。（　　）
3. 前照灯检验的技术指标为光束照射位置、发光强度和配光特性。（　　）
4. 在调整光束位置时,对具有双丝灯泡的前照灯,应该以调整近光光束为主。（　　）
5. 电热式闪光器串联在电源与转向灯开关之间。（　　）
6. 电热式水温表传感器在短路后,水温表将指向高温。（　　）
7. 电子仪表中的车速信号一般来自点火脉冲信号。（　　）
8. 电子仪表中的燃油传感器的参考电压为12V。（　　）
9. 当发动机的冷却液温度高于80℃时,水温警告灯亮。（　　）
10. 当放电警告灯亮时,说明蓄电池正在被充电。（　　）

三、选择题

1. 控制转向灯闪光频率的是(　　)。
   A. 转向开关　　　B. 点火开关　　　C. 闪光器　　　D. 双闪开关
2. 前照灯灯泡中的近光灯丝应安装在(　　)。
   A. 反光镜的焦点处　　　　　　B. 反光镜的焦点上方
   C. 反光镜的焦点下方　　　　　D. 反光镜的焦点后方

四、简答题

1. 前照灯的防炫目措施有哪些?
2. 汽车照明系统由哪些灯组成?
3. 汽车信号系统由哪些灯组成?
4. 汽车灯系中,哪些灯受点火开关控制?
5. 汽车前照灯的检测内容和检测标准是什么?

汽车空调系统使用与检修

（1）掌握汽车空调系统的功能和基本工作原理。
（2）掌握空调制冷系统的组成、基本工作原理和主要组成件的结构。
（3）学会对空调制冷系统的维护作业并会排除故障。
（4）学会利用电路图判断空调控制电路故障。

任务 1　汽车空调系统的正确使用

（1）能正确开启和关闭空调。
（2）能根据个人需要利用控制面板进行驾驶室内温度调节。
（3）认识空调系统各组成元器件并了解其作用。
（4）能够画出空调系统构成简图。
（5）能识别空调系统正常的工作状态。

汽车 1 辆、举升机 1 部、常用拆装工具 1 套、车辆保护套件 1 套(5 件)。

【学】 汽车空调的基础知识

一、汽车空调的功能及构成

汽车空调系统通常应包括暖风装置、制冷装置、通风装置、空气净化装置。其功能如下。

（1）调节温度：将车内的温度调节到人体感觉适宜的温度。

（2）调节湿度：将车内的温度调节到人体感觉适宜的湿度。

（3）调节气流：调节车内出风口的位置、出风的方向及风量的大小。

（4）净化空气：滤去空气中的尘土和杂质，或对空气进行杀菌消毒。

一般轿车空调的布置如图 5-1 所示。空调系统的控制分为手动控制和自动控制，其控制面板如图 5-2 和图 5-3 所示。

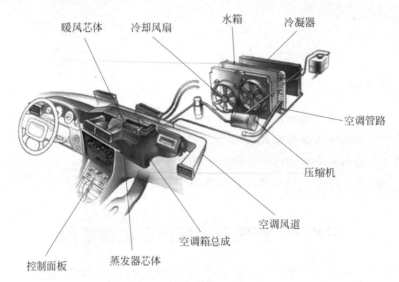

图 5-1　一般轿车空调布置

图 5-2　手动空调的控制面板

图 5-3 自动空调的控制面板

二、汽车空调系统元器件

空调系统元器件分布图如图 5-4 所示。

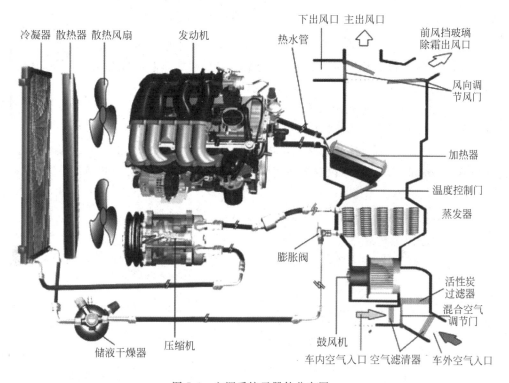

图 5-4 空调系统元器件分布图

1. 空调采暖系统（以发动机冷却液作为热源）

（1）暖风循环

暖风循环系统示意图如图 5-5 所示。

（2）采暖系统组成

① 发动机冷却系统：位于发动机舱内，由冷却液泵、发动机燃烧室周围冷却液道、节温器、散热器、溢水壶、冷却风扇和各部分连接管组成，其作用是为采暖系统提供采暖热源。只有在发动机运行状态下才存在采暖热源。

② 加热芯：位于驾驶室仪表台下方通风箱内，相当于小散热器，存储冷却液。采暖时与周围空气进行热交换，使冷空气变暖。

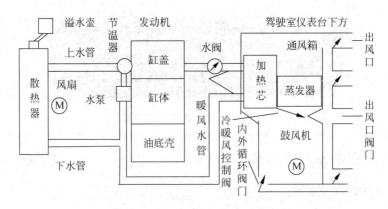

图 5-5 以冷却液为热源的采暖系统

③ 暖风水管：连接发动机冷却系统与加热芯，提供采暖时的冷却液循环通道。

④ 暖风水阀：位于暖风进水管上，负责截断或开通加热芯内冷却液的循环。由人为或计算机通过机械拉线、真空吸力或电动操纵开启或关闭。

⑤ 鼓风机：位于驾驶室内仪表台下方通风箱内，改变通过加热芯的空气流速，控制采暖效果。一般设有多个风速挡位。

⑥ 通风箱：位于驾驶室内仪表台下方，是一个密封的空间，内部主要放置加热芯、鼓风机和制冷系统的蒸发器，并设置很多阀门，用来控制驾驶室内空气的循环方式、冷暖方式及出风方式。

2. 空调制冷系统

（1）空调制冷循环分类

空调制冷循环系统分为膨胀阀式制冷系统（如图 5-6 所示）和节流管式制冷系统（如图 5-7 所示）。

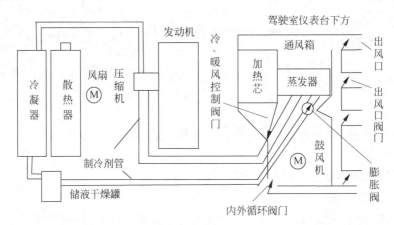

图 5-6 膨胀阀式制冷系统

在日常生活中，我们都有这样的体会：用酒精棉擦身体或手上沾了汽油时会有凉的感觉，这都是因为液体的蒸发带走了热量。

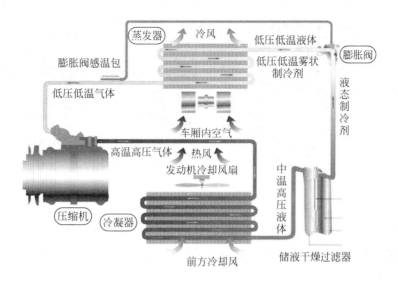

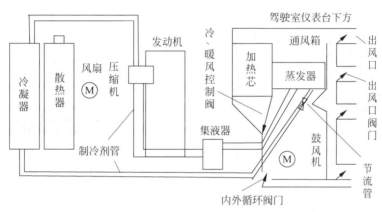

图 5-7　节流管式制冷系统

汽车空调制冷就是利用此基本原理进行热交换的,制冷过程中热量的转移是靠液体的状态变化实现的,这种液体称为制冷剂。

(2) 制冷系统组成

① 制冷剂:制冷剂的英文名称为 refrigerant,常用字母 R 来代表制冷剂,后面表示制冷剂名称,如 R12(氟利昂)、R22、R134a 等。

以前汽车空调系统常用的制冷剂是 R12,但 R12 进入大气会破坏地球的臭氧层,引起地球的温室效应。目前汽车上广泛采用 R12 的替代品 R134a。

② 压缩机:在使用制冷功能时,压缩机由皮带传动,并在电磁离合器接合时工作,如图 5-8 所示。作为制冷剂在系统中循环的动力,压缩机相对运动的部件需要润滑,由于制冷系统中的工作条件比较特殊,所以需要专门的润滑油——冷冻润滑油。

冷冻润滑油的作用除了润滑、冷却、密封、降噪外,还会随着制冷剂一起循环,所以选用的冷冻润滑油要求与制冷剂相容。

③ 节流装置(膨胀阀或节流管):节流装置安装于蒸发器入口处(驾驶室内仪表台下

(a)   (b)

图 5-8　压缩机

方的通风箱内),如图 5-9、图 5-10 所示,是空调系统高压侧和低压侧的分界点。即压缩机出口与膨胀阀或节流管入口之间形成高压部分,压缩机入口与膨胀阀或节流管出口之间形成低压部分。

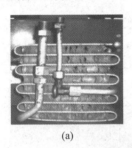
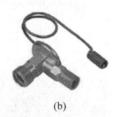

(a)   (b)

图 5-9　蒸发器入口的膨胀阀　　　　　　　图 5-10　蒸发器入口的节流管

④ 冷凝器:冷凝器外形如图 5-11 所示,其入口与压缩机出口相连,出口通向节流装置,布置在车辆最前端(散热器之前),以达到最大热交换效果。制冷系统工作时,其内部制冷剂为高温高压状态,通过与周围空气的热交换(释放热量),实现由气态到液态的转变。即进入冷凝器的是高温高压的制冷剂气体,从冷凝器出去的是中温高压的制冷剂液体。

图 5-11　冷凝器

⑤ 蒸发器：蒸发器外形如图 5-12 所示，入口与节流装置相连，出口与压缩机相连，布置在驾驶室内仪表台下方的通风箱内。制冷系统工作时，其内部制冷剂为低温低压状态，通过与周围空气的热交换（吸收热量），实现由液态到气态的转变。即进入蒸发器的是低温低压的制冷剂液体，从蒸发器出去的是低温低压的制冷剂气体。

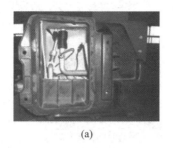
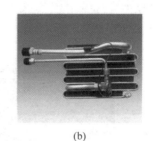

(a)   (b)

图 5-12　蒸发器

⑥ 储液干燥罐：储液干燥罐外形如图 5-13 所示，与膨胀阀系统配合使用，安装在冷凝器与节流装置之间，对液态制冷剂进行存储、过滤和干燥水分，保证制冷系统正常循环。

⑦ 集液器：又称收集干燥罐，集液器外形如图 5-14 所示，与节流管（毛细管）系统配合使用。安装在蒸发器与压缩机入口之间，对气态制冷剂进行气液分离，并滤除杂质，吸收水分，防止压缩机液击损坏，保证制冷系统正常循环。

(a)   (b)

图 5-13　储液干燥罐　　　　　　图 5-14　集液器

⑧ 风扇：风扇外形如图 5-15 所示，安装在冷凝器前端或散热器后端，与发动机冷却系统共用一个或单独设置。只要空调制冷系统运行，电子风扇就会运转，一般具有两级或

图 5-15　风扇

多级风速,加快冷凝器表面的空气流速和流量,使其内部制冷剂热量迅速散掉,快速由液态转变为气态。

⑨ 鼓风机:鼓风机外形如图 5-16 所示,位于驾驶室内仪表台下方通风箱内。空调制冷系统运行前,应先接通鼓风机,加快蒸发器表面的空气流速和流量,使其内部制冷剂进入后能够迅速吸收热量,快速由气态转变为液态。鼓风机设有多个转速挡位,可通过控制面板上的开关调节。

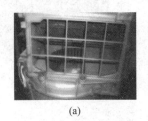
(a)
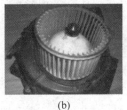
(b)

图 5-16 鼓风机

⑩ 通风箱:通风箱外形如图 5-17 所示,位于驾驶室内仪表台下方,是一个密封的空间,内部主要放置蒸发器、鼓风机和采暖系统的加热芯,并设置多个阀门,用来控制驾驶室内空气的循环方式、冷暖方式及出风方式。

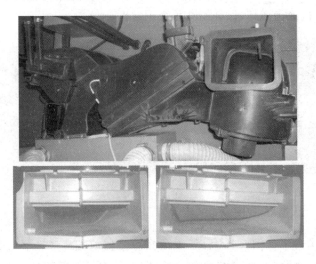

图 5-17 通风箱及风门

3. 空气通风系统

(1) 自然通风

自然通风是利用汽车行驶时,前部产生的风压将外部新鲜空气引入车内,循环后,再利用汽车尾部的负压将空气自然排出车外的通风方式,如图 5-18(a)所示。空气的入口设在正压区,出口设在负压区,形成空气的自然流动。

(2) 强制通风

强制通风是利用鼓风机强行引入一定比例的外部新鲜空气,与车内循环空气混合,再

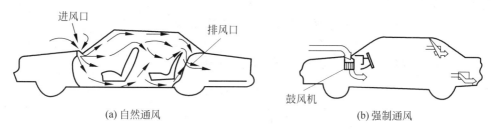

图 5-18　轿车的通风

经处理(制冷、制热、除湿)后,从不同出风口送入车内,如图 5-18(b)所示。

4. 空气净化系统

汽车空气净化系统通常有空气过滤式和静电集尘式两种。前者是在空调系统的进风和回风口处设置空气滤清装置,它仅能滤除空气中的灰尘和杂物,因此结构简单,工作可靠,只需定期清理过滤网上的灰尘和杂物即可,广泛用于各种汽车空调系统中。后者则是在空气进口的过滤器后再设置一套静电集尘装置,或单独安装一套用于净化车内空气的静电除尘装置。它除具有过滤和吸附烟尘微粒等杂质作用外,还具有除臭、杀菌作用,有的还能产生负离子以使车内空气更为新鲜洁净。

三、维修操作注意事项

(1) 为了避免维修人员吸入空调系统制冷剂 R134a 和润滑油的蒸汽或油雾,防止暴露其中刺激眼睛、鼻子和咽部,维修作业应在通风良好的区域进行。

(2) 为了保护人身安全,在操作中包括打开制冷系统时,务必戴好防尘风镜和手套,接头、阀门和连接部位必须用清洁的抹布包扎。

(3) 如果 R134a 与身体接触会造成严重冻伤和人身伤害,受伤的暴露部位应立即用冷水冲洗并及时治疗。

(4) 使用系统允许的制冷剂及相匹配的润滑油。

R12 制冷剂和 R134a 制冷剂不能混合,即使少量也不行。R12 注入 R134a 系统会造成制冷剂油沉淀,因为两者不相容,R134a 系统需加注专用润滑油:聚亚烷基二醇(PAG)。安装螺纹和 O 形密封圈处,只能使用矿物基 525 黏度制冷剂油,如使用了不同型号的润滑油,极易发生压缩机故障或附件卡滞。

(5) 如果在回收过程中从空调系统清除了制冷剂油,那么在重新添加过程中应向系统补充相同量的制冷剂油,如果由于部件更换或突然丢失而造成机油损失必须补充制冷剂油。

(6) 应使用经授权的装在密闭盖密封容器中的压缩机机油,加注制冷剂油时,传输装置和容器应洁净干爽,须最大限度地减小污染的可能性。制冷剂油是无水的,易从空气中吸水。在维修程序需要用油前不要打开装油的容器,用后立即盖好盖子。始终要把压缩机油储存在密闭封装的容器内。在开口或封装不当的容器内剩余的压缩机油会吸水,从制冷系统泄放出的压缩机油不能再用。

(7) 禁止在装有空调管路或部件的车辆上或其附近进行焊接或蒸汽清洗作业。

【教】 汽车空调系统认知

一、技能训练过程中的安全及环保事项

1. 人身安全

(1) 严格按照实训场地的实训规则进行实训。

(2) 起动车辆或设备应告知现场所有人员,避免伤害。

(3) 确保举升的车辆安全可靠后再进入车辆下方进行作业,作业时不得用力晃动车辆。

(4) 远离正在运行的设备、车辆或部件。

(5) 注意正在运转的发动机皮带、风扇、水箱、排气管、高压线,有擦伤、烫伤、电击危险。

(6) 发动机运行时,接好排气通风装置,避免尾气中毒。

(7) 实训场地严禁烟火,避免火灾。

(8) 随时留意实训场地和周围,及时发现潜在危险并妥善处理。

(9) 如有意外伤害发生,立即报告教师,及时处理,如有必要到医院治疗。

(10) 严禁私自进入驾驶室,严禁在发动机运行时私自动作驾驶室内踏板、手柄、开关。

2. 车辆安全

(1) 确保车辆驻车可靠。

(2) 正确使用车辆,车辆的移动或起动由教师来完成。

(3) 实训严格按照操作流程进行。

(4) 实验前要安装好车辆外保护5件套。

(5) 师生服饰不要有裸露坚硬部位(拉链、纽扣、腰带、戒指等),避免划伤车漆。

(6) 正确开关发动机盖,避免意外下落或关合时用力过大造成机器盖变形、车灯损坏。

(7) 利用正确的车辆举升点举升车辆,确保安全可靠。

(8) 严禁私自进入驾驶室,严禁在发动机运行时私自动作驾驶室内踏板、手柄、开关。

(9) 一旦发现车辆异常,立即停止实训,进行调整。

(10) 做好实训前后的车辆状况记录。

3. 设备安全

(1) 确保设备运行状况良好。

(2) 按使用手册正确使用设备。

(3) 做好设备使用记录。

4. 环保意识

(1) 保持实训场地卫生。

（2）发现有尾气或液体泄漏，及时有效处理。

二、操作流程

工具准备→作业前准备→车辆检查→认知空调控制面板，检查出风状况→认知空调系统元器件→实训后车辆整理→整理设备工具→清洁工位→记录。

三、操作步骤

汽车空调系统元器件认知见表5-1。

表 5-1　汽车空调系统元器件认知

序号	步　骤	图　　示	操作要领说明
1	前期准备	参见表1-3中的步骤1～7	前期准备包括人员安全防护、工具量具准备、车辆防护与测试、场地整理等准备过程
2	认知空调控制面板，检查出风状况		认知空调面板
			检查鼓风机挡位
			检查出风口

续表

序号	步骤	图示	操作要领说明
2	认知空调控制面板,检查出风状况		打开 AC 开关,出风模式检查
3	实训台上及实车上空调元器件对比认知		空调压缩机
			空调离合器
			冷凝器

续表

序号	步 骤	图 示	操作要领说明
3	实训台上及实车上空调元器件对比认知		储液干燥器
			蒸发箱
		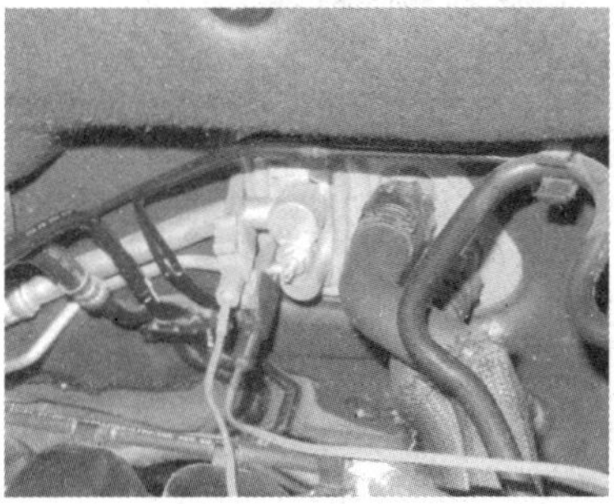	膨胀阀
			高低压管路

续表

序号	步骤	图示	操作要领说明
3	实训台上及实车上空调元器件对比认知		高低压管路维修阀
			压力开关
			空调滤芯

续表

序号	步骤	图示	操作要领说明
3	实训台上及实车上空调元器件对比认知	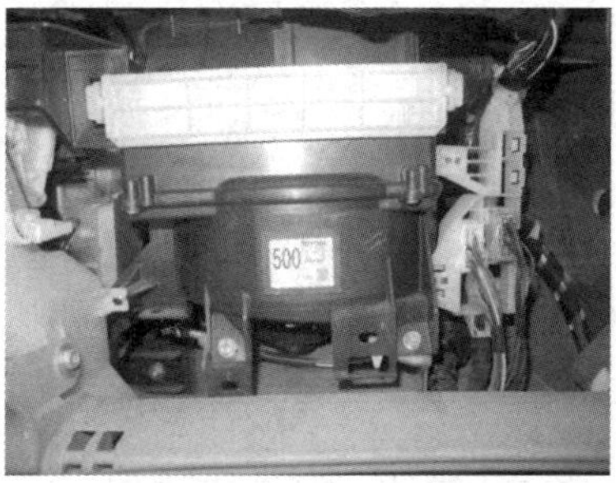	鼓风机
4	整理工作	参见表 1-3 中的相关步骤	整理工作包括起动试车、整理车辆、整理工具箱、处理废旧物、清理场地、填写工单

【做】 空调系统元器件认知

按照表 5-1 汽车空调系统元器件认知的操作过程完成空调系统元器件认知练习,并填写表 5-2。

表 5-2 空调系统元器件认知工作记录卡

操作前相关知识准备			
1. 下面各开关中用来控制空调的是( )。			
A. AT 开关		B. AC 开关	
C. ACC 开关		D. ABS 开关	
2. 手动空调,由驾乘人员自己完成对驾驶室内( )的调节。			
A. 温度	B. 湿度	C. 温度和湿度	
3. 空调工作时有( )通风模式。			
A. 内外循环	B. 冷热循环	C. 干湿循环	
4. 现在常用的汽车空调系统制冷剂是( )。			
A. R12	B. R134a	C. R22	D. R152a
5. 空调制冷系统循环动力来源是( )。			
A. 鼓风机	B. 冷凝器	C. 压缩机	D. 蒸发器
操作所需工具、量具、设备、材料等			
项目	内容		
工具			
量具			
设备			
材料			

续表

	实 训 要 求	
	操作前,要认真阅读相关安全规则手册,熟知有关安全防护常识。 学生进入实训场地,必须严格遵守实训场地要求,听从实训老师指挥,不可以擅离规定实训区域,更不可以随意触碰实训场地内的车辆、设备、材料、工具、量具等与本次课无关的物品。学生动手操作一定要在老师的指挥、监管下进行,不可以擅自主张做与当堂课业内容无关的项目,如有需求应及时向当课老师提出申请,经老师同意后在其监管下方可完成操作,以免造成人员伤害和设备损坏。 学生进入实训场地,即将自己当作一个职业人,一切言行举止要以职业人的规范行为严格要求自己,养成职业好习惯,为将来上岗做好心理上和行为上的准备。	

		操 作 过 程		
序号	操作过程	操作要点 (操作过程每个步骤的要点)	操作过程记录 (故障点、坏损件、数据等)	操作过程分析 (问题、原因、解决方法等)
学生自我总结、意见				
教师综合评价				

【评】 空调系统元器件认知

根据空调系统元器件认知的工作过程,填写表 5-3。

表 5-3 空调系统元器件认知评分表

序号	考核内容	考核要点	分值	评分标准	评价			总评得分
					自评得分	互评得分	教师评价	
1	前期准备	1. 劳保着装及工具准备齐全; 2. 场地选择合理整洁; 3. 设备调试正确	5	工具等准备、劳保着装、场地选择、场地清洁、设备调试符合要求,每项1分				

续表

序号	考核内容	考核要点	分值	评分标准	评价			总评得分
					自评得分	互评得分	教师评价	
2	车辆准备	1. 安全停放定位； 2. 做好相关车辆防护	15	1. 车辆安全停放相关事项全面、正确5分； 2. 详实检查、记录车况5分； 3. 车辆相关防护措施全面恰当、操作正确5分				
3	就车检测	操作规范	5	1. 就车检查空调传动带松紧度正确2分； 2. 使用万用表检查蓄电池电压过程完整正确3分				
4	认知过程	1. 操作程序正确； 2. 操作方法恰当； 3. 准确找出所有部件在车上位置； 4. 会看维修手册	60	1. 起动发动机顺利3分； 2. 出风口选择及设定温度正确3分； 3. 调节鼓风机转速正确3分； 4. 通风方式选择正确3分； 5. 准确找到冷凝器和储液干燥器3分； 6. 准确找到双重压力开关5分； 7. 准确找到压缩机5分； 8. 准确找到膨胀阀和蒸发器5分； 9. 区分高低压侧元器件正确5分； 10. 准确找到空调滤芯5分； 11. 准确找到加热芯5分； 12. 准确找到进出热水管和热水阀5分； 13. 准确找到水温传感器5分； 14. 准确找到高低压维修阀5分				

续表

序号	考核内容	考核要点	分值	评分标准	评价 自评得分	评价 互评得分	评价 教师评价	总评得分
5	整理工位做好记录	1. 安全文明生产； 2. 及时整理工位； 3. 合理处置废旧物； 4. 如实记载使用记录	10	1. 设备复位、工具摆放整齐、清理试件、打扫场地、人走灯灭，每项1分； 2. 及时认真填写设备使用记录5分				
6	工时定额	操作时间10min	5	每超1min扣1分				
成绩评价说明		学生自评成绩的权重是20%，学生互评成绩的权重是20%，教师评价成绩的权重是60%						
		优秀(≥90)□，良好(≥80)□，一般(≥70)□，及格(≥60)□，不及格(<60)□						

注：考评过程中，如果出现下列情况之一，不予进行评价。
1. 没做好安全防护，安全意识极差。
2. 不听从老师指挥，没有团队合作意识，擅离工作岗位。
3. 操作时严重违反操作规范，操作行为随意。
4. 因违章操作发生人身伤害和设备损坏事故。
5. 操作时间超过规定时间的50%。

组长签字：　　　　　教师签字：

【练】 综合练习

一、填空题

1. 汽车空调是用来改善汽车舒适性的设备，可以对车内空气的_____、湿度进行调整。
2. 汽车维修前，需要安装车辆室内外_____。
3. 发动机运行时，接好_____装置，避免尾气中毒。
4. 空调的调节系统有手动和_____之分。
5. 空调工作时有两种通风模式，一种为_____循环，另一种为_____循环。
6. 水暖式采暖系统的热源是发动机_____。
7. 在蒸发箱_____口处，一般装有空气滤网。
8. 汽车空调通风系统有_____通风和强制通风两种。

二、判断题

1. 发动机冷却系统，一直为空调采暖系统提供采暖热源。　　　　　　　　　　（　　）
2. 空调滤清器，清洗时取出过滤装置，打开AC开关，将冷气调到最低挡。　　（　　）
3. 小轿车压缩机的动力来源是发动机。　　　　　　　　　　　　　　　　　　（　　）

4. 汽车空调制冷系统可以同时充注多种制冷剂。 （ ）
5. 鼓风机位于发动机舱内。 （ ）
6. 用来控制驾驶室内空气的循环方式、冷暖方式及出风方式的装置是蒸发箱。
 （ ）
7. 作为制冷剂在系统中循环动力的是发动机。 （ ）
8. 将整个系统分成高压、低压两部分的是热水阀。 （ ）
9. 进入冷凝器的是高温高压的制冷剂气体,从冷凝器出去的是中温高压的制冷剂液体。 （ ）
10. 进入蒸发器的是低温低压的制冷剂气体,从蒸发器出去的是低温低压的制冷剂液体。 （ ）

三、选择题

1. 下列关于汽车空调的说法,正确的是（ ）。
   A. 车辆的空调采暖是使用蒸发器作为热交换器以加热空气
   B. 车辆的空调制冷是使用暖风水箱作为热交换器以冷却空气
   C. 长期使用的车辆,应定期地检查制冷剂量
   D. 进入蒸发器的是低温低压的制冷剂气体,从蒸发器出去的是低温低压的制冷剂液体
2. 下面（ ）不是常用的温度标示方法。
   A. ℃　　　　　B. ℉　　　　　C. K　　　　　D. H
3. 现在汽车空调中常用的制冷剂是（ ）。
   A. R12　　　　B. R22　　　　C. R401a　　　D. R134a
4. 汽车空调制冷系统低压区部件是（ ）。
   A. 冷凝器　　　　　　　　　　B. 蒸发器
   C. 膨胀阀进口处　　　　　　　D. 压缩机出口处
5. 空调滤清器清洗时取出过滤装置,打开车门、车窗,将冷气调到（ ）。
   A. 最低挡　　　　　　　　　　B. 中间挡
   C. 最高挡　　　　　　　　　　D. 哪挡都行

四、简答题

1. 热量的传递方式有哪几种?
2. 汽车空调系统中使用的制冷剂有哪几种?
3. 画出汽车空调系统构成简图?
4. 汽车空调自然通风和强制通风有何区别?
5. 汽车空调主要部件在轿车上的布置位置。
6. 空调冷暖系统的工作过程。
7. 空调暖风系统检查与保养的操作流程。
8. 空调制冷系统检查的操作流程。

六、拓展练习

汽车空调的发展方向。

任务2　汽车空调系统的检测与维修

(1) 了解手动空调制冷系统基本电路。
(2) 掌握制冷系统检漏、抽真空、充注的方法。
(3) 了解电控空调系统的组成,掌握各元器件的作用。
(4) 掌握电控空调的控制原理,学会使用计算机检测仪对车辆空调系统进行诊断,并会排除故障。

汽车1辆,常用拆装工具1套,车辆内外保护套件,电子检漏仪,制冷剂充注回收机1台(内存有与制冷系统一致的制冷剂),计算机检测仪,冷冻机油。

【学1】　手动空调系统基本电路

不同车型,空调的控制电路不同;同一车型的空调,因有手动空调与自动空调之分,其控制电路也不相同。自动空调由手动空调演变而来,手动空调的基本控制原理大体相同,都是由鼓风机控制电路、压缩机电磁离合器控制电路、风扇电动机控制电路、暖气系统控制电路、发动机转速与温度控制电路、空调系统保护电路组成。这里主要介绍手动空调的控制电路。

汽车空调系统基本控制电路原理图如图 5-19 所示。

1. 电源控制电路

控制电流:蓄电池→点火开关→熔断丝1→空调继电器电磁线圈→鼓风机开关(不在OFF位置)→搭铁。

空调继电器电磁线圈通电后,其触点吸合,于是有电流通过:蓄电池→熔断丝2→空调继电器,之后分为两路,一路到鼓风机,一路到压缩机。

2. 鼓风机控制电路

控制电流:蓄电池→熔断丝2→空调继电器→鼓风机电动机,因鼓风机开关位置不同,接线分为以下几种情况。

OFF挡:由于空调继电器磁化线圈断路,空调继电器断开,无电流通过,鼓风机与压缩机均停转。

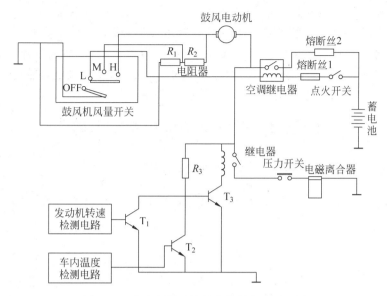

图 5-19 汽车空调系统基本控制电路原理图

L 挡：鼓风机→R_2→R_1→搭铁，电阻最大，风量最小。
M 挡：鼓风机→R_2→搭铁，电阻居中，风量居中。
H 挡：鼓风机→搭铁，电阻最小，风量最大。

3．电磁离合器控制电路

在点火开关置于点火位置、鼓风机开关开启、空调放大器继电器吸合、压力开关闭合（若电磁离合器控制电路还串有其他控制开关，也应闭合）的情况下，压缩机才能工作，其电路为：蓄电池→熔断丝2→空调继电器→空调放大器继电器→压力开关→电磁离合器→搭铁。

4．发动机转速控制电路

为了避免发动机低速运转时接入空调后引起的发动机熄火或发动机过热现象，一般空调系统都设有发动机转速控制电路。

工作原理：发动机转速检测电路将点火线圈传来的点火脉冲信号转变成一个连续变化的电压信号，且发动机转速越低，该电压就越高。当发动机转速低于规定值（800r/min）时，该电压（即 T_1 的基极电位）便上升使 T_1 导通，T_1 导通则 T_2 截止，空调放大器继电器线圈断电，触点断开，电磁离合器断电，压缩机停止工作。当发动机转速上升到高于规定值时，转速检测电压又下降使 T_1 截止，T_3 便导通（假设此时 T_2 亦截止），空调放大器继电器磁化线圈通电，触点吸合，电磁离合器通电，压缩机又开始工作。

5．温度控制电路

空调制冷系统工作，蒸发器表面温度下降到一定值时，其表面就会结霜或结冰，这将影响蒸发器的热交换效率，造成制冷能力下降，因此设有温度控制电路。温度控制电路的传感器是一个具有负温度系数的热敏电阻，它安装在蒸发器出口处，检测蒸发器出风口的冷气温度。

蒸发出口冷气温度越低,热敏电阻阻值就越大,输入到温度电路后,产生的转换电压就越高。当蒸发器出口结霜或结冰时,温度转换电压便升高到使 T_2 导通,于是 T_3 截止,空调放大器继电器磁化线圈断电,触点断开,电磁离合器断电,压缩机停转。当然蒸发器表面温度回升时,温度转换电压下降到使 T_2 截止,T_3 导通,空调继电器磁化线圈又通电,触点吸合,电磁离合器通电,压缩机又开始工作。

【学2】 汽车空调电控系统组成

一、汽车空调电子控制系统的基本组成

汽车自动空调的电子控制系统包括传感器、控制器和执行器三部分,其基本组成如图 5-20 所示。

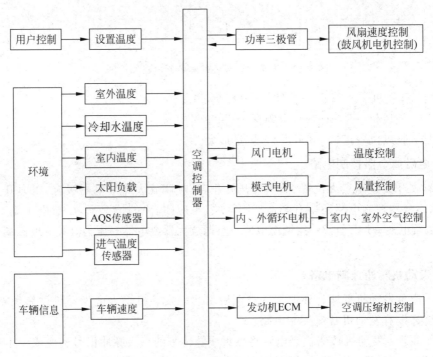

图 5-20 汽车空调电子控制系统组成

1. 传感器

汽车空调电子控制系统一般设有蒸发器温度传感器、发动机冷却液温度传感器、车内和车外温度传感器、阳光传感器及各压力开关等,用于将蒸发器出口温度、发动机温度、车内外温度、阳光照射强度及制冷系统压力异常等参数转换为相应的电信号,并输送给电子控制器。

2. 控制器

以微处理器为核心的电子控制器根据各传感器及各开关的输入信号对空调的工作状态、热负荷、发动机的工况与状态等进行分析判断,并输出控制信号,控制执行器工作,使

空调系统运行于最佳状态。

3. 执行器

微处理器控制的汽车空调通常设有温度调节、风量与送风方式调节、压缩机运行控制、热水阀控制等执行器,执行器按照电子控制器输出的控制信号工作,实现空调的最佳状态控制和安全保护。

二、汽车空调电子控制系统的控制原理

1. 经济运行方式

当司机按下空调控制面板的"ECON"按键时,空调系统就会工作在经济运行方式,微处理器根据车内外温度传感器的信号控制压缩机在尽可能少的时间内工作,甚至不工作的情况下保持车内设置温度。比如,在春秋季节车外温度与设定温度相差不大,控制器便选择在此方式下工作,以达到节能的目的。

2. 温度基本控制原理

电子控制器根据各温度传感器的输入电信号和空调控制面板设定值进行计算分析,并对是否需要调节温度做出判断,然后输出相应的调控信号,通过相应的执行机构,对压缩机的工作、送风温度、送风模式及暖风热水阀开度等进行控制,以实现对车内空气温度的自动控制,使空调控制系统能对车内环境进行全季节、全方位、多功能的最佳调节和控制。

3. 异常检测与保护控制

当空调系统出现压力过高或过低、温度过高等异常情况时,控制器根据相关传感器或开关信号做出压力或温度异常的判断,并输出控制信号,使压缩机停止工作或使冷却风扇高速运转,以确保系统正常工作,避免制冷系统部件遭受损坏。

4. 故障自诊断

电子控制器通过自诊断程序对输入的传感器信号和执行器电路的反馈信号进行监测,当电子控制系统出现故障,其信号缺失或信号异常时,电子控制器中的自诊断程序就会立刻做出相关电路和部件有故障的判断,通过相应的指示灯闪烁发出警告信号,并以故障码的形式储存相应的故障信息。

三、空调自动控制系统

为了保证空调系统在任何情况下都能有效地工作,并使空调系统、发动机在恶劣的情况下得到保护,需要对一些极端工况条件采取自动控制。

1. 发动机冷却系统的控制

电动风扇旋转由发动机冷却液温度和受空调系统压力控制的温控电路控制。

(1) 冷却液达到96℃时,电动风扇低速运转。

(2) 冷却液达到101℃时,电动风扇高速运转。

(3) 冷却液达到112℃时,报警。

(4) 接通空调系统,电动风扇低速运转(不论冷却液温度高低)。

(5) 空调系统高压侧的压力达到 1.9MPa 时,风扇高速运转。

(6) 冷却液达到 112℃ 时,切断通往压缩机的电源。

(7) 冷却液超过 112℃ 时,停机后,电动风扇仍然低速运转,进行 6min 的延时冷却(发动机延时冷却保护)。

(8) 若冷却液温度传感器损坏,温控电路得不到正确的冷却液温度信号时,将认为发动机处于大负荷运转状况,使电动风扇高速运转。

2. 空调系统的压力保护

空调系统的压力保护由装在干燥罐上的压力开关来实现。

(1) 低压保护:$p<0.25$MPa 时,断开压缩机电路。

(2) 超压保护:$p\geq2.4$MPa 时,断开压缩机电路。

(3) 正常压力为 0.25~2.4MPa 时,控制空调怠速。

(4) 控制高压:$p\geq0.17$MPa 时,控制电动风扇高速运转。

3. 蒸发器温度的控制

为了防止蒸发器周围潮气冻结,由蒸发器、传感器和空调压缩机组成温度调节装置。

(1) 蒸发器温度传感器的电阻值:10℃ 时为 9250Ω;20℃ 时为 5850Ω;25℃ 时为 4650Ω;30℃ 时为 4000Ω。

(2) 空调压缩机工作界限值:1℃ 时,温度传感器电阻为 15500Ω,压缩机断开;3℃ 时,传感器电阻为 14000Ω,压缩机接通。

【学3】 空调检测常用设备

空调制冷系统泄漏的故障率是非常高的,维修过程中需要利用科学的方法精确地找到泄漏点,并对漏点进行修复、检验。最后重新对制冷系统进行充注与试验。

一、汽车空调系统的检漏

制冷剂泄漏是汽车空调系统最常见的故障之一,制冷剂泄漏严重将会导致空调制冷系统制冷不足或不制冷。制冷系统中制冷剂的量可以通过观察视窗了解。视窗大多安装在储液干燥器上,个别也安装在从储液干燥器到膨胀阀之间或冷凝器到储液干燥器之间的管路上。检查时,起动发动机,并将转速稳定在 1500~2000r/min,空调功能键置于最大制冷状态,鼓风机置于最高转速,接通空调制冷系统 5min 后通过视窗进行观察,会看到 5 种情况,如图 5-21 所示。

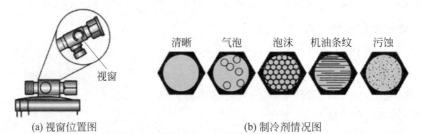

(a) 视窗位置图　　　　　(b) 制冷剂情况图

图 5-21　视窗迹象

1. 清晰、无气泡

清晰、无气泡，说明制冷剂适量。若开、关空调机的瞬间制冷剂起泡沫，随后就变清，也同样说明制冷剂适量。如果开、关空调机从视窗内看不到动静，而且出风不冷，压缩机进出口之间没有温差，则说明制冷剂已漏光。若出风不够冷，而且关闭压缩机后无气泡、无流动，则说明制冷剂过多。

2. 偶尔出现气泡

若偶尔出现气泡，并且伴有膨胀阀结霜，则说明系统中有水分。若无膨胀阀结霜现象，则可能是制冷剂少量缺少或有空气进入。

3. 有泡沫出现

若有泡沫不断出现，则说明制冷剂不足。如果泡沫很多，也可能是因为有空气存在。若判断为制冷剂不足，则要查明原因，不要随便补充制冷剂。由于胶管内制冷剂存在自然泄漏问题，因此若是空调系统使用两年后发现制冷剂不足，则可以判断为胶管自然泄漏。

4. 出现机油条纹

若视窗的玻璃上有条纹状的油渍，则说明冷冻机油量过多。此时应从系统内释放一些冷冻机油，再加入适量的制冷剂。

5. 出现污蚀

若视窗上留下的油渍是黑色的或有其他杂物，则说明系统内的冷冻机油已变质，必须清洗制冷系统。

由于制冷剂无色、无味，所以检查制冷剂的泄漏存在一定的困难，可以采用多种方法，有时也需要借助一些仪器设备。目前制冷剂的常用检漏方法有观察法检漏、肥皂泡沫检漏、电子检漏仪检漏、染料示踪法检漏、加压法检漏和真空法检漏等。

二、歧管压力表组件

1. 歧管压力表组件的作用

歧管压力表组件是维修汽车空调系统必不可少的重要设备，空调系统维修的基本作业，例如充注制冷剂、添加冷冻机油、系统抽真空等都离不开歧管压力表组件装置，汽车空调系统故障的诊断与排除也需要此设备。

2. 歧管压力表组件的结构

歧管压力表组件由两个压力表（低压表和高压表）、两个手动阀（高压手动阀和低压手动阀）、三个软管接头（一个接低压工作阀，一个接高压工作阀，一个接制冷剂罐或真空泵吸入口）组成，这些部件都装在表座上，形成一个压力计装置，如图5-22所示。

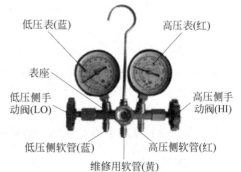

图5-22 歧管压力表组件

3. 歧管压力表组件的使用

歧管压力表组件装置的使用方法如下。

（1）当高压手动阀 B 和低压手动阀 A 同时全关闭时，可以对高压侧和低压侧的压力进行检查，如图 5-23(a)所示。

（2）当高压手动阀 B 和低压手动阀 A 同时全开时，全部管连通。如果接上真空泵，便可以对系统抽真空，如图 5-23(b)所示。

（3）当高压手动阀 B 关闭，而低压手动阀 A 打开时，可以从低压侧充注气态制冷剂，如图 5-23(c)所示。

（4）当低压手动阀 A 关闭，而高压手动阀 B 打开时，可使系统放空，排出制冷剂，也可由高压侧充注液态制冷剂，如图 5-23(d)所示。

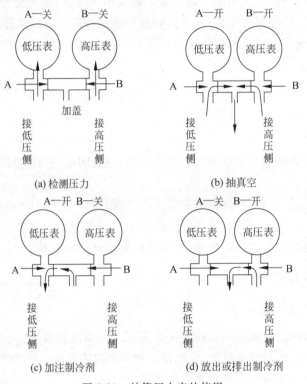

图 5-23　歧管压力表的使用

4. 歧管压力表组件使用时的注意事项

（1）歧管压力表组件是精密仪器，必须细心维护，不要损坏，而且要保持清洁。

（2）不使用时，要防止软管中进入水分和脏物。

（3）使用时要把管内空气排尽。

（4）压力表接头与软管连接时，只能用手拧紧，不能用工具拧紧。

三、制冷剂注入阀

制冷剂注入阀是打开小容量制冷剂罐的专用工具，它利用蝶形手柄前部的针阀刺破制冷剂罐,通过注入阀接头把制冷剂引入歧管压力表组件,如图 5-24 所示。

四、真空泵

真空泵是汽车空调制冷系统安装、维修后抽真空不可缺少的设备,利用它可去除系统内的空气和水分等物质。常用的真空泵如图 5-25 所示。

五、制冷剂回收与充注装置

汽车空调制冷系统维修要消耗相当多的制冷剂,每次维修时若直接将原系统内的制冷剂排入大气中,再另行充加新制冷剂,不仅会浪费制冷剂,也会对大气造成污染。因而维修时要求采用制冷剂回收充注机对制冷剂进行回收再利用,制冷剂回收充注机如图 5-26 所示。

图 5-24　制冷剂注入阀

图 5-25　真空泵

图 5-26　制冷剂回收充注机

【教 1】　空调压缩机电路故障检测与修理

一、技能训练过程中的安全及环保事项

参见本项目任务 1。

二、操作流程

工具准备→作业前准备→车辆检查→利用故障解码器检测故障→排除故障→检查后车辆整理→整理设备工具→清洁工位→记录。

三、操作步骤

压缩机执行电路不良可能有继电器本体故障、电源线断路、搭铁线断路、控制线断路、保险丝断路等故障,本流程只假设其中的一个故障点。

空调压缩机电路故障检测与修理见表 5-4。

表 5-4 空调压缩机电路故障检测与修理

序号	步骤	图示	操作要领说明
1	准备工具、设备、器材、资料		工具车内工具、设备检查是否清洁无损
			故障解码器
		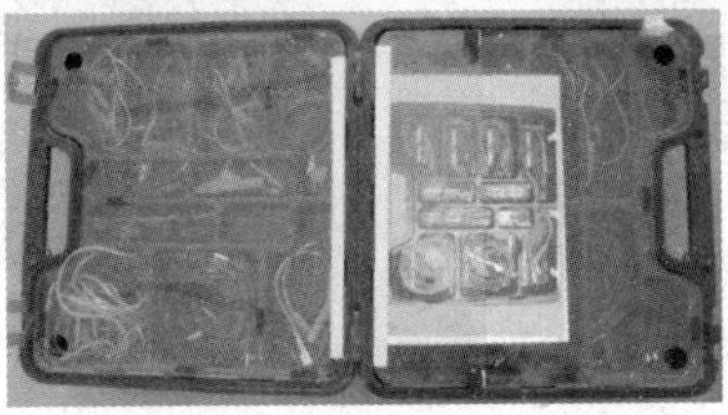	检测线盒
		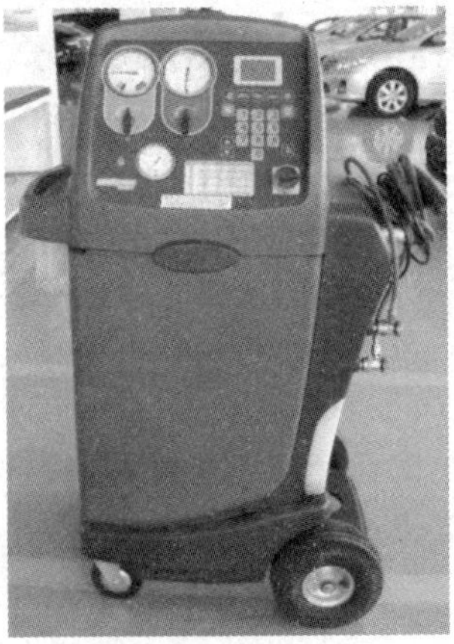	制冷剂回收充注机

续表

序号	步骤	图示	操作要领说明
2	车辆准备	参见表 1-3 中的步骤 3~7	
3	车辆检查		
4	读取空调系统静态压力	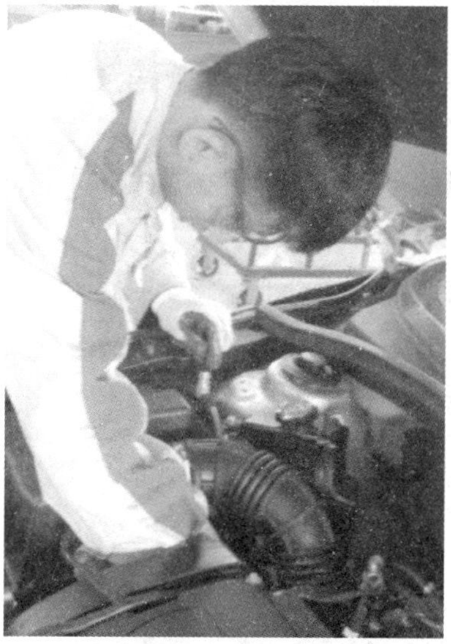	取下空调高低压防护帽
			空调回收加注机接通电源,确认高低压阀处于关闭状态
			安装高低压管路接头,静态压力应为 300~600kPa
5	起动前安全检查		手刹拉起、变速杆置于 P 挡,仪表显示正常

续表

序号	步骤	图示	操作要领说明
6	车辆空调系统工作状态检查		起动车辆，打开鼓风机，按下 AC 开关
			检查风扇，风扇不转；检查压缩机，压缩机不工作
7	使用故障解码器检测车辆故障	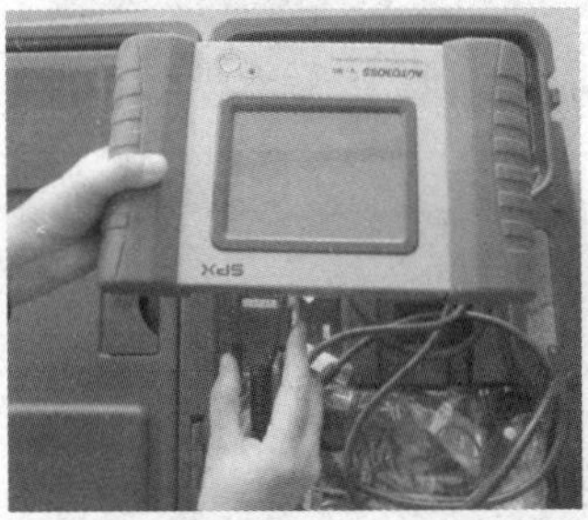	连接主测试线到故障解码器上
			连接主测试线另一头到汽车自诊断座上
			点火开关开至点火挡位，故障解码器开机，选择故障诊断程序

续表

序号	步骤	图示	操作要领说明
7	使用故障解码器检测车辆故障		选择待诊断汽车资料
			进入发动机控制模块,读取故障码,起动汽车,读取数据流
			进入遥控加热器和空调控制模块读取故障码,读取数据流
			分析数据,判断故障范围
			退出程序,关机,关闭点火开关

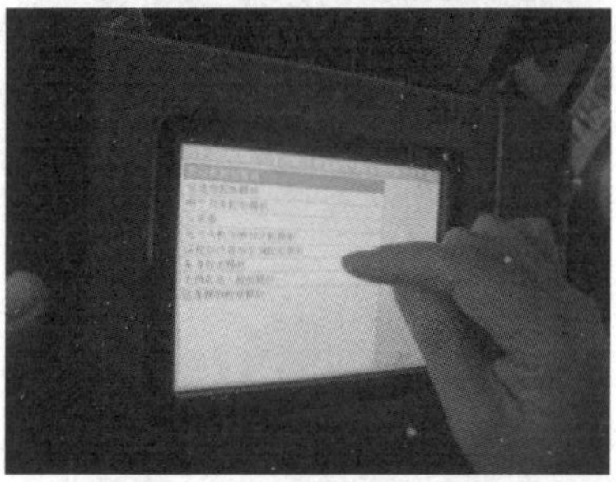

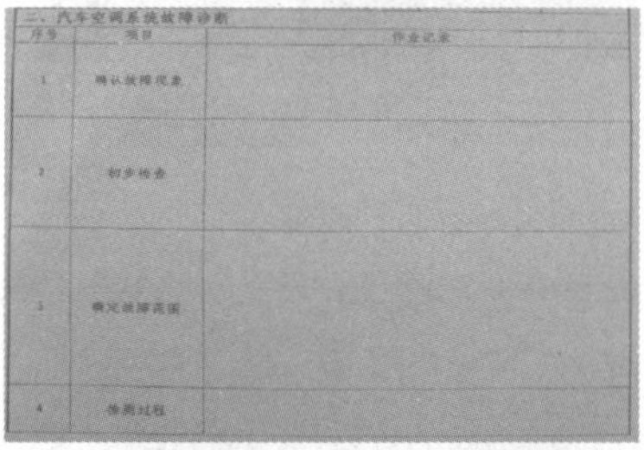

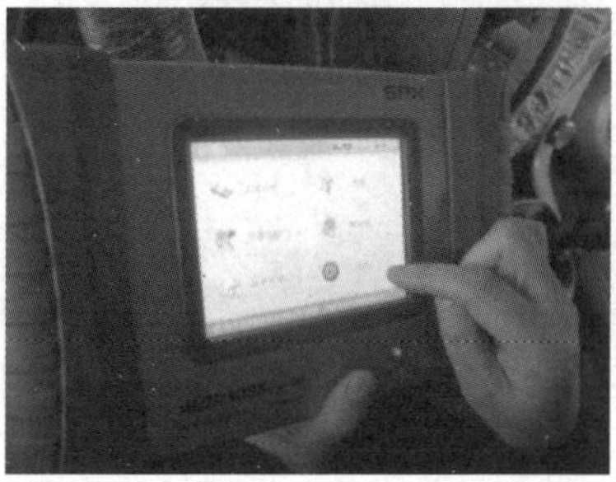

续表

序号	步骤	图示	操作要领说明
8	故障诊断	略	查阅维修手册,确定检测流程
			取下发动机室的继电器盒盖,拔下空调压缩机离合器继电器
		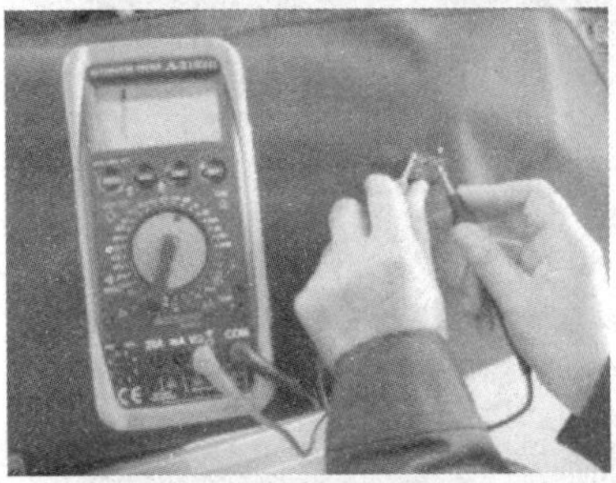	空调压缩机离合器继电器静态检查,30脚、87脚不通,正常
		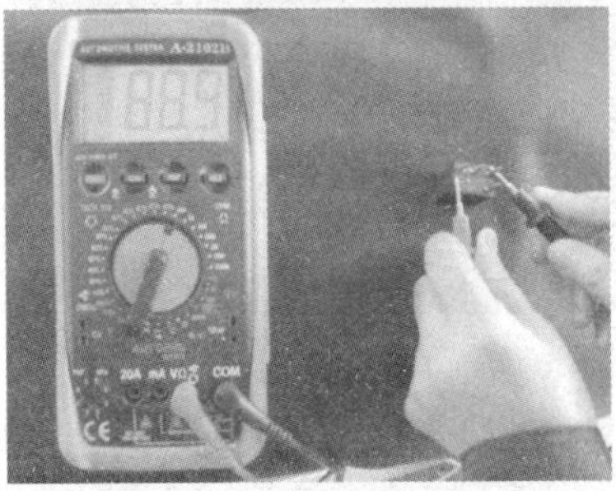	85脚、86脚间电阻为88.9Ω,正常
		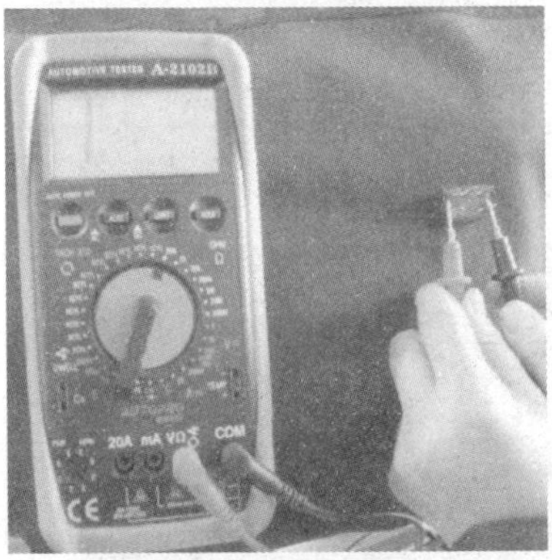	30脚与86脚,87脚与86脚,30脚与85脚,85脚与87脚分别不导通,正常

续表

序号	步　骤	图　示	操作要领说明
8	故障诊断		空调压缩机离合器继电器动态检查（给85脚、86脚间加上蓄电池电压）
		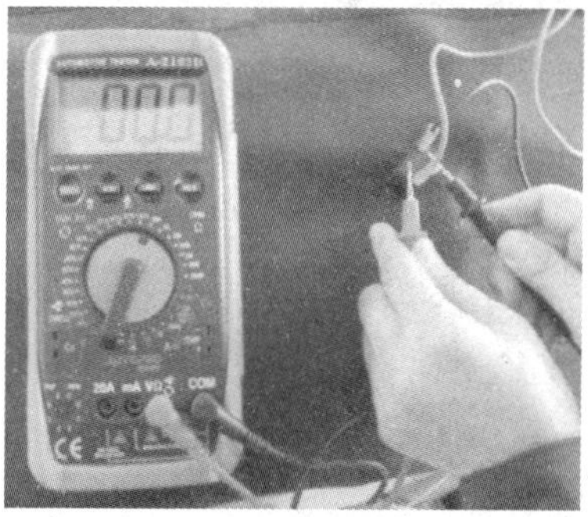	30脚、87脚导通，正常
		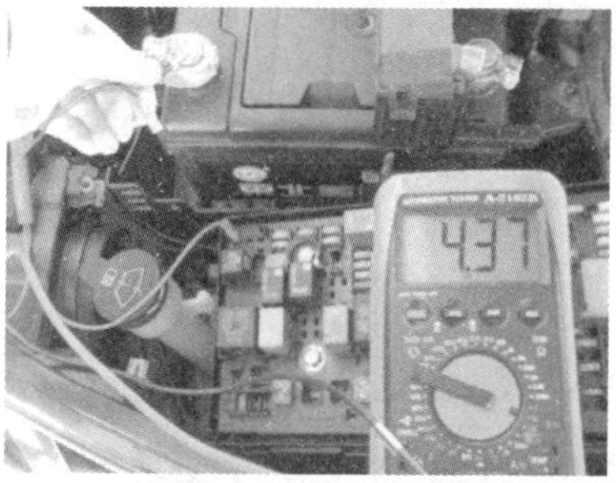	空调压缩机离合器继电器插座各接脚检查，86脚电压为5V左右，正常
		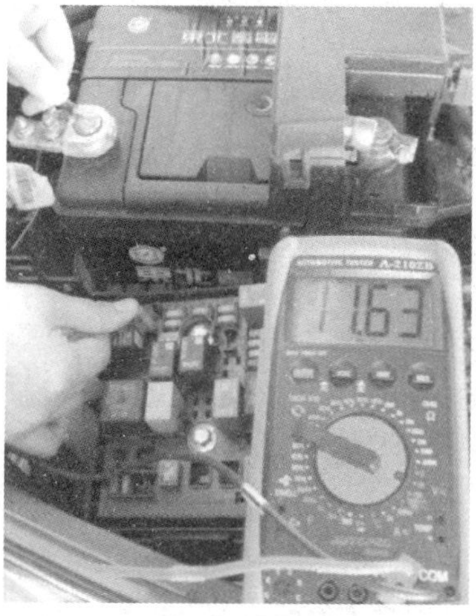	85脚电压为12V左右，正常

续表

序号	步骤	图示	操作要领说明
8	故障诊断		87脚搭铁,正常
			30脚没有电压,异常
			检查保险丝 F62 电压,异常
			拔下保险丝,检查保险丝,异常

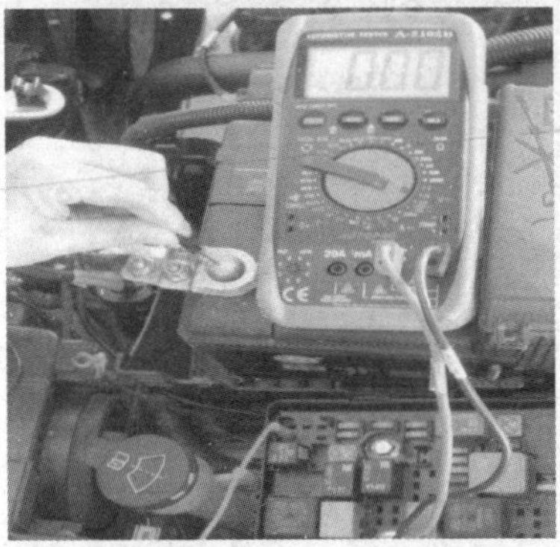

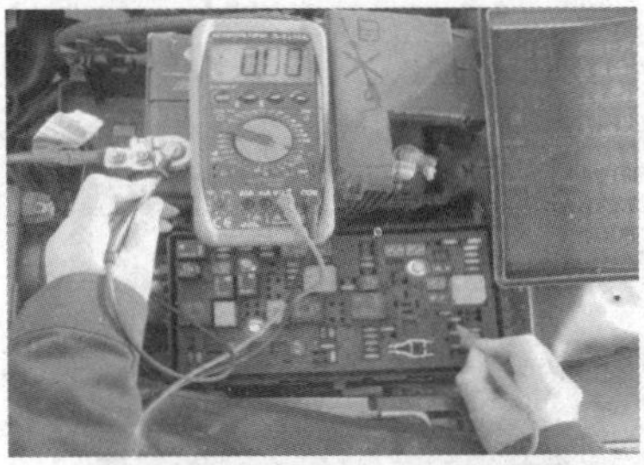

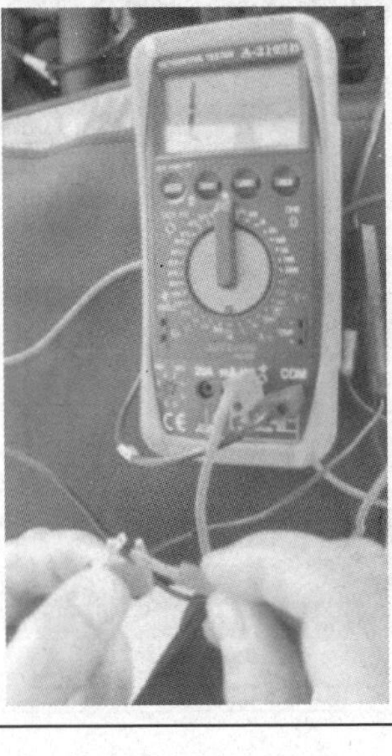

续表

序号	步骤	图示	操作要领说明
8	故障诊断	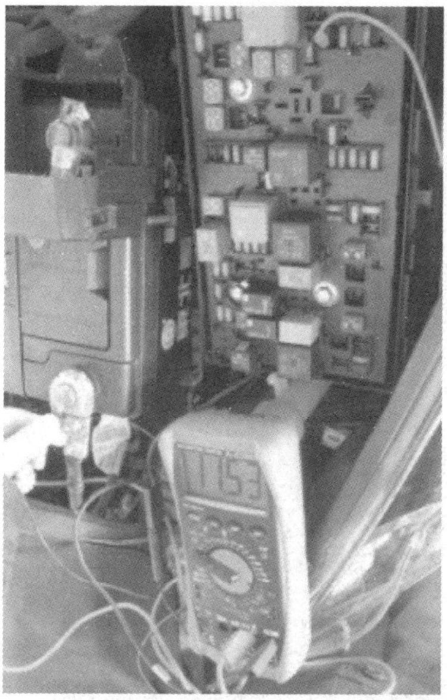	检查保险丝座线路，正常
9	故障修复并确认		更换保险丝 确认线路正常
10	车辆恢复		装复空调压缩机离合器继电器，装回继电器盒盖

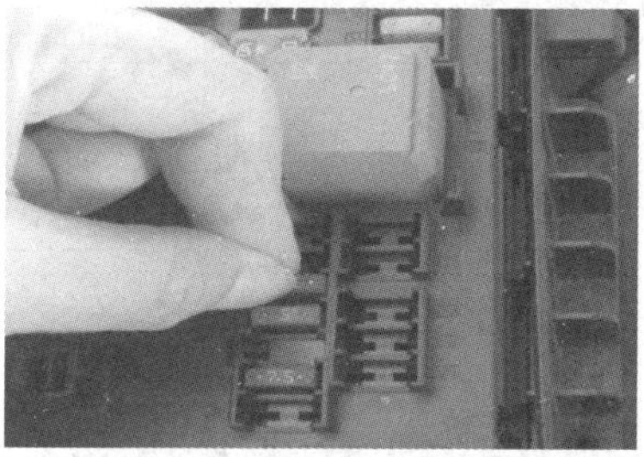

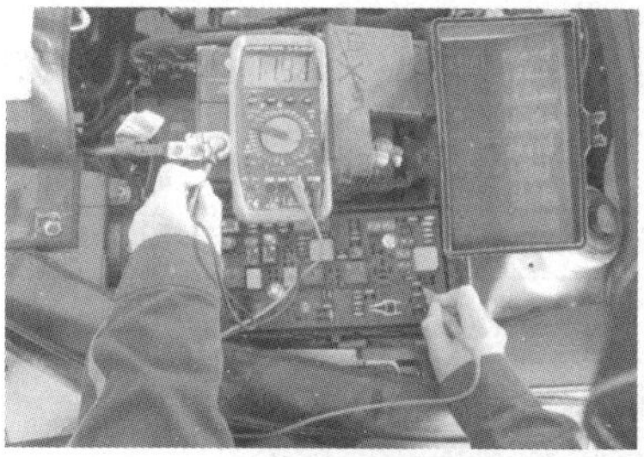

续表

序号	步骤	图示	操作要领说明
11	修复后车辆检查		起动发动机,观察压缩机和冷却风扇工作情况,正常
12	检查后车辆整理		回收检测线、回收故障解码器
13	整理车辆、设备、工具	参见表 1-3 中的相关步骤	
14	清洁工位		
15	记录		完成工单

【做 1】 汽车空调压缩机电路不良故障检测与维修

按照表 5-4 空调压缩机电路故障检测与修理的操作步骤,对汽车空调压缩机电路不良故障进行检测与修理操作,并填写表 5-5。

表 5-5　汽车空调压缩机电路故障检测与修理操作工作记录卡

操作前相关知识准备
1. 汽车故障解码器与汽车诊断接口连接的诊断接头是(　　)接头。 　　A. ABS　　　　　　B. SRS　　　　　　C. OBD　　　　　　D. ESP
2. 汽车故障解码器不具备的功能是(　　)。 　　A. 读取故障码　　　　　　　　　　　B. 检测保险丝 　　C. 继电器动作测试　　　　　　　　　D. 读取点火提前角
3. 继电器静态检测时,万用表挡位开关应放置在(　　)挡。 　　A. ℃　　　　　　　B. V　　　　　　　C. mA　　　　　　　D. Ω
4. 在汽车上插拔电气元器件时,应关闭(　　)。 　　A. 点火开关　　　　B. 空调开关　　　　C. 灯光开关　　　　D. 制动开关

续表

操作所需工具、量具、设备、材料等	
项目	内　　容
工具	
量具	
设备	
材料	

实 训 要 求

操作前,要认真阅读相关安全规则手册,熟知有关安全防护常识。

学生进入实训场地,必须严格遵守实训场地要求,听从实训老师指挥,不可以擅离规定实训区域,更不可以随意触碰实训场地内的车辆、设备、材料、工具、量具等与本次课无关的物品。学生动手操作一定要在老师的指挥、监管下进行,不可以擅自主张做与当堂课业内容无关的项目,如有需求应及时向当课老师提出申请,经老师同意后在其监管下方可完成操作,以免造成人员伤害和设备损坏。

学生进入实训场地,即将自己当作一个职业人,一切言行举止要以职业人的规范行为严格要求自己,养成职业好习惯,为将来上岗做好心理上和行为上的准备。

操 作 过 程

序号	操作过程	操作要点 (操作过程每个步骤的要点)	操作过程记录 (故障点、坏损件、数据等)	操作过程分析 (问题、原因、解决方法等)
学生自我总结、意见				
教师综合评价				

【评1】　空调压缩机电路不良故障检测与维修

根据空调压缩机电路故障检测与修理的工作过程,填写表5-6。

表 5-6　空调压缩机电路故障检测与维修评分表

序号	考核内容	考核要点	分值	评分标准	评价 自评得分	评价 互评得分	评价 教师评价	总评得分
1	前期准备	1. 劳保着装及工具准备齐全； 2. 场地选择合理整洁； 3. 设备调试正确	10	工具等准备、劳保着装、场地选择、场地清洁、设备调试符合要求，每项 2 分				
2	车辆准备	1. 车辆安全停放定位； 2. 做好相关车辆防护	15	1. 车辆安全停放相关事项全面、正确 5 分； 2. 详实检查、记录车况 5 分； 3. 车辆相关防护措施全面恰当，操作正确 5 分				
3	学生操作（做一项即可）	操作规范	60	1. 读取空调系统静态压力 5 分； 2. 起动前安全检查 5 分； 3. 车辆空调系统工作状态检查 5 分； 4. 使用故障解码器检测车辆故障 15 分； 5. 故障检测 10 分； 6. 故障修复并确认 5 分； 7. 车辆恢复 5 分； 8. 修复后车辆检查 5 分； 9. 检查后车辆整理 5 分				
4	整理工位做好记录	1. 安全文明生产； 2. 及时整理工位； 3. 合理处置废旧物； 4. 如实记载使用记录	10	1. 设备复位、工具摆放整齐、清理试件、打扫场地、人走灯灭，每项 1 分； 2. 及时认真填写设备使用记录 5 分				
5	工时定额	操作时间 40min	5	每超 1min 扣 1 分				
成绩评价说明		学生自评成绩的权重是 20%，学生互评成绩的权重是 20%，教师评价成绩的权重是 60% 优秀(≥90)□，良好(≥80)□，一般(≥70)□，及格(≥60)□，不及格(<60)□						

注：考评过程中，如果出现下列情况之一，不予进行评价。
1. 没做好安全防护，安全意识极差。
2. 不听从老师指挥，没有团队合作意识，擅离工作岗位。
3. 操作时严重违反操作规范，操作行为随意。
4. 因违章操作发生人身伤害和设备损坏事故。
5. 操作时间超过规定时间的 50%。

组长签字：　　　　　教师签字：

【教2】 空调制冷系统检漏、抽真空、充注操作

一、技能训练过程中的安全及环保事项

参见本项目任务1。

二、操作流程

工具准备→作业前准备→车辆检查→车辆运行3min→制冷剂回收→系统抽真空→检漏保压→注冷冻机油→充注制冷剂→充注后检查→清洁工位→记录。

三、操作步骤

空调制冷系统检漏、抽真空、充注操作见表5-7。

表5-7 空调制冷系统检漏、抽真空、充注操作

序号	步骤	图示	操作要领说明
1	准备工具设备器材		工具车内工具、设备检查：是否清洁无损
			制冷剂回收充注机仪表指针、高低压阀检查
			制冷剂回收充注机注油瓶油量检查

续表

序号	步　骤	图　示	操作要领说明
1	准备工具设备器材	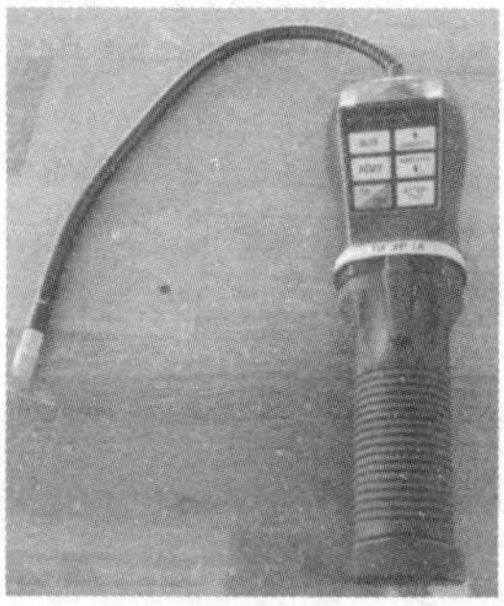	电子检漏仪
2	作业前准备	参见表 1-3 中的步骤 1～7	
3	车辆检查		
4	读取空调系统静态压力	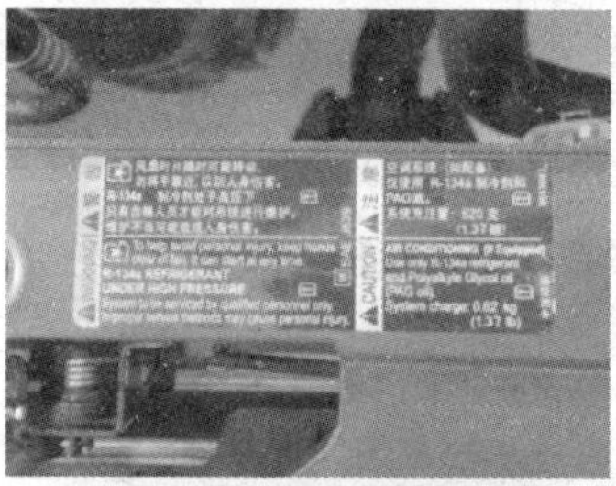	确认空调系统制冷剂类型
			空调回收充注机接通电源,确认高低压阀处于关闭状态
		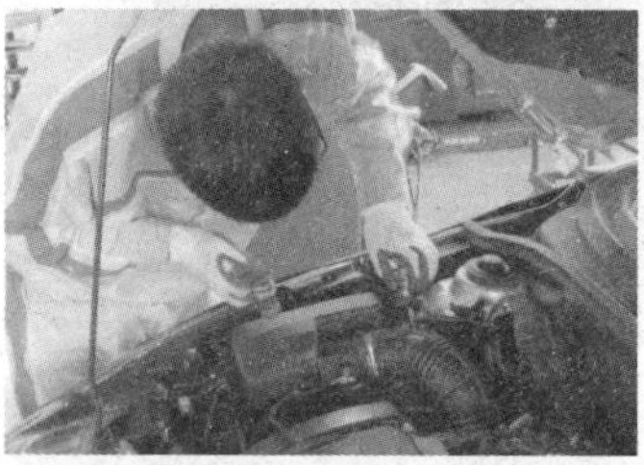	取下汽车空调高低压维修阀防护帽,将充注机高低压维修管接头安装到汽车空调的高低压维修阀上,观察充注机上的高低压表指示的静态压力应为 1300～600kPa
5	起动前安全检查		手刹拉紧、变速杆置于 P 挡,仪表显示正常

续表

序号	步骤	图示	操作要领说明
6	预热车辆	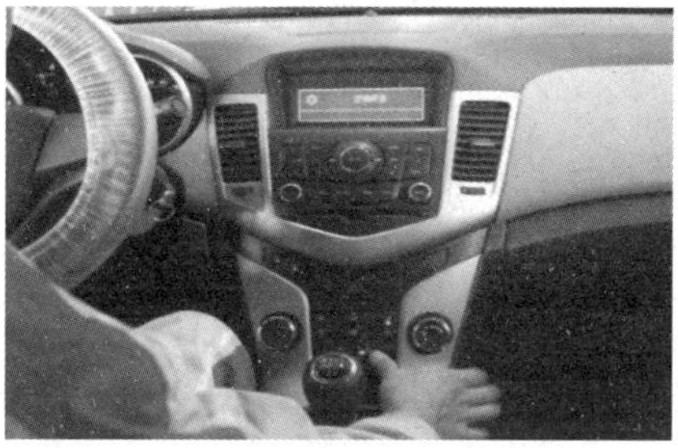	起动车辆,打开鼓风机到最大挡,按下 AC 开关。最大制冷挡位,正面出风,外循环状态,发动机转速 2000r/min 下保持 3min
7	系统回收		制冷剂充注机开机,检查制冷剂罐剩余容量,应大于 1kg,小于 8kg
			检查注油瓶油量,检查排油瓶容量
			打开高低压阀,按排气键,排出系统空气,按回收键,开始回收

续表

序号	步骤	图示	操作要领说明
7	系统回收		当低压表指针指示-10inhg,并保持1min后,可按停止键,结束回收。将回收的冷冻机油排出到排油瓶
			记录排油后的排油瓶油量
8	系统抽真空		进入抽真空程序,抽真空时间设定3min
			抽真空结束时,低压表应显示-30inhg
		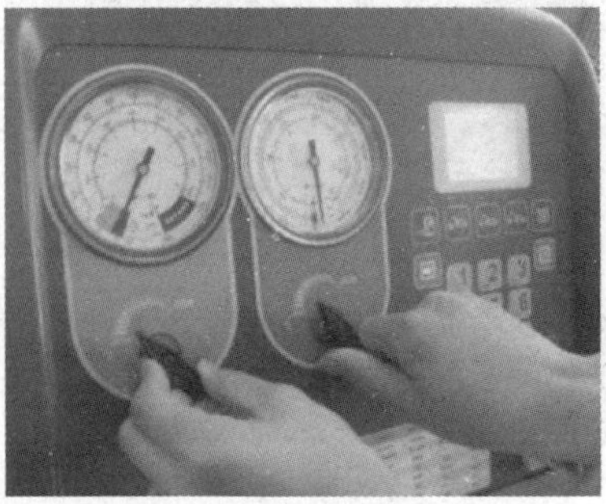	进入系统保压程序,关闭高低压阀,系统保压1min,如高低压表指针保持在-30inhg无明显跳动,表明系统无泄漏

续表

序号	步骤	图示	操作要领说明
9	加注冷冻机油	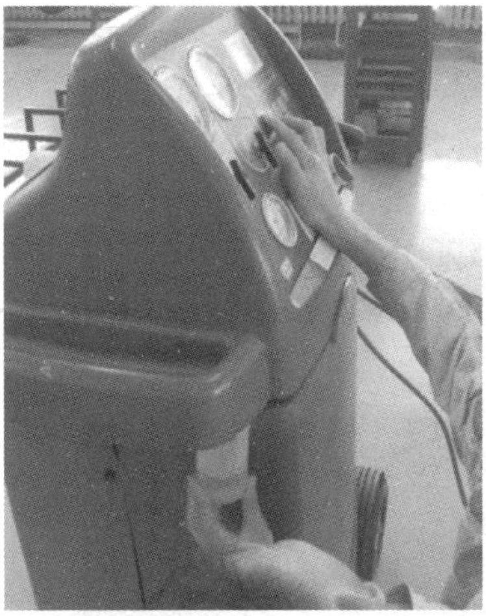	进入加注冷冻机油程序,开高压阀,加注油量为排油量+20ml
10	第二次抽真空		再次进入抽真空程序,关高压阀,开低压阀,抽真空时间设定为5min,抽真空结束时,低压表应显示 −30inhg
11	充注制冷剂,并清理管路	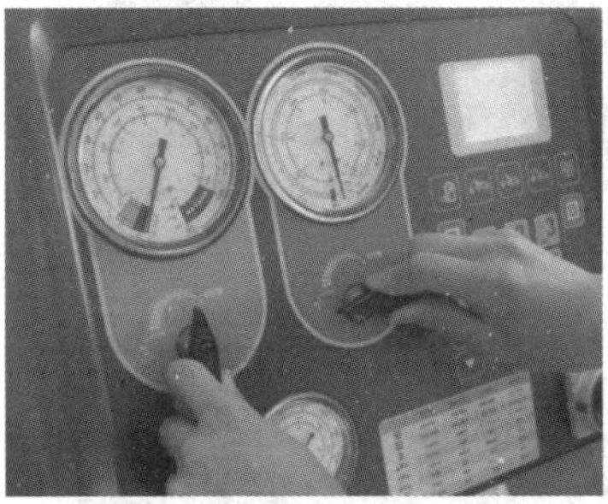	进入充注制冷剂程序,关闭车上维修管路低压阀,关闭充注机低压阀,开高压阀
		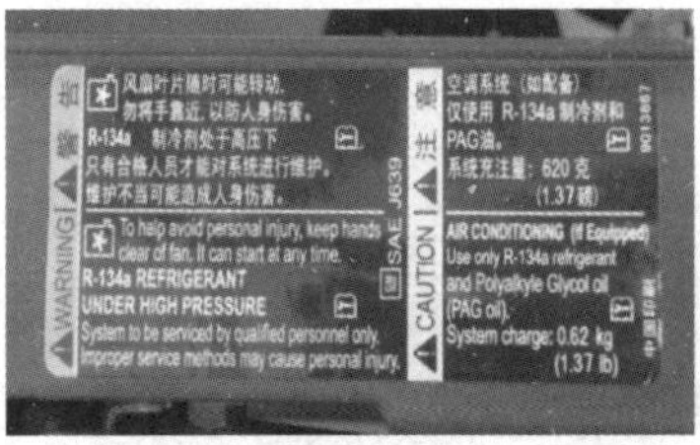	在汽车铭牌上查找系统充注制冷剂的标准量,设定充注量为620g+45g=665g

续表

序号	步骤	图示	操作要领说明
11	充注制冷剂，并清理管路		开始充注制冷剂
			充注结束，提示进行管路清理，关闭维修管路高压阀，从汽车上拆下高低压维修管，开始管路清理；管路清理后，关闭高压阀。充注机关机
12	充注后检漏	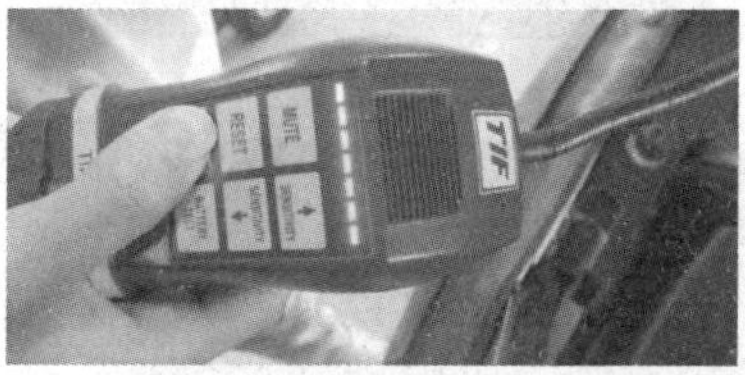	电子检漏仪开机
			调节灵敏度
		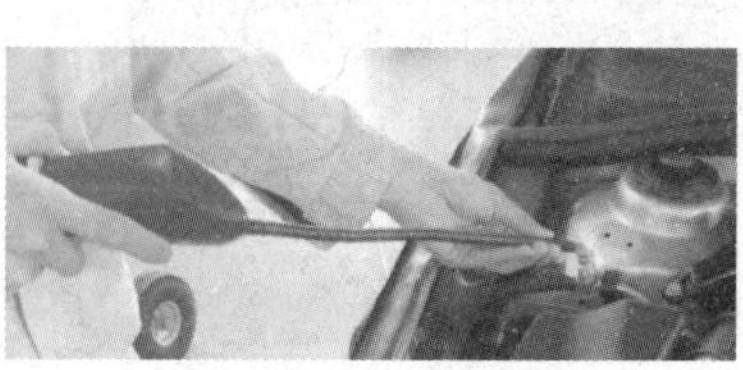	尽量将探头靠近被检部位，小心不要与之接触

续表

序号	步　骤	图　示	操作要领说明
13	车辆恢复	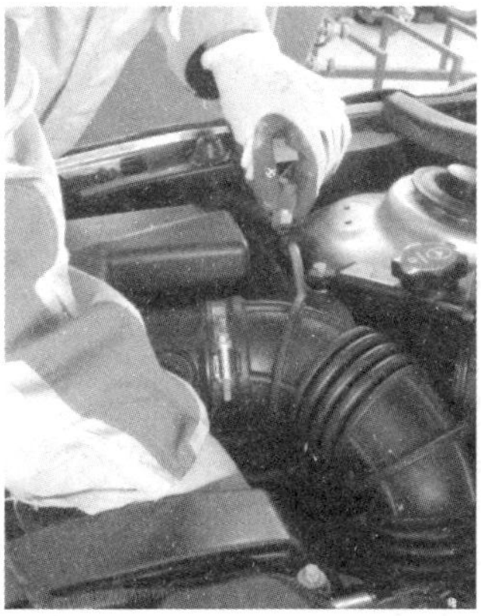	检漏完成,系统正常,装回高低压维修阀阀盖
14	检查后车辆整理	参见本项目任务1	
15	整理设备工具	  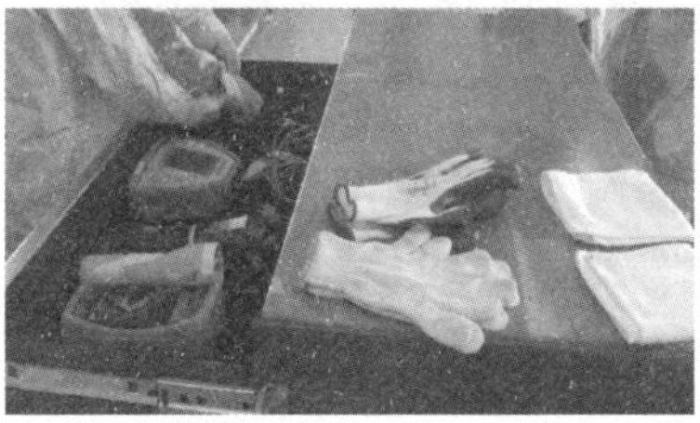	整理充注机,清洁检漏仪,整理工具
16	清洁工位		
17	记录		完成工单

【做2】 汽车空调系统制冷剂回收、抽真空、充注

按照表5-7空调制冷系统检漏、抽真空、充注操作的操作步骤,对汽车空调系统进行制冷剂回收、抽真空、充注操作,填写表5-8。

表 5-8 汽车空调系统制冷剂回收、抽真空、充注操作工作记录卡

操作前相关知识准备

1. 空调系统静压力为（　　）kPa 时,可以进行系统回收。
   A. 300～400　　　B. 300～500　　　C. 300～600　　　D. 300～700
2. 空调系统加注冷冻机油需要在（　　）进行。
   A. 回收制冷剂后　　B. 系统抽真空后　　C. 充注制冷剂后　　D. 何时都可以
3. 点火开关关闭,制冷剂需从（　　）充注。
   A. 低压端　　　　B. 高压端　　　　C. 高低压端
4. 系统抽真空后,低压表指针应指示（　　）inhg。
   A. −10　　　　　B. 10　　　　　　C. −30　　　　　D. 30

操作所需工具、量具、设备、材料等

项目	内容
工具	
量具	
设备	
材料	

实训要求

操作前,要认真阅读相关安全规则手册,熟知有关安全防护常识。

学生进入实训场地,必须严格遵守实训场地要求,听从实训老师指挥,不可以擅离规定实训区域,更不可以随意触碰实训场地内的车辆、设备、材料、工具、量具等与本次课无关的物品。学生动手操作一定要在老师的指挥、监管下进行,不可以擅自主张做与当堂课业内容无关的项目,如有需求应及时向当课老师提出申请,经老师同意后在其监管下方可完成操作,以免造成人员伤害和设备损坏。

学生进入实训场地,即将自己当作一个职业人,一切言行举止要以职业人的规范行为严格要求自己,养成职业好习惯,为将来上岗做好心理上和行为上的准备。

操作过程

序号	操作过程	操作要点 （操作过程每个步骤的要点）	操作过程记录 （故障点、坏损件、数据等）	操作过程分析 （问题、原因、解决方法等）
学生自我总结、意见				
教师综合评价				

【评2】 汽车空调制冷系统回收、抽真空、充注

根据汽车空调制冷系统回收、抽真空、充注的工作过程,填写表5-9。

表5-9 汽车空调制冷系统回收、抽真空、充注评分表

序号	考核内容	考核要点	分值	评分标准	自评得分	互评得分	教师评价	总评得分
1	前期准备	1. 劳保着装及工具准备齐全; 2. 场地选择合理整洁; 3. 设备调试正确	10	工具等准备、劳保着装、场地选择、场地清洁、设备调试符合要求,每项2分				
2	车辆准备	1. 车辆安全停放定位; 2. 做好相关车辆防护	15	1. 车辆安全停放相关事项全面、正确5分; 2. 详实检查、记录车况5分; 3. 车辆相关防护措施全面恰当、操作正确5分				
3	学生操作	操作规范	60	1. 读取空调系统静态压力5分; 2. 起动前安全检查5分; 3. 预热车辆5分; 4. 系统回收5分; 5. 系统抽真空5分; 6. 加注冷冻机油5分; 7. 第二次抽真空5分; 8. 充注制冷剂,并清理管路10分; 9. 充注后检漏5分; 10. 车辆恢复5分; 11. 检查后车辆整理5分				
4	整理工位做好记录	1. 安全文明生产; 2. 及时整理工位; 3. 合理处置废旧物; 4. 如实记载使用记录	10	1. 设备复位、工具摆放整齐、清理试件、打扫场地、人走灯灭,每项1分; 2. 及时认真填写设备使用记录5分				

续表

序号	考核内容	考核要点	分值	评分标准	评价			总评得分
					自评得分	互评得分	教师评价	
5	工时定额	操作时间 40min	5	每超 1min 扣 1 分				
成绩评价说明		学生自评成绩的权重是 20%，学生互评成绩的权重是 20%，教师评价成绩的权重是 60% 优秀(≥90)□，良好(≥80)□，一般(≥70)□，及格(≥60)□，不及格(<60)□						

注：考评过程中，如果出现下列情况之一，不予进行评价。
1. 没做好安全防护，安全意识极差。
2. 不听从老师指挥，没有团队合作意识，擅离工作岗位。
3. 操作时严重违反操作规范，操作行为随意。
4. 因违章操作发生人身伤害和设备损坏事故。
5. 操作时间超过规定时间的 50%。

组长签字：　　　　　教师签字：

【练】 综合练习

一、填空题

1. 空调系统低压保护开关在压力为_____kPa 以上时闭合。
2. 空调压缩机由皮带传动，并在_____接合时工作。
3. 空调系统维修时，可以利用_____去除系统内的空气和水分等物质。
4. 从_____压侧向系统注入制冷剂时，千万不能起动发动机，而且充注时不能拧开低压手动阀。
5. 冷冻机油的凝固点要_____，在低温下要具有良好的流动性。

二、判断题

1. 冷凝器的作用是将制冷剂从气体转变为液体，同时放出热量。（　）
2. 在制冷系统抽真空时，只要系统内的真空度达到规定数值，即可停止抽真空。（　）
3. 制冷系统中制冷剂观察视窗全部安装在储液干燥器上。（　）
4. 多功能电子检漏仪只能检测 R134a。（　）
5. 歧管压力表接头与软管连接时，必须用工具拧紧。（　）

三、选择题

1. 蒸发器出口处的制冷剂应（　　）。
   A. 全部汽化　　　B. 部分汽化　　　C. 全部液化　　　D. 部分液化
2. 当冷却液的温度高于（　　）℃时，切断压缩机电磁离合器电路，压缩机停转。

  A. 105   B. 100   C. 96   D. 74

3. 如果制冷循环系统的制冷剂不足,接上压力表后会显示( )。
  A. 高、低压表均显示过高   B. 高、低压表均显示过低
  C. 高压表显示过高,低压表显示过低   D. 高压表显示过低,低压表显示过高

4. 在加注制冷剂时,如果以液体的方式加入,( )。
  A. 只能从低压侧加入
  B. 只能从高压侧加入
  C. 既可以从低压侧加入,也可以从高压侧加入
  D. 可从高、低压侧同时加入

5. 蒸发压力调节器的作用是( )。
  A. 防止膨胀阀结冰   B. 防止制冷剂流量过大
  C. 防止蒸发器结霜   D. 防止冷凝器过热

四、简答题

1. 空调压缩机冷冻机油作用包括哪些?
2. 如何通过观察视窗,分析制冷剂质量?
3. 如何对空调系统进行检漏、抽真空和充注制冷剂?

五、拓展练习

去汽车修理厂观察汽车空调的修理过程,完成调查报告《空调维修现状》。

项目 6

汽车辅助电气系统维护与检修

(1) 掌握汽车电气辅助系统的作用和组成。
(2) 了解风窗刮水清洗设备、电动车窗、电动座椅的结构和工作原理。
(3) 掌握辅助设备的正确使用、检测、维护方法。
(4) 学会电气辅助系统故障诊断的基本方法。

任务1　汽车电动刮水器的正确使用与检修

(1) 了解刮水器结构。
(2) 掌握刮水器的一般检测方法。

丰田卡罗拉轿车1台,拆装工具1套,翼子板保护裙及驾驶舱内保护罩1套。

【学】　刮水器的基本认知

一、作用

汽车在雨、雪天行驶时,风窗玻璃上的雨水或积雪会影响驾驶员视线。刮水器的作用是刮除风窗玻璃上的雨、雪以及脏物，使驾驶员有良好的视线，确保行车安全。汽车一般前风窗玻璃装有刮水器，有些汽车后风窗玻璃也装有刮水器。

二、结构

电动刮水器由控制开关（见图6-1）、直流电动机、蜗轮蜗杆减速机构、传动机构（见图6-2）和刮水片等组成，刮水器结构如图6-3所示。

图6-1 刮水器控制开关

OFF—关闭挡；LO—低速挡；HI—高速挡；INT—间歇挡；MIST—单次工作挡

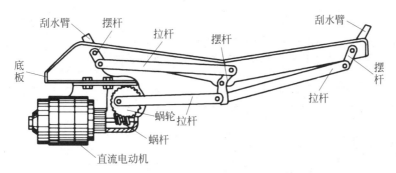

图6-2 传动机构结构图

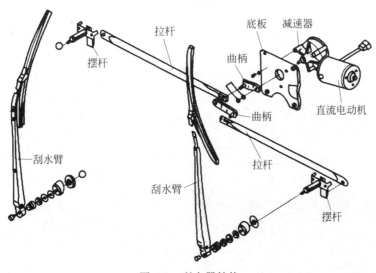

图6-3 刮水器结构

【教】 刮水器的更换

一、刮水器常见故障

汽车刮水器使用一段时间后会出现各种问题,影响雨天汽车的正常行驶。刮水器常见故障见表 6-1。

表 6-1 刮水器常见故障

故障现象	故障原因及发生部位	故障诊断及排除方法
刮水不干净,玻璃上产生细小条纹、雾及线状残留	刮水片	更换刮水片
刮水器摆幅不顺,雨刷不正常跳动	连杆机构	将玻璃擦拭干净或检修刮水器连杆机构
擦拭玻璃后呈水膜状态	刮水片	更换刮水片
刮水器个别挡位(低速、高速或间歇挡)不工作	间歇继电器、电动机、连接处	检查刮水器电动机及开关对应故障挡位的线路是否正常;检查开关接线柱在相应挡位能否正常接通;最后检查电动机是否个别电刷接触不良
刮水器开关断开或在间歇挡工作时,刮水器不能自动停止在设定的位置	刮水电动机自动停位机构损坏;刮水臂调整不当;线路连接错误	检查刮水臂的安装及刮水器开关线路连接是否正确;再检查刮水器开关在相应挡位的接线柱能否正常接通;最后检查电动机自动停位机构触点能否正常闭合或接触良好

二、操作流程

汽车刮水器故障检测流程如图 6-4 所示。

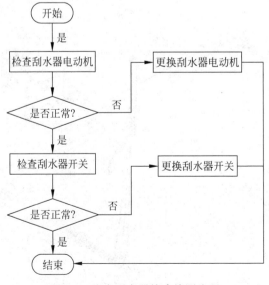

图 6-4 汽车刮水器故障检测流程

三、操作步骤

刮水器更换操作流程见表 6-2。

表 6-2　刮水器更换操作流程

序号	步　　骤	图　　示	操作要领说明
1	拆卸左右前刮水器臂端盖	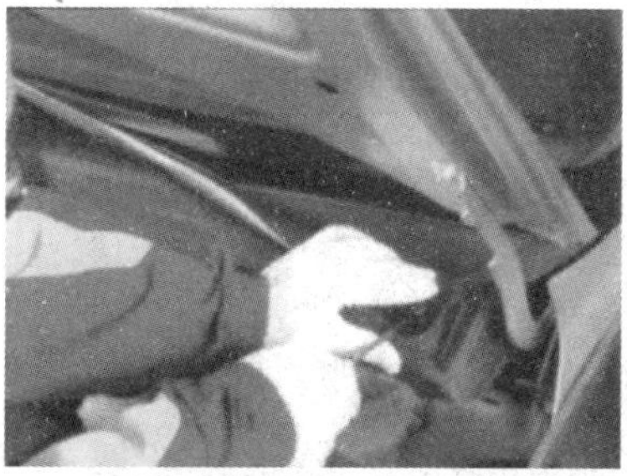	使用一字螺丝刀或夹具向上撬动左右前刮水器臂端盖,使端盖与臂孔分离,之后取下刮水器臂端盖
2	拆卸左右侧挡风玻璃刮水器臂和刮水片总成		正确使用工具拆卸左前、右前刮水器臂和刮水片总成的固定螺母,拆下左前、右前刮水器臂和刮水片总成
3	拆卸发动机盖至前围上板的密封条	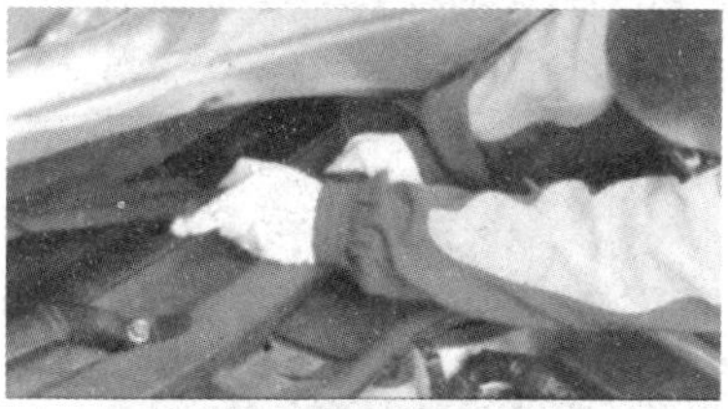	用手直接拆卸发动机盖至前围上板的密封条
4	拆卸左、右前围板上的通风栅板		按下通风栅板的卡扣锁芯,取下卡扣,拆下栅板
5	拆卸刮水器电动机及连杆总成	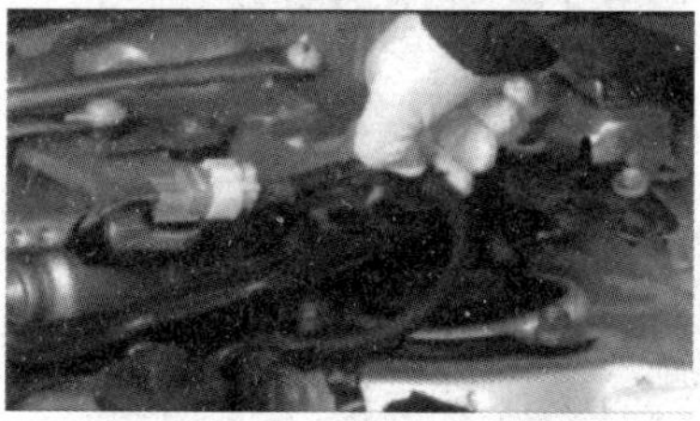	断开电动机的线索连接器,使用工具拆下电动机及连杆总成的固定螺栓,取下电动机及连杆总成

续表

序号	步骤	图示	操作要领说明
6	检查刮水器总成	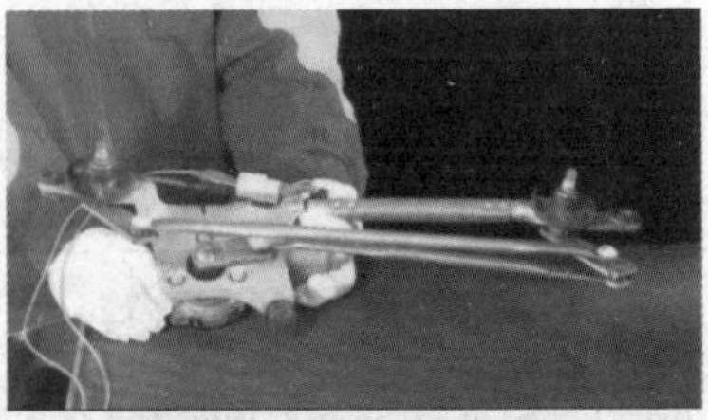	(1) 检查低速状态 LO； (2) 检查高速状态 HI； (3) 检查自动停止状态； (4) 如不符合规定要求，则更换刮水器电动机总成
7	安装刮水器电动机总成		确认安装位置，安装固定螺栓，固定电动机总成，连接电动机连接器，将连杆总成连接至电动机总成的曲柄臂枢轴上
8	安装左、右前围板上的通风栅板		(1) 安装左前围板通风栅板，将8个结合卡子安装好； (2) 安装右前围板通风栅板，将14个结合卡子安装
9	安装发动机盖至前围上板的密封条		对准安装孔位置，将密封条上的7个卡子安装到位
10	拆卸前刮水器刮水片	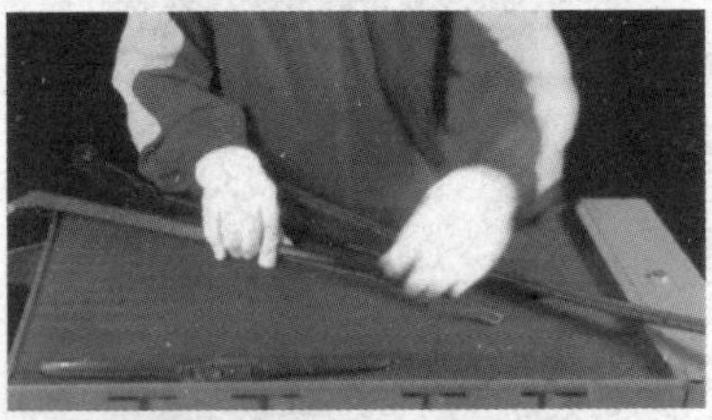	脱开前刮水器刮水片的固定架，拆下刮水片
11	拆卸刮水器橡胶条	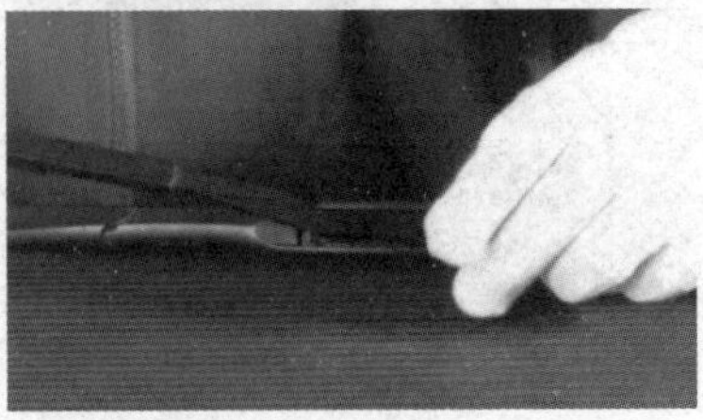	从前刮水器刮水片上拆下并分离刮水器橡胶条和背板，从橡胶条上拆下2个背板

续表

序号	步骤	图示	操作要领说明
12	安装刮水器橡胶条	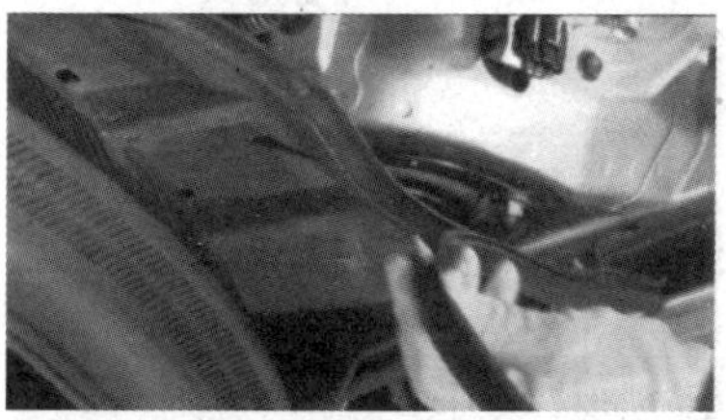	将两个刮水器橡胶条背板安装至新的刮水器橡胶条上
13	安装刮水片		安装刮水器刮水片,卡紧刮水片固定架
14	安装刮水器臂的刮水片总成		(1) 点火开关置于 ON 挡; (2) 操作刮水器开关至自动停止挡位置停止; (3) 关闭点火开关,依次安装右前、左前刮水器臂和刮水片总成; (4) 检测安装状态
15	安装左、右前刮水器臂端盖、发动机盖罩		依次安装左前、右前刮水器臂端盖,安装到位

【做】 刮水器更换

按照表 6-2 刮水器更换过程的相关要求,完成刮水器更换操作,并按要求填写表 6-3 工作记录卡。

表 6-3 刮水器更换过程工作记录卡

操作前相关知识准备
1. 刮水器电动机由_____、_____、_____等组成。
2. 永磁式电动机具有_____、_____、_____的特点。

续表

操作所需工具、量具、设备、材料等	
项目	内容
工具	
量具	
设备	
材料	

实 训 要 求

操作前,要认真阅读相关安全规则手册,熟知有关安全防护常识。

学生进入实训场地,必须严格遵守实训场地要求,听从实训老师指挥,不可以擅离规定实训区域,更不可以随意触碰实训场地内的车辆、设备、材料、工具、量具等与本次课无关的物品。学生动手操作一定要在老师的指挥、监管下进行,不可以擅自主张做与当堂课业内容无关的项目,如有需求应及时向当课老师提出申请,经老师同意后在其监管下方可完成操作,以免造成人员伤害和设备损坏。

学生进入实训场地,即将自己当作一个职业人,一切言行举止要以职业人的规范行为严格要求自己,养成职业好习惯,为将来上岗做好心理上和行为上的准备。

操作过程				
序号	操作过程	操作要点 (操作过程每个步骤的要点)	操作过程记录 (故障点、坏损件、数据等)	操作过程分析 (问题、原因、解决方法等)
学生自我总结、意见				
教师综合评价				

【评】 刮水器更换过程

根据刮水器更换的工作过程,填写表6-4刮水器更换评价表。

表 6-4 刮水器更换过程评价表

序号	考核内容	考核要点	分值	评分标准	自评得分	互评得分	教师评价	总评得分
1	前期准备	1. 劳保着装及工具准备齐全； 2. 场地选择合理整洁； 3. 设备调试正确	10	工具等准备、劳保着装、场地选择、场地清洁、设备调试符合要求,每项2分				
2	车辆准备	1. 车辆安全停放定位； 2. 做好相关车辆防护	10	1. 车辆安全停放相关事项全面、正确3分； 2. 详实检查、记录车况2分； 3. 车辆相关防护措施全面恰当、操作正确5分				
3	外观检查	1. 检查项目全面； 2. 检查方法恰当	10	1. 就车检查过程全面正确5分； 2. 检查方法正确5分				
4	拆卸附属设备	1. 工具使用规范； 2. 程序方法恰当； 3. 操作规范	15	1. 工具使用规范3分； 2. 拆卸端盖4分； 3. 拆卸刮水片总成4分； 4. 拆卸密封条4分				
5	检查更换刮水器电动机	1. 工具使用规范； 2. 程序方法恰当； 3. 操作规范	15	1. 工具使用规范3分； 2. 检查电动机总成8分； 3. 更换电动机4分				
6	安装刮水器	1. 工具使用规范； 2. 程序方法恰当； 3. 操作规范	20	1. 工具使用规范3分； 2. 安装电动机4分； 3. 安装密封条4分； 4. 安装刮水片4分； 5. 安装刮水器臂5分				
7	试车交付	1. 试车方法正确； 2. 文明礼貌交车	5	1. 试车方法正确3分； 2. 文明礼貌交车2分				
8	整理工位做好记录	1. 安全文明生产； 2. 及时整理工位； 3. 合理处置废旧物； 4. 如实记载使用记录	10	1. 设备复位、工具摆放整齐、清理试件、打扫场地、人走灯灭,每项1分； 2. 及时认真填写设备使用记录5分				

续表

序号	考核内容	考核要点	分值	评分标准	评价			总评得分
					自评得分	互评得分	教师评价	
9	工时定额	操作时间 40min	5	每超 5min 扣 1 分				
成绩评价说明		学生自评成绩的权重是 20%,学生互评成绩的权重是 20%,教师评价成绩的权重是 60%							
		优秀(≥90)□,良好(≥80)□,一般(≥70)□,及格(≥60)□,不及格(<60)□							

注:考评过程中,如果出现下列情况之一,不予进行评价。
1. 没做好安全防护,安全意识极差。
2. 不听从老师指挥,没有团队合作意识,擅离工作岗位。
3. 操作时严重违反操作规范,操作行为随意。
4. 因违章操作发生人身伤害和设备损坏事故。
5. 操作时间超过规定时间的 50%。

　　　　　　　　　　　　　　　　　　　组长签字:　　　　　教师签字:

【练】 综合练习

一、填空题

1. 电动刮水器由控制开关、_____、蜗轮蜗杆减速机构、传动机构和刮水片等组成。

2. 电动刮水器控制开关的五个挡位分别是 LO、HI、OFF、_____和_____。

二、选择题

(　　)不是刮水器的主要结构。
A. 直流电动机　　　B. 减速机构　　　C. 差速机构　　　D. 自动停位器

三、简答题

1. 简述电动刮水器的作用。
2. 简述电动刮水器的结构。

四、拓展练习

一辆丰田卡罗拉轿车,打开刮水器开关,刮水片在玻璃上抖动,以此为情景,制定排故作业流程。

任务 2　汽车电动车窗的正确使用与检修

学习目标

(1) 了解电动车窗系统的组成结构。

（2）了解电动车窗的工作原理。
（3）掌握车窗电路的一般检测方法。

丰田卡罗拉轿车 1 台、拆装工具 1 套、翼子板保护裙及驾驶舱内保护罩 1 套。

【学】 电动车窗的基本认知

一、功能

电动车窗是指以电为动力使车窗玻璃自动升降的车窗。驾、乘人员操纵开关接通车窗电动机的电路，电动机产生动力通过一系列机械传动，使车窗玻璃按要求进行升降。

二、结构

电动车窗主要由升降控制开关、电动机（双向转动永磁电动机）、玻璃升降器等组成。其中电动机一般采用双向转动永磁电动机，通过控制电流方向，使其正反向转动，达到车窗升降功能。

1. 升降控制开关

升降控制开关的组成如图 6-5 所示。

图 6-5　升降控制开关的组成

左前门开关控制所有车窗玻璃的升降，控制左前门玻璃的升降，禁止乘客侧开关的使用，控制中控锁开闭。按下开关可打开车窗，上拨开关可关闭车窗。按下开关 2，乘客侧窗开关被禁用，再次按下可取消，左前门开关各按钮功能如图 6-6 所示。

图 6-6　左前门开关按钮功能
1—中控锁按钮；2—锁止开关；3—左前门车窗开关；
4—右前门车窗开关；5—左后门车窗开关；6—右后门车窗开关

2. 玻璃升降器

玻璃升降器主要有三种，分别是绳轮式升降器、交臂式升降器和齿条式升降器。其结构如图 6-7、图 6-8、图 6-9 所示。

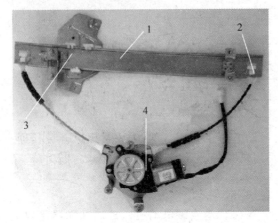

图 6-7　绳轮式升降器结构

1—升降器托架；2—绳轮；3—夹持器；4—升降器电机

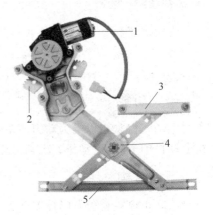

图 6-8　交臂式升降器结构

1—升降器电机；2—齿扇；3—滑轨；
4—"X"支架；5—玻璃托架

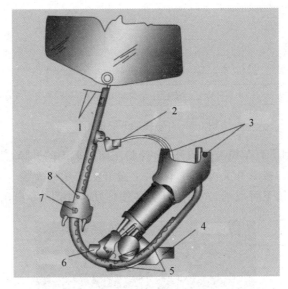

图 6-9　齿条式升降器结构

1、3、4、6、8—铆接处；2—插头；5—螺钉；7—贴条；

3. 电动机

车窗电动机是一个永磁、两极直流电动机，如图 6-10 所示。通过改变电枢电流的方向来改变电动机的旋转方向使车窗玻璃升或降。当电动玻璃升降器中的直流永磁电动机接通额定电流后，转轴输出转矩，经蜗轮蜗杆减速后，再由缓冲联轴器传递到卷丝筒，带动卷丝筒旋转,使导轨上下运动,达到使玻璃升降的目的。车窗电动机具有较高的输出转矩、低噪声、小体积、扁形外形,并对尘埃及洗涤剂具有密封防护性能。

4. 电路保险

电动车窗保险丝安装在发动机舱的保险盒内,由于车型不同,所以保险丝额定电流也不同。例如哈弗汽车左侧两个车窗电机共用一个30A保险丝;右侧两个车窗共用一个30A保险丝。

三、工作原理

图 6-10 车窗电动机
1—减速装置;2—直流电动机

电动车窗电子控制单元原理如图 6-11 所示。电动车窗的主要动作为车窗的上升、下降和停止。车窗的上升、下降和停止是通过控制电动车窗电动机 M 的电流方向或截断电动机的电流来实现的。

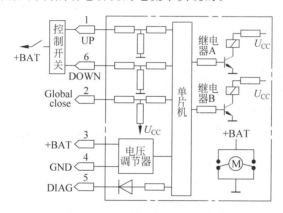

图 6-11 电子控制单元原理图

电动车窗电动机电流的方向或电流的停止是通过单片机的指令,控制继电器 A 和继电器 B 的动作达到的。单片机指令是按控制开关指令、车窗玻璃防夹力的大小或者是中控门锁系统发出自动关闭所有车窗的信号发出的。电压调节器将汽车 12V 系统电压调节到单片机所需要的 5V 工作电压。电子控制单元与电动机集成在一起,每个车窗电动机带一个电子控制单元。

【教】 电动车窗的拆装、检测

一、电动车窗检修注意事项

(1) 车门的密封与防尘尤为重要:车门内板有一层塑料防护层,其破损后会导致灰尘进入车门内,严重时将干涉电动车窗的运动。

(2) 拆装电动车窗时一定要注意正确的安装位置,其所有的螺栓连接孔为椭圆孔,定位前车窗升降一定不要发生干涉。

(3) 对车门经过钣金维修的车辆,检修时要认真检查其尺寸精度,如果不准,将严重影响车窗升降器电机的寿命。

二、电动车窗常见故障及检修思路

(1) 在故障诊断以前,应先检查所有车窗的工作情况,若从分开关到总开关的某一控制导线断路,车窗就只能按一个方向运动,如只能升不能降或只能降不能升。若从分开关到电动机的某一方向导线断路,则车窗在两个方向都不能运动。

如两个后分开关都不能使车窗运动,应检查断路开关(如装有)和总开关的工作情况。

(2) 如一个车窗只能向一个方向运动,应检查由分开关到总开关的控制导线是否导通。

(3) 如所有车窗都不能升降或有时不能升降,应检查、清洁和紧固搭铁线(在驾驶员车门内壁板后面,或在驾驶员侧仪表板下面)。

(4) 如一个车窗在两个方向都不能运动,可能是车窗电动机有故障,如链带卡住时,电动机内的断路器会自动断开,以保护电路、开关和电动机。为检查玻璃是否卡住,可上下、前后、左右轻轻摇动玻璃,只要玻璃能向所有方向稍微运动,电动机就应能使玻璃升降。

三、电动车窗部件的检查方法

1. 电动车窗主控开关的检修

一是对其动作的自如情况和复位情况进行检测,这项检查通过手动测试即可完成;二是对开关通断性的测试。

2. 电动车窗断路(闭锁)开关的检查

当开关位于 LOCK 位置(或处于按下状态)时,其中用于闭锁控制的两个端子之间应保持断路;当开关位于 UNLOCK 位置(或处于复位状态)时,用于闭锁控制的两个端子之间应导通。

3. 车窗分控开关的检查

对车窗分控开关的检查主要是进行开关的通断性测试,其检查流程与主控开关相似。

4. 车窗电动机的检查

车窗电动机检查的基本方法是:把蓄电池的正、负极分别接在车窗电动机的两个端子上并互换一次,电动机正常应能够正转、反转,且转速平稳。否则说明电动机有故障,应进行更换。需要注意的是,在进行车窗电动机的测试时,若电动机停止转动,要立刻断开端子引线;否则可能会烧坏电动机。

四、拆装、检测操作步骤

操作前的准备和操作结束后的整理工作参见表 1-3 中的相关步骤。

电动车窗拆装、检测过程见表 6-5。

表6-5 电动车窗拆装、检测过程

序号	步骤	图示	操作要领说明
1	准备工作		
2	降下车窗玻璃,断开蓄电池负极		不要降到最低,凭经验降至下端200mm左右
3	拆卸内三角盖板		使用一字螺丝刀向下撬动前内三角盖板,之后取下刮水器臂端盖
4	拆卸内手柄及门锁处螺母	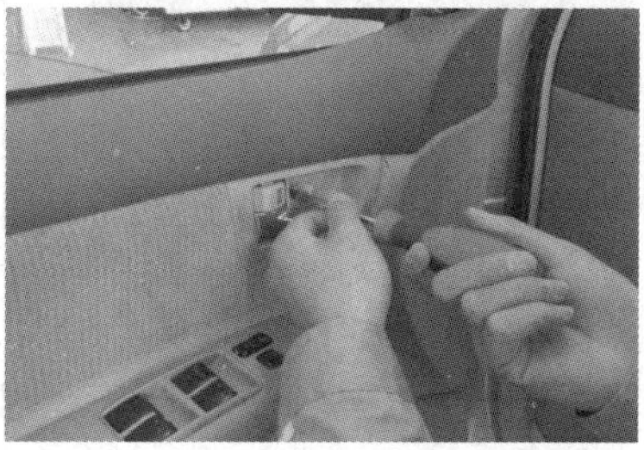	正确使用工具拆卸内手柄和门锁处螺母
5	拆卸电动车窗和中控锁的总开关	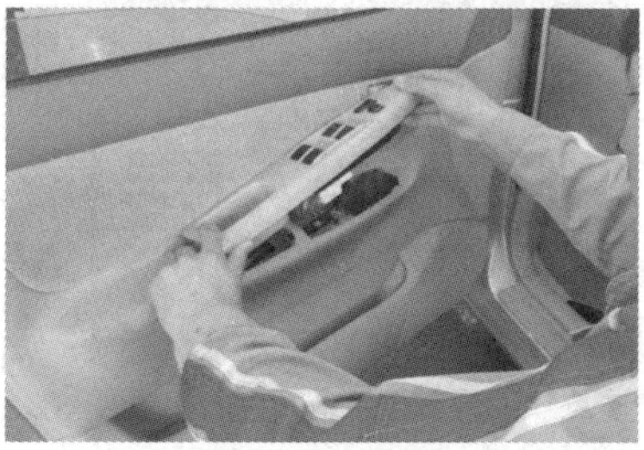	正确使用工具撬开总开关的卡扣
6	断开总开关电路连接器	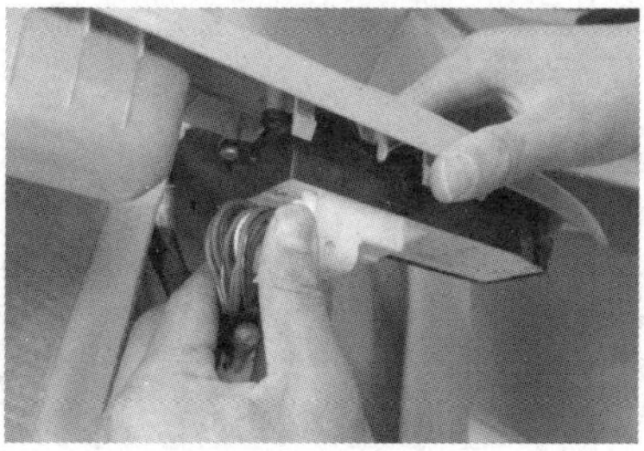	断开电动机的线索连接器,取下开关总成

续表

序号	步骤	图示	操作要领说明
7	用装饰拆卸工具撬开装饰衬板扣		保护装饰板外表,避免出现划痕、裂痕
8	此时可检测开关电机电路连接情况	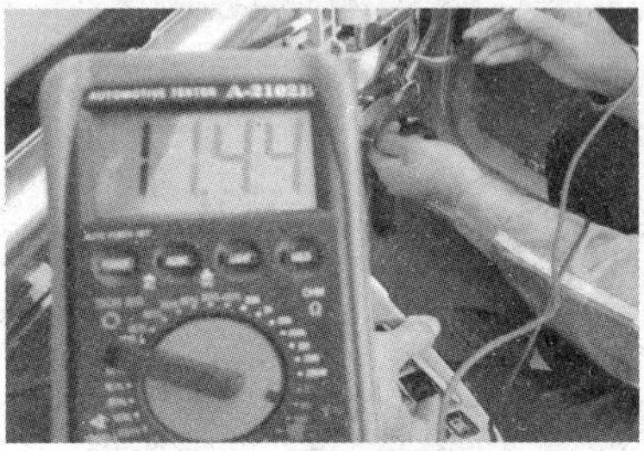	确认检测端子,读数正确
9	此时可检测开关电路搭铁情况	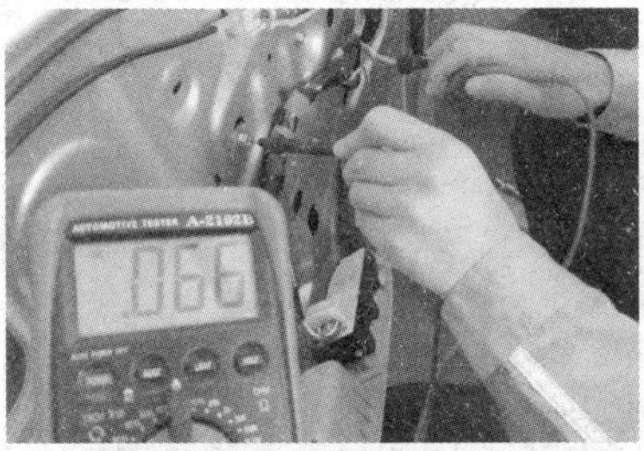	确认检测端子,读数正确
10	拆卸升降器的固定螺母	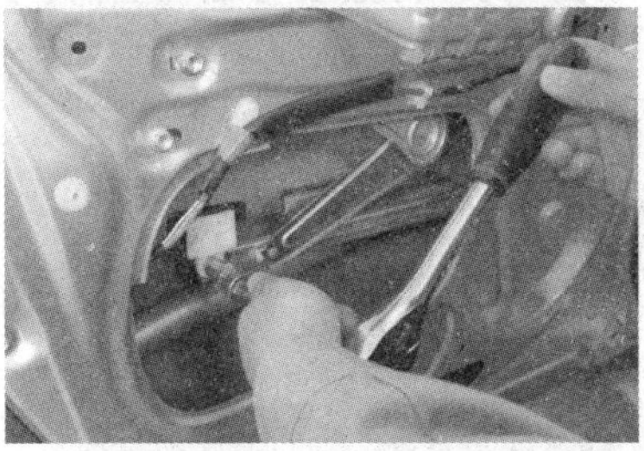	正确使用工具,拆卸螺母过程中注意避免玻璃的滑落
11	拆下车窗玻璃		拆卸过程中注意安全,避免玻璃破碎

续表

序号	步骤	图示	操作要领说明
12	拆卸玻璃升降器和电动机	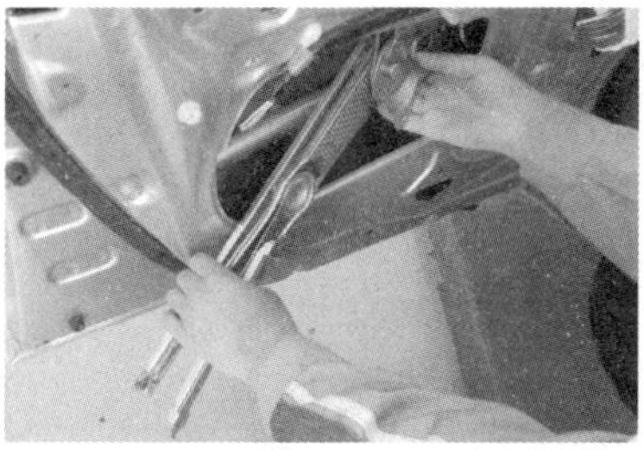	拆卸升降器的时候注意不要使用蛮力,防止零件变形
13	安装玻璃升降器和电动机		不同金属彼此接触会加快腐蚀,务必使用正确的紧固件。螺母扭矩为8N·m
14	安装车窗玻璃		安装过程中注意玻璃的安装位置
15	检验玻璃升降是否顺畅		玻璃升降时速度尽量放慢,避免因之前玻璃安装位置偏离而导致玻璃破碎
16	安装装饰衬板	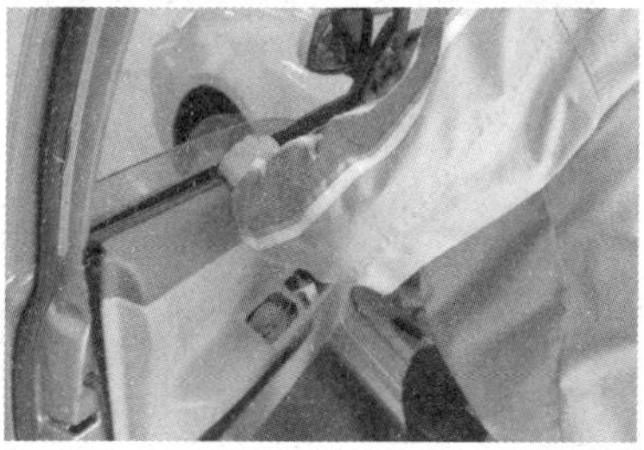	安装时确保每个卡扣都卡紧

续表

序号	步骤	图示	操作要领说明
17	安装电动车窗和中控锁开关	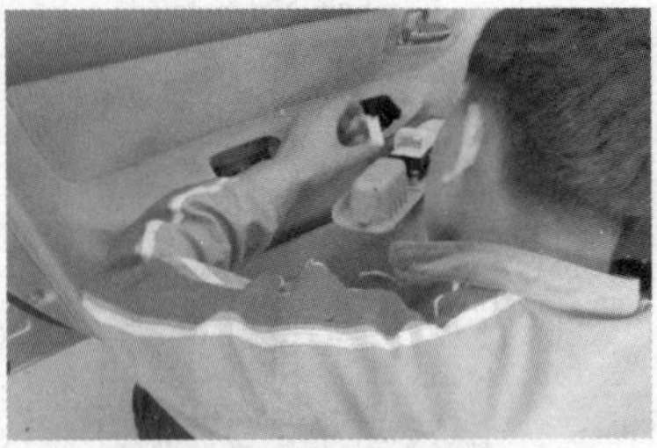	连接电路连接器后再安装开关
18	安装固定螺母	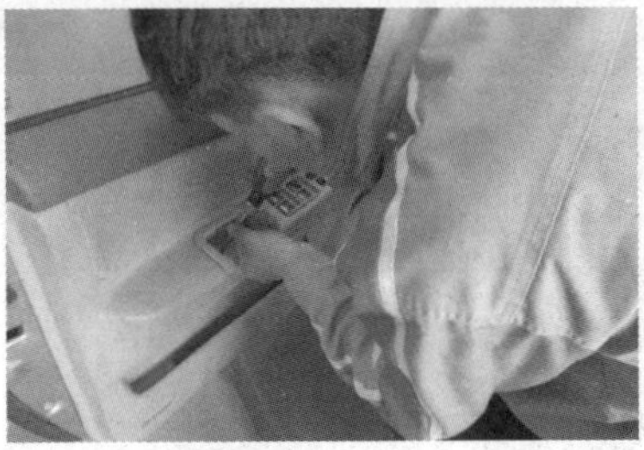	正确使用工具
19	安装内三角盖板		不要用力过猛,以免损坏零件

【做】 电动车窗的拆装、检测

按照电动车窗的拆装、检测的相关要求,完成电动车窗拆装、检测的操作,并按要求填写表 6-6 工作记录卡。

表 6-6 电动车窗拆装、检测工作记录卡

操作前相关知识准备

1. (　　)不是电动车窗组成部分。
   A. 升降器　　　　B. 电动机　　　　C. 控制开关　　　　D. 调节器
2. 升降器螺母的上紧力矩是(　　)N·m。
   A. 6　　　　　　B. 8　　　　　　C. 10　　　　　　D. 12
3. (　　)不是拆装电动车窗过程中使用的工具。
   A. 十字形螺丝刀　　　　　　　　B. 一字形螺丝刀
   C. 锤子　　　　　　　　　　　　D. 装饰板拆卸工具

续表

操作所需工具、量具、设备、材料等

项目	内　　容
工具	
量具	
设备	
材料	

实 训 要 求

操作前，要认真阅读相关安全规则手册，熟知有关安全防护常识。

学生进入实训场地，必须严格遵守实训场地要求，听从实训老师指挥，不可以擅离规定实训区域，更不可以随意触碰实训场地内的车辆、设备、材料、工具、量具等与本次课无关的物品。学生动手操作一定要在老师的指挥、监管下进行，不可以擅自主张做与当堂课业内容无关的项目，如有需求应及时向当课老师提出申请，经老师同意后在其监管下方可完成操作，以免造成人员伤害和设备损坏。

学生进入实训场地，即将自己当作一个职业人，一切言行举止要以职业人的规范行为严格要求自己，养成职业好习惯，为将来上岗做好心理上和行为上的准备。

操 作 过 程

序号	操作过程	操作要点 （操作过程每个步骤的要点）	操作过程记录 （故障点、坏损件、数据等）	操作过程分析 （问题、原因、解决方法等）
学生自我总结、意见				
教师综合评价				

【评】 电动车窗的拆装、检测

根据电动车窗的拆卸、检测过程，填写表6-7电动车窗拆装、检测评价表。

表 6-7 电动车窗拆装、检测评价表

序号	考核内容	考核要点	分值	评分标准	评价 自评得分	评价 互评得分	评价 教师评价	总评得分
1	前期准备	1. 劳保着装及工具准备齐全； 2. 场地选择合理整洁； 3. 设备调试正确	10	工具等准备、劳保着装、场地选择、场地清洁、设备调试符合要求，每项 2 分				
2	车辆准备	1. 车辆安全停放定位； 2. 做好相关车辆防护	10	1. 车辆安全停放相关事项全面、正确 3 分； 2. 详实检查、记录车况 2 分； 3. 车辆相关防护措施全面恰当，操作正确 5 分				
3	外观检查	1. 检查项目全面； 2. 检查方法恰当	10	1. 就车检查过程全面正确 5 分； 2. 检查方法正确 5 分				
4	拆卸过程	1. 工具、量具使用规范； 2. 程序方法恰当； 3. 操作规范	21	1. 降车窗，断开蓄电池负极 5 分； 2. 拆卸三角盖板 4 分； 3. 拆卸控制开关和内饰板 6 分； 4. 拆卸玻璃和升降器 6 分				
5	安装过程	1. 工具、量具使用规范； 2. 程序方法恰当； 3. 操作规范	21	1. 安装升降器和玻璃 6 分； 2. 安装开关，测试玻璃升降情况 5 分； 3. 拆卸开关，安装内衬板 5 分； 4. 安装开关和三角盖板 5 分				
6	线路检查	1. 工具、量具使用规范； 2. 程序方法恰当； 3. 操作规范； 4. 正确读数并分析	8	1. 升降器电动机检查 3 分； 2. 开关电路连接检查 3 分； 3. 线路搭铁检查 2 分				
7	试车交付	1. 试车方法正确； 2. 文明礼貌交车	5	1. 试车方法正确 3 分； 2. 文明礼貌交车 2 分				
8	整理工位做好记录	1. 安全文明生产； 2. 及时整理工位； 3. 合理处置废旧物； 4. 如实记载使用记录	10	1. 设备复位、工具摆放整齐、清理试件、打扫场地、人走灯灭，每项 1 分； 2. 及时认真填写设备使用记录 5 分				

续表

序号	考核内容	考核要点	分值	评分标准	评价 自评得分	评价 互评得分	评价 教师评价	总评得分
9	工时定额	操作时间40min	5	每超5min扣1分				
成绩评价说明		学生自评成绩的权重是20%,学生互评成绩的权重是20%,教师评价成绩的权重是60%						
		优秀(≥90)□,良好(≥80)□,一般(≥70)□,及格(≥60)□,不及格(<60)□						

注:考评过程中,如果出现下列情况之一,不予进行评价。
1. 没做好安全防护,安全意识极差。
2. 不听从老师指挥,没有团队合作意识,擅离工作岗位。
3. 操作时严重违反操作规范,操作行为随意。
4. 因违章操作发生人身伤害和设备损坏事故。
5. 操作时间超过规定时间的50%。

组长签字:　　　　　　　　教师签字:

【练】 综合练习

一、填空题

1. 电动车窗主要由_____、_____、_____等组成。
2. 电动车窗控制开关有_____、_____、_____、_____四种。
3. 车窗电动机是一个_____、_____、_____电动机,通过改变_____电流的方向来改变电动机的旋转方向使车窗玻璃升或降。

二、选择题

1. (　　)不是交臂式升降器的主要结构。
   A. 电动机　　　B. 齿扇　　　C. 滑轨　　　D. 绳轮
2. 哈弗汽车左侧两个车窗电机共用一个(　　)A保险。
   A. 10　　　B. 20　　　C. 30　　　D. 40

三、简答题

简述电动车窗的作用。

四、拓展练习

一辆丰田卡罗拉轿车,电动车窗开关失灵,4个车窗均无法控制升降,以此为情景,制订排故作业流程。

任务3　汽车电动座椅的正确使用与检修

(1) 理解汽车电动座椅系统的功能和正确操作方法。
(2) 理解汽车电动座椅系统的结构组成及各组成部分的工作原理。
(3) 掌握汽车电动座椅系统常见故障诊断和排除方法。
(4) 学会按规范的工艺流程拆装及更换电动座椅。

大众桑塔纳轿车1台、拆装工具1套、翼子板保护裙及驾驶舱内保护罩1套。

【学】　电动车窗的基本认知

一、功能

电动座椅是指以电动机为动力，通过传动装置和执行机构来为驾驶员及乘员提供便于操作、舒适又安全、不易疲劳的驾乘位置。

汽车座椅应满足以下要求：在车厢内布置要合适，尤其是驾驶员的座椅，必须处于最佳的驾驶位置。

二、结构

电动座椅由座椅、电动机、传动机构、控制装置等组成，其结构如图6-12所示。双向电动机产生动力，传动装置可以把动力传至座椅，通过控制开关实现座椅不同位置的调节。按照座椅电动机数目和可调方向数目的不同，一般有二向、四向、六向、八向、十向和多向可调电动座椅。

1. 电动机

电动机是为电动座椅的调节机构提供动力。此类电动机多采用双向电动机，即电枢的旋转方向随电流的方向改变而改变，使电动机按不同的电流方向进行正转或反转，以达到座椅调节的目的。电动机的数量取决于电动座椅的类型，通常六向调节的电动座椅装有三个电动机。为防止电动机过载，电动机内装有熔断丝，以确保电器设备的安全。各电动机位置如图6-13所示。

2. 传动机构

电动座椅的传动机构主要由变速器（蜗轮蜗杆）、联轴装置、齿轮齿条等组成。其作用

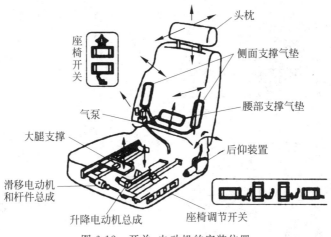

图 6-12 开关、电动机的安装位置

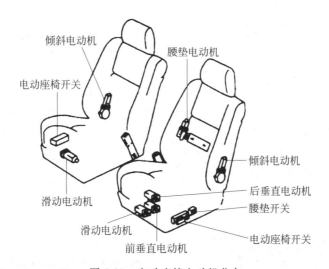

图 6-13 电动座椅电动机分布

是把直流电动机产生的旋转运动,变为座椅的位置调整。前后调整传动机构如图 6-14 所示,由蜗杆、蜗轮、齿条、导轨等组成,齿条装在导轨上。调整时,直流电动机产生的力矩经蜗杆传至两侧的蜗轮上,经齿条的带动,使座椅前后移动。上下调整传动机构如图 6-15 所示,由蜗杆轴、蜗轮、心轴等组成。调整时,直流电动机产生的力矩带动蜗杆轴,驱动蜗轮转动,使心轴在蜗轮内旋进或旋出,带动座椅上下移动。

3. 操作控制

(1) 注意事项

① 电动座椅电动机带有自动复位过载保护电路。如果在座椅调整中电动机停止,请等 30s 后再起动开关。

② 发动机未运转时,请勿长时间操作电动座椅,以避免蓄电池电量耗尽。

(2) 电动座椅开关操作

在点火开关位于 ON 位置的状态下,电动座椅继电器闭合,蓄电池电动座椅控制电路

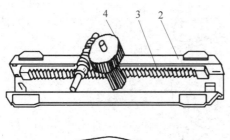
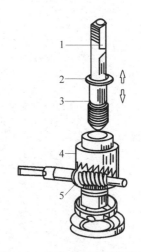
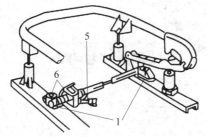

图 6-14 座椅滑动调整机构

1—支撑及导向元器件；2—导轨；3—齿条；4—蜗轮；5—反馈信号电位计；6—调整电动机

图 6-15 座椅的高度调整机构

1—铣平面；2—止推垫片；3—心轴；4—蜗轮；5—挠性驱动蜗杆轴

供电。开关位置如图 6-16 所示。

（3）驾驶位置储存和复位开关操作

复位开关如图 6-17 所示。

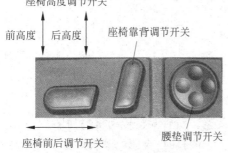
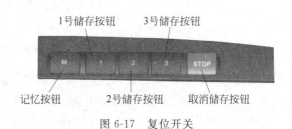

图 6-16 电动座椅开关位置

图 6-17 复位开关

① 按 SET+1 或 2 就可以储存当前的座椅位置。

② 按 1 或 2 就可以恢复储存的座椅位置。

【教】 电动座椅的检测、拆装

一、电动座椅的检测思路

1. 电动座椅某个方向不能工作

故障原因：该方向对应的电动机损坏，开关、连接导线断路。

诊断与排除：可以先检查线路是否正常(直接检测电动机通电情况)，再检查开关(有没有电压)和电动机(有没有电压)。

2. 电动座椅完全不动作

故障原因：继电器故障，熔断器断路，线路断路，座椅开关有故障等。

诊断与排除：可以首先检查座椅继电器、熔断器是否正常，若继电器、熔断器良好，则应检查线路连接是否正常，最后检查开关。

检测步骤如图6-18所示。

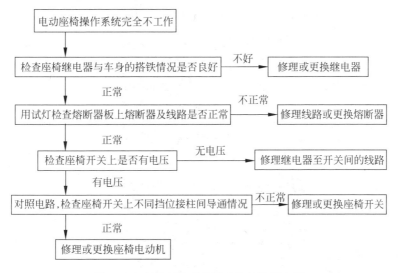

图 6-18 电动座椅完全不动作的检测步骤

二、电动座椅拆装操作

操作前的准备和操作结束后的整理工作参见表1-3中的相关步骤。

电动座椅的拆装过程见表6-8。

表6-8 电动座椅拆装过程

序号	步　骤	图　示	操作要领说明
1	打开驾驶员侧前门		保持车内清洁

续表

序号	步骤	图示	操作要领说明
2	拆卸座椅头枕		将前排座椅(驾驶员位)向后倾斜,拆卸头枕。用力应均匀,不要过猛
3	拆卸座椅内、外滑轨盖		正确使用工具拆卸螺母
4	将前排座椅向后移,用套筒扳手拆卸座椅前面的两个螺母	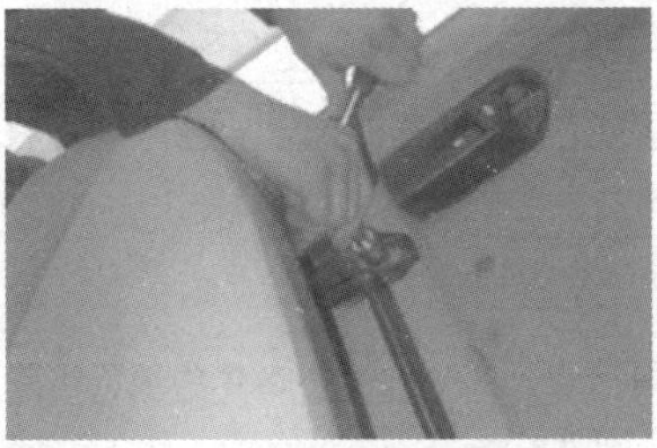	正确使用工具拆卸螺母
5	将前排座椅向前移,用小螺丝刀拆下螺栓饰盖	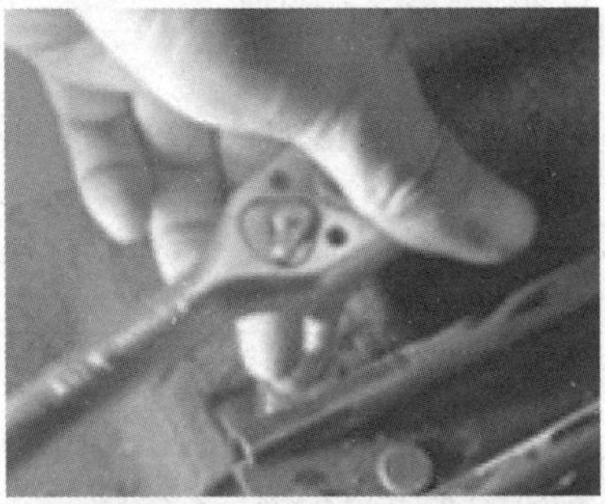	正确使用工具拆卸螺栓盖,操作电动座椅开关旋钮移动到中间位置,同时,操作电动座椅开关旋钮并将座椅靠背移动到直立位置
6	用套筒拆卸座椅后面的螺母,将电缆从蓄电池负极(一)端子上断开	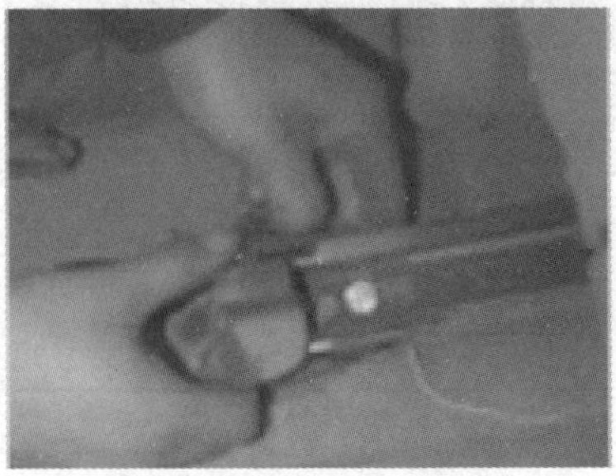	正确使用工具拆卸螺母,将电缆从蓄电池负极(一)端子上断开。断开蓄电池电缆后重新连接时,某些系统需要初始化

续表

序号	步 骤	图 示	操作要领说明
7	将汽车前排座椅移出,用小一字螺丝刀拆卸线插	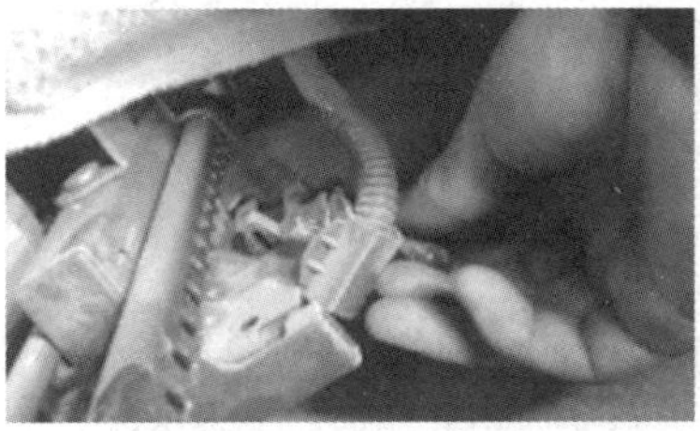	正确使用工具,不要损坏线插
8	移动前排座椅(驾驶员位),拆下座椅	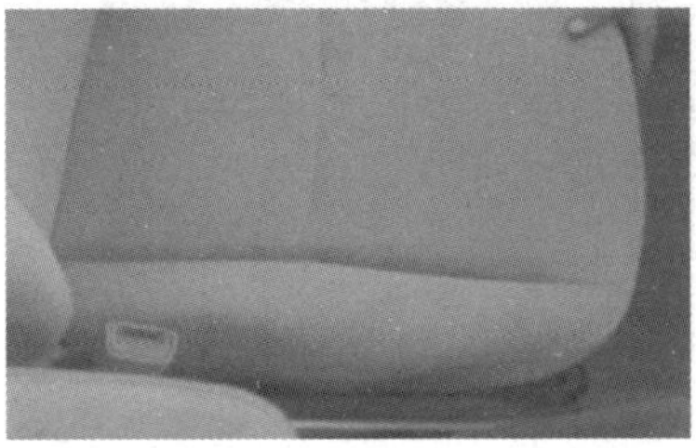	要避免座椅支架损伤车内饰板
9	准备好前排座椅(驾驶员位)	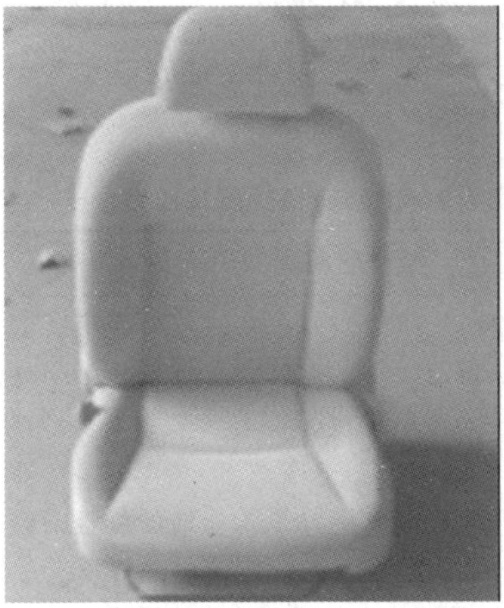	确认座椅完好无损坏
10	将前排座椅(驾驶员位)移到车内		移动座椅时,要避免座椅支架损伤车内饰板

续表

序号	步骤	图示	操作要领说明
11	用套筒扳手紧固前排座椅前后共4个螺栓,并将后面两个螺栓的饰盖装好	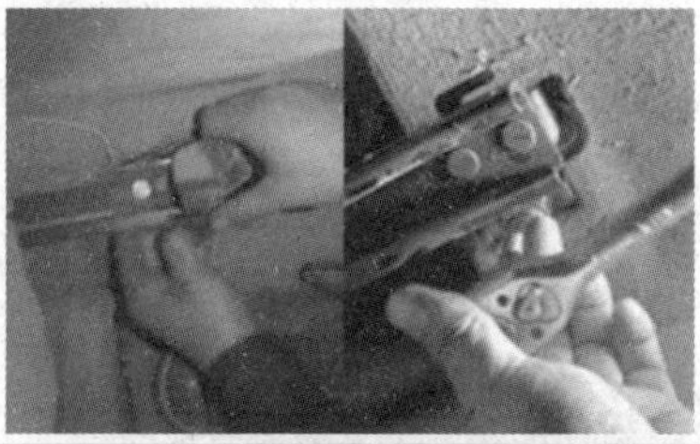	正确使用工具
12	安装完毕后,检验安装工作是否完成		检验之前的安装工作有没有疏漏之处,座椅是否能够正常工作

【做】 电动座椅的拆装

按照表6-8电动座椅拆装步骤的相关要求,完成电动座椅拆装操作,并按要求填写表6-9工作记录卡。

表6-9 电动座椅拆装工作记录卡

操作前相关知识准备

1. (　　)不是电动座椅组成部分。
   A. 传动装置　　　B. 电动机　　　C. 交叉臂　　　D. 控制装置
2. 六向调节的电动座椅装有(　　)个电动机。
   A. 1　　　　　　B. 2　　　　　　C. 3　　　　　　D. 4
3. 电动座椅的作用是把(　　)产生的旋转运动变为座椅的位置调整。
   A. 直流电动机　　　　　　　B. 交流电动机
   C. 传动机构　　　　　　　　D. 以上都不对

操作所需工具、量具、设备、材料等	
项目	内容
工具	
量具	
设备	
材料	

续表

实 训 要 求

操作前,要认真阅读相关安全规则手册,熟知有关安全防护常识。

学生进入实训场地,必须严格遵守实训场地要求,听从实训老师指挥,不可以擅离规定实训区域,更不可以随意触碰实训场地内的车辆、设备、材料、工具、量具等与本次课无关的物品。学生动手操作一定要在老师的指挥、监管下进行,不可以擅自主张做与当堂课业内容无关的项目,如有需求应及时向当课老师提出申请,经老师同意后在其监管下方可完成操作,以免造成人员伤害和设备损坏。

学生进入实训场地,即将自己当作一个职业人,一切言行举止要以职业人的规范行为严格要求自己,养成职业好习惯,为将来上岗做好心理上和行为上的准备。

操 作 过 程				
序号	操作过程	操作要点 (操作过程每个步骤的要点)	操作过程记录 (故障点、坏损件、数据等)	操作过程分析 (问题、原因、解决方法等)
学生自我总结、意见				
教师综合评价				

【评】 电动座椅的拆装

根据电动座椅的拆卸过程,填写表 6-10 电动座椅的拆装评价表。

表 6-10 电动座椅的拆装评价表

序号	考核内容	考核要点	分值	评分标准	评价			总评得分
					自评得分	互评得分	教师评价	
1	前期准备	1. 劳保着装及工具准备齐全; 2. 场地选择合理整洁; 3. 设备调试正确	10	工具等准备、劳保着装、场地选择、场地清洁、设备调试符合要求,每项 2 分				

续表

序号	考核内容	考核要点	分值	评分标准	自评得分	互评得分	教师评价	总评得分
2	车辆准备	1. 车辆安全停放定位； 2. 做好相关车辆防护	10	1. 车辆安全停放相关事项全面、正确3分； 2. 详实检查、记录车况2分； 3. 车辆相关防护措施全面恰当、操作正确5分				
3	外观检查	1. 检查项目全面； 2. 检查方法恰当	10	1. 就车检查过程全面正确5分； 2. 检查方法正确5分				
4	拆卸过程	1. 工具、量具使用规范； 2. 程序方法恰当； 3. 操作规范	21	1. 拆卸座椅头枕总成5分； 2. 拆卸座椅滑轨盖4分； 3. 拆卸座椅固定螺母和电动机6分； 4. 拆卸座椅6分				
5	安装过程	1. 工具、量具使用规范； 2. 程序方法恰当； 3. 操作规范	21	1. 安装座椅6分； 2. 安装座椅固定螺母和电动机6分； 3. 安装座椅滑盖4分； 4. 安装头枕总成5分				
6	试车交付	1. 试车方法正确； 2. 文明礼貌交车	8	1. 试车方法正确4分； 2. 文明礼貌交车4分				
7	整理工位做好记录	1. 安全文明生产； 2. 及时整理工位； 3. 合理处置废旧物； 4. 如实记载使用记录	15	1. 设备复位、工具摆放整齐、清理试件、打扫场地、人走灯灭，每项2分； 2. 及时认真填写设备使用记录5分				
8	工时定额	操作时间40min	5	每超5min扣1分				
成绩评价说明	学生自评成绩的权重是20%，学生互评成绩的权重是20%，教师评价成绩的权重是60%							
	优秀(≥90)□，良好(≥80)□，一般(≥70)□，及格(≥60)□，不及格(<60)□							

注：考评过程中，如果出现下列情况之一，不予进行评价。
1. 没做好安全防护，安全意识极差。
2. 不听从老师指挥，没有团队合作意识，擅离工作岗位。
3. 操作时严重违反操作规范，操作行为随意。
4. 因违章操作发生人身伤害和设备损坏事故。
5. 操作时间超过规定时间的50%。

组长签字：　　　　　　教师签字：

【练】 综合练习

一、填空题

1. 电动座椅主要由＿＿＿＿、＿＿＿＿、＿＿＿＿、＿＿＿＿等组成。
2. 电动座椅是指以＿＿＿＿为动力,通过＿＿＿＿和＿＿＿＿来为驾驶员及乘员提供便于操作、舒适又安全、不易疲劳的驾乘位置。
3. 发动机未运转时,请勿长时间操作电动座椅,以避免＿＿＿＿。

二、选择题

1. (　　)不是电动座椅传动机构的主要结构。
   A. 蜗杆　　　　　B. 齿扇　　　　　C. 蜗轮　　　　　D. 导轨
2. 电动座椅电动机带有自动复位过载保护电路。如果在座椅调整中电动机停止,请等(　　)s后再起动开关。
   A. 10　　　　　B. 20　　　　　C. 30　　　　　D. 40

三、简答题

1. 简述电动座椅的作用。
2. 简述电动座椅操作的注意事项。

项目 7 新能源汽车认知

任务 1 新能源汽车的定义和种类

1. 了解新能源汽车的定义。
2. 了解新能源汽车的种类。
3. 了解发展新能源汽车的必要性。

【学】 新能源汽车概述

一、定义

根据我国《汽车产业发展政策》的有关规定,2007年,国家发展和改革委员会制定了《新能源汽车生产准入管理规则》(以下简称《规则》),《规则》对新能源汽车做出了明确的定义:新能源汽车是指采用非常规的车用燃料作为动力来源(或使用常规的车用燃料而采用新型车载动力装置),综合车辆的动力控制和驱动方面的先进技术,形成的技术原理先进、具有新技术、新结构的汽车。

二、分类

新能源汽车包括:①燃气汽车(液化天然气、压缩天然气);②燃料电池电动汽车(FCEV);③纯电动汽车 BEV;④液化石油气汽车;⑤氢能源动力汽车;⑥混合动力汽车(油气混合、油电混合);⑦太阳能汽车和其他新能源(如高效储能器)汽车等,其废气排放量比较低。

对新能源汽车的界定,我国没有统一的定义,但比较权威的说法有两种。

一个是 2009 年 6 月 1 日,工业和信息化部制定的《新能源汽车生产企业及产品准入管理规则》中对新能源汽车的界定。此规则界定新能源汽车是指采用非常规的车用燃料作为动力来源,综合车辆的动力控制和驱动方面的先进技术,形成的技术原理先进,具有新技术、新结构的汽车。新能源汽车包括混合动力汽车、纯电动汽车(包括太阳能汽车)、燃料电池汽车、氢发动机汽车和其他新能源位口高效储能器、二甲醚汽车等。

另一个是 2012 年 7 月 9 日国务院发布的《节能与新能源汽车产业发展规划(2012—2020 年)》中对新能源汽车的界定。此规划界定新能源汽车是指采用新型动力系统,完全或主要依靠新型能源驱动的汽车。此规划中所指新能源汽车主要包括纯电动汽车、插电式混合动力汽车及燃料电池汽车。

1. 混合动力汽车

混合动力汽车是指那些采用传统燃料,同时配以电动机发动机来改善低速动力输出和燃油消耗的车型,如图 7-1 所示。按照燃料种类的不同,主要又可以分为汽油混合动力汽车和柴油混合动力汽车两种。国内市场中,混合动力汽车的主流是汽油混合动力汽车,而国际市场中柴油混合动力车型的发展也很快。按混合动力汽车动力系统结构类型的不同,可以将其分为串联式混合动力汽车、并联式混合动力汽车和混联式混合动力汽车。按混合动力汽车混合程度的不同,可以分为微度混合动力汽车、轻度混合动力汽车、中度混合动力汽车和重度/全混合动力汽车。

采用混合动力后可按平均需用的功率来确定内燃机的最大功率,此时处于油耗低、污染少的最优工况。当大功率内燃机功率不足时,由电池来补充;负荷少时,富余的功率可发电给电池充电,由于内燃机可持续工作,电池又可以不断得到充电,故其便捷程度与普通汽车一样。

图 7-1 混合动力汽车

(1) 串联式结构类型

如图 7-2 所示,串联式结构的最大特点是:能量的产生和使用完全独立,发动机的功能只是驱动发电机工作,由发电机向蓄电池充电。汽车完全由电动机驱动,发动机只需在某一转速下工作,避免在急速或其他不经济工况下工作可明显减少排气污染和提高燃油经济性、节约费用。

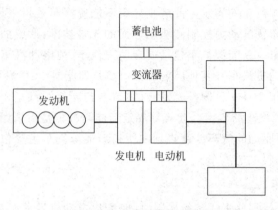

图 7-2 串联式混合动力系统

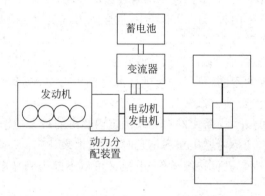

图 7-3 并联式混合动力系统

(2) 并联式结构形式

如图 7-3 所示,并联式结构的混合动力汽车可由发动机与电动机分别独立的驱动,采用异步交流电动机,既可作电动机,又可作发电机使用。

汽车在不同行驶工况下工作如下。

① 正常行驶工况。在一般路面上驾驶员以发动机作为动力行驶。

② 启动及小负荷行驶工况。当汽车在起动、小负荷和下坡行驶及汽车需要通过对排放要求严格限制的地区,可通过离合器是发动机熄火,汽车由电动机从蓄电池中获得电能来驱动。

③ 加速行驶工况。当汽车加速或高速行驶需要大功率时发动机和电动机可联合工作,以获得所需得峰值功率。

④ 蓄电池充电工况。大汽车在低负荷工作时异步交流电动机作为发电机自动接通为蓄电池充电,使蓄电池电能获得补充,这有利于提高发动机工作效率。

⑤ 减速和制动工况。由汽车驱动电动机,此时电动机为蓄电池充电,汽车制动时能量回收部分转变为电能而储存。

（3）混联式结构形式

如图 7-4 所示，混联式结构的混合动力系统利用动力分配装置将动力一分为二：一部分直接驱动汽车；另一部分驱动交流发电机，而交流发电机驱动电动机并为蓄电池充电。

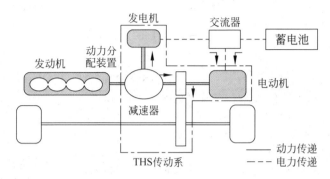

图 7-4　混联式混合动力系统

汽车在不同行驶工况下工作如下。

① 正常行驶工况。发动机输出动力一路直接驱动车轮；另一路经交流发电机、变流器、电动机驱动车轮。

② 启动及小负荷行驶工况。此时，发动机效率不高而停止工作，由蓄电池带动电动机驱动车轮。

③ 加速行驶工况。在正常行驶工况基础上增加功率输出，这部分增加的动力由蓄电池供给，由电能转化成机械能传给车轮。

④ 减速和制动工况。由汽车车轮驱动电动机，此时电动机作为发电机使用，电动机发出的电能为蓄电池充电，将汽车的制动能回收为电能。

（4）不同类型的混合动力电动汽车的比较

表 7-1 对不同类型的混合动力电动汽车在燃油经济性、尾气排放和控制难易程度等方面作了比较。表 7-2 对不同类型的混合动力电动汽车在驱动模式、传动效率、整车布置、使用条件等方面作了比较。

表 7-1　不同类型的混合动力电动汽车类型的比较

项目	串联式	并联式	混联式
公路行驶燃油经济性	较优	优	优
城市行驶燃油经济性	优	较优	优
无路行驶燃油经济性	较优	优	优
低排放性能	优	较优	较优
成本	低	较低	较低
复杂程度	简单	较复杂	复杂
控制难易程度	简单	较复杂	复杂

表 7-2 不同类型的混合动力电动汽车特点的比较

结构模型	串联式	并联式	混联式
动力总成	发动机、发电机、驱动电动机等三大动力总成	发动机、电动/发电机或电动机两大动力总成	发动机、电动/发电机、电动机等三大动力总成
驱动模式	电动机是唯一的驱动模式	发动机驱动模式、电动机驱动模式、发动机-电动机混合驱动模式	发动机驱动模式、电动机驱动模式、发动机-电动机混合驱动模式、电动机-电动机混合驱动模式
传动效率	能量转换效率较低	传动效率较高	传动效率较高
制动能量回收	能够回收制动能量	能够回收制动能量	能够回收制动能量
整车总布局	三大动力总成之间没有机械式连接装置，结构布置的自由度较大，但三大动力总成的质量、尺寸都比较大，一般在大型车辆上采用	发动机驱动系统保持机械式传动系统，发动机与电动机两大动力总成之间被不同的机械装置连接起来，结构复杂，是布局受到一定的限制	三大动力总成之间采用机械装置连接，三大动力总成的质量、尺寸都较小，能够在小型车辆上布置，但结构更加紧凑
适用条件	适用于大型客车或货车，适应在路况较复杂的城市道路和普通公路上行驶，更加接近电动汽车的性能	适用于中小型汽车，适应在城市道路和高速公路上行驶，接近普通的内燃机汽车性能	适用于各种类型的汽车，适应在各种道路上行驶，更加接近普通得内燃机汽车性能

2. 插电式混合动力汽车(增程式、插电式)

插电式混合动力汽车是可以在正常使用情况下，从非车载装置中获取电能，以满足车辆一定的纯电动续驶里程的混合动力汽车，可分为增程式和混联插电式，如图 7-5 所示。

增程式混合动力汽车是在纯电动汽车的基础上开发的电动汽车。之所以称之为增程式混合动力汽车是因为车辆追加了增程器转统发动机加发电机)，而为车辆追加增程器的目的是进一步提升纯电动汽车的续驶里程，使其能够尽量避免频繁地停车充电。

插电式混合动力汽车是由混合动力汽车进化而来的，它继承了混合动力汽车的大部分特点，但把混合动力汽车的功率型电池替换为比容量悍位质量所包含的能量)更大的能量型电池，如此一来动力电池就有足够的能量保证车辆可以在零排放、无油耗的纯电动模式下行驶一定的距离。

从驱动的角度分析，增程式混合动力汽车不论工作在纯电动模式还是增程模式下，其车轮始终仅由电动机独立驱动，而插电式混合动力汽车如果工作在混合动力模式下，发动机会与电机一同参与到驱动车轮的行列经动力耦合后。

从系统选型的角度分析，增程式混合动力汽车必须是串联式混合动力形式，而插电式混合动力汽车可以是并联式混合动力形式，也可以是混联式混合动力形式。

从电气化程度的角度分析，增程式混合动力汽车的电气化程度无疑更高，具体表现就是电功率占总输出功率的百分比是 100%，而插电式混合动力汽车不足 100%。

图 7-5　插电式混合动力汽车

3. 纯电动汽车

纯电动汽车顾名思义就是由车载可充电蓄电池或其他能量储存装置提供电能、由电机驱动的汽车，有一部分车辆把电动机装在发动机舱内，也有一部分直接以车轮作为四台电动机的转子，其难点在于电力储存技术，如图 7-6 所示。

图 7-6　纯电动汽车

电力可以从多种能源获得，如煤、核能、水力、风力、光、热等，解除了人们对石油资源日渐枯竭的担心。纯电动汽车还可以充分利用夜晚用电低谷时富余的电力充电，使发电设备日夜都能充分利用。有关研究表明，同样的原油经过粗炼，送至电厂发电，经充入电池，再由电池驱动汽车，其能量利用效率比经过精炼变为汽油，再经汽油机驱动汽车高，因此发展电动汽车有利于节约能源和减少二氧化碳的排放。正是这些优点，使电动汽车的研究和应用成为汽车工业的一个"热点"。对于发展纯电动汽车而言，最大的障碍是基础设施建设以及价格，与混合动力相比，电动汽车更需要基础设施的配套，而这不是一家企业能解决的,需要各企业联合起来与当地政府部门一起建设。

目前,纯电动汽车主要有以下几类。

(1) 蓄电池作为动力源的纯电动汽车

用单一蓄电池作为动力源的纯电动汽车,只装置了蓄电池组,它的电力和动力传输系统如图7-7所示。

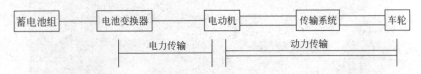

图7-7 用单一蓄电池作为动力源的纯电动汽车的电力和动力传输系统

(2) 装有辅助动力源的纯电动车

用单一蓄电池作为动力源的纯电动汽车,蓄电池的比能量和比功率较低,蓄电池组的质量和体积比较大。因此,在某些纯电动汽车上增加辅助动力源,如超级电容器、发电机组、太阳能等,由此改善纯电动汽车的启动性能和增加续驶里程。装有辅助动力源的纯电动汽车的电力和动力传输系统如图7-8所示。

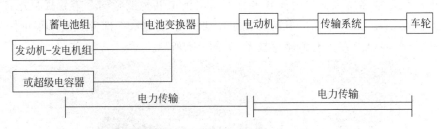

图7-8 装有辅助动力源的纯电动汽车的电力和动力传输系统

(3) 纯电动汽车的结构原理

燃油汽车主要由发动机、地盘、车身和电器4大部分组成,纯电动汽车的结构与燃油汽车相比,主要增加了电力驱动控制系统,而取消了发动机,电力驱动控制系统的组成与工作原理如图7-9所示,它由电力驱动模块、车载电源模块和辅助模块3大部分组成。

当汽车行驶时,由蓄电池输出电能(电流)通过控制驱动电动机运转,电动机输出的转矩经传动系统带动车轮前进或后退。电动汽车行驶里程与蓄电池容量有关,蓄电池容量受诸多因素限制。要提高一次充电续驶里程,必须尽可能的节省蓄电池能量。

4. 燃料电池汽车

燃料电池汽车是指以氢气、甲醇等为燃料,通过化学反应产生电流,依靠电机驱动的汽车。如图7-10所示。其工作原理是,使作为燃料的氢在汽车搭载的燃料电池中与大气中的氧发生化学反应,产生出电能发动电动机,由电动机带动汽车中的机械传动结构,进而带动汽车的前后万象轴、后桥等行走机械结构,转动车轮驱动汽车。核心部件燃料电池采用的能源间接来源是甲醇、天然气、汽油等烃类化学物质,通过相关的燃料重整器发生化学反应间接地提取氧元素;直接来源就是石化裂解反应提取的纯液化氢。由于电池的能量来自氢气和氧气发生的化学反应,而非油燃烧获得,燃料电池的化学反应过程不会产

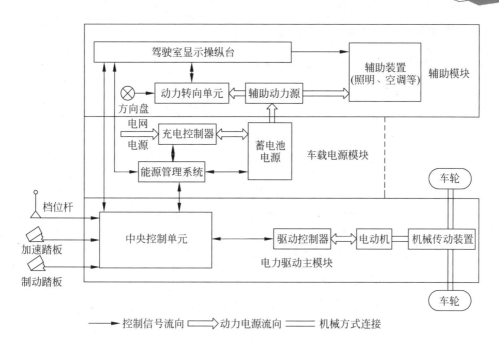

图 7-9 电力驱动控制系统的组成与工作原理

生有害产物,因此燃料电池汽车是无污染的汽车。燃料电池的能量转换效率比内燃机要高 2-3 倍,因此从能源的利用和环境保护方面考虑,燃料电池汽车是一种理想的绿色新型环保汽车。

图 7-10 燃料电池汽车

近几年来,燃料电池技术已经取得了重大的进展。世界著名汽车制造厂,如戴姆勒—克莱斯勒、福特、丰田和通用汽车公司等已经宣布,将燃料电池汽车投向市场。在开发燃料电池汽车过程中仍然存在着技术挑战,如燃料电池组的一体化,汽车制造厂都在朝着集成部件和减少部件成本的方向努力,并已取得了显著的进步。

目前燃料电池电动汽车绝大多数采用的是混合式燃料当电池驱动系统,将燃料电池与辅助动力源相结合,燃料电池可以只满足持续功率需求,借助辅助动力源提供加速、爬坡等所需的峰值功率,而且在制动时可以将回馈的能量储存在辅助动力源中,混合式燃料电池驱动系统有并联式和串联式两种,如图7-11所示。

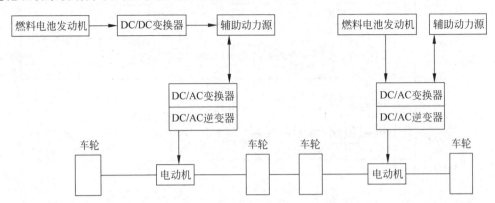

图7-11 混合式燃料电池电动汽车驱动系统框图

混合式燃料电池电动汽车的动力系统主要由燃料电池发动机、辅助动力源、DC/DC变换器、DC/AC逆变器、电动机和动力控制系统等组成。

5. 气体燃料汽车

(1) 天然气汽车

天然气是指以天然气作为燃料的汽车。按照所使用天然气燃料状态的不同,天然气汽车可分为压缩天然气汽车(CNGV)和液化天然气汽车(LNGV)。

压缩天然气是指压缩到20.7~24.8MPa的天然气,储存在车载高压气瓶中。它是一种无色透明、无味、高热量、比空气轻的气体,主要成分是甲烷,由于组分简单,易于完全燃烧,加上燃料含碳少、抗爆性好、不稀释润滑油,能够延长发动机使用寿命。

液化天然气是指常压下、温度为-162℃的液体天然气,储存于车载绝热气瓶中。液化天然气燃点高、安全性能强,适于长途运输和储存。目前世界上使用较多的是压缩天然气汽车。

(2) 液化石油气汽车

液化石油气(简称LPG)的主要成分是丙烷C_3H_8,此外还含有少量的丙烷C_4H_{10},丙烯C_3H_6和丁烯C_4H_8,作为车用燃料来说,液化石油气的能量密度比天然气大,在中小型汽车上推广比较容易。

目前,对于LPG加气站不足的地区,还不具备发展纯LPG汽车的条件,大多数国家仍以发展液化石油气—汽油两用燃料汽车为主。

由于液化气和天然气的性质相似决定了它们的结构相似性,故液化石油气汽车的主要专用部件与天然气汽车大部分一致。液化石油气汽车与天然气汽车的主要区别在于液化石油气汽车必须有蒸发调压器。所谓LPG蒸发调压器是集预热、蒸发、减压、调压功能于一体,LPG被发动机冷却水加热后蒸发气化,再经减压达到接近大气压时供发动机使用。

6. 生物燃料汽车

(1) 甲醇燃料汽车

甲醇燃料汽车是指利用甲醇燃料作为能源驱动的汽车。甲醇作为燃料在汽车上的应用主要有掺烧和纯甲醇替代两种。掺烧是指将甲醇以不同的比例（如 M10、M15、M30 等）掺入汽油中，作为发动机的燃料，一般称为甲醇汽油；纯甲醇替代是指将高比例甲醇（如 M185、M100）直接用作汽车燃料。

（2）乙醇燃料汽车

乙醇汽车是使用车用乙醇汽油作为主要动力燃料的汽车。一直以来，生物乙醇备受争议，因为有人批评大规模使用乙醇作为燃料，会导致食品价格上涨，此外，传统制造乙醇过程中会消耗很多能源，因此，从"从油井到车轮"的全过程来看，乙醇燃料并不环保。但是通用汽车打算结束这种争论，在 2008 年北美车展上，通用汽车大打"E85 牌"，推出了多款 E85 乙醇燃料车，同时，推动车用能源多样化的战略手段，正式宣布与美国 Coskata 能源公司携手，在乙醇燃料技术领域内开展合作。

（3）二甲醚燃料汽车

二甲醚作为环保、清洁、安全的新型替代能源，已得到国际社会的公认。二甲醚是汽车发动机，特别是柴油发动机燃料的理想替代品。

由于二甲醚具有低沸点、高饱和蒸汽压、低黏性、优良的压缩性、高十六烷值、含氧24.8%、较低热值等特点，二甲醚燃料发动机技术以引起西方发达国家政府和专家的高度重视。近年来，欧美、日韩、俄罗斯等国家十分看好二甲醚燃料汽车的市场前景和环保效益，纷纷开展二甲醚燃料发动机与汽车的研发。我国与国际二甲醚燃料发动机研究几乎同步。

7. 氢燃料汽车

氢是清洁燃料，采用氢气作燃料，只需略加改动常规火花塞点火式发动机，就可以使用。其燃烧效率比汽油高，混合气可以较大程度地变稀，所需点火能量小，有利于节约燃料。氢气也可以加入其它燃料（如 CNG）中，用于提高效率和减少 NO_2 排放。氢的质量能量密度是各种燃料中最高的一种，但体积能量密度最低，其最大的使用障碍是储存和安全问题。

汽车使用氢燃料较简单的技术是在发动机进气管里进行预混，经过进气道在进气形成送入气缸，由火花塞或电热塞引燃，也可以用柴油引燃。由于氢的分子量很小，在等能量情况下，气态氢比甲烷等其他气体占的体积大，因此机外混合的容积效率低，功率只有原来石油燃料发动机的80%左右；混合气在进气行程进入气缸，又经过压缩行程的作用，氢与空气的混合时间时间较长，又较容易从外界创造条件促进混合气混合均匀，因此混合气的品质容易保证，但这种汽车的动力性较低，易产生回火，综合性能较差。尽管预混技术简单，发动机变动较小，也可以采用一些措施来提高发动机功率及避免回火，然而汽车的综合性能难以达到较高水平。

8. 太阳能汽车

太阳能汽车是利用太阳能电池将太阳能转化为电能，并利用该电能作为能源驱动行驶的汽车。太阳能主要由太阳能电池组、自动阳光跟踪系统、驱动系统、控制器、机械系统等组成。

太阳能汽车由太阳能电池板在向日自动跟踪器的控制下始终正对太阳，接收太阳光，并转化成电能,向电动机供电,再由电动机驱动汽车行驶,它实际上是一种电动汽车,其工作原理与串联式混合动力汽车(SHEV)基本相同。

三、发展新能源汽车的必要性

能源短缺、环境污染、气候变暖是全球汽车产业面对的共同挑战,各国政府及产业界纷纷提出各自发展战略,积极应对,以保持其汽车产业的可持续发展,并提高未来的国际竞争力。新能源汽车已成为21世纪汽车工业发展的热点。

1. 能源短缺

世界能源主要包括石油、天然气、煤炭和核能等。据预测,目前全球已探明石油储量为12000.7亿桶,可开采40.6年;天然气已探明储量179.83万亿立方米,可开采65.1年。全球2006年底已探明可开采煤炭储量为9090.64亿吨,可开采155年,而随着可探明技术的发展,可开采煤炭储量将增加到200年以上。2013年世界能源消结构如图7-12所示。

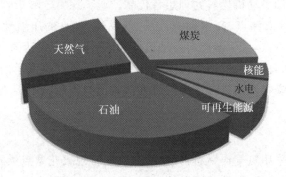

图7-12 2013年世界能源消结构

表7-3 2013年世界能源消结构表

能源	占比
石油	33%
煤炭	30%
天然气	24%
核能	4%
水电	7%
可再生能源	2%
总量	100%

石油在交通领域的消费逐年增长。国际能源机构(IEA)的统计数据表明,2001年全球57%的石油消费在交通领域(其中美国达到67%)。预计到2020年,交通用油占全球石油总消耗的62%以上。美国能源部预测,2020年以后,全球石油需求与常规石油供给之间将出现净缺口,2050年的供需缺口几乎相当于2000年世界石油总产量的两倍。

2. 环境污染

燃油汽车在行驶过程中会产生大量的有害气体,不但污染环境,还大大地影响人类健康。燃油汽车排放的污染物主要包括以下几种：碳氢化合物、氮氧化合物、一氧化碳、二氧化硫、铅、可吸入颗粒和汽油。

进入21世纪后，汽车生产和销售量的增长率更是以两位数高速增长，从而加剧了机动车对城市的污染。一些城市机动车排放的污染物对多项大气污染指标的分担率已达到60%以上。机动车排放污染已对城市大气污染构成了严重威胁。因此，必须研究改善城市机动车排放污染的对策和措施。

降低和控制机动车排放污染物的主要措施有以下几种。

（1）控制机动车排放污染源水平。

（2）提高燃油品质。燃油品质在很大程度上限制了机动车排放污染物的水平。

（3）发展替代燃料。汽车使用压缩天然气和液化石油气是降低污染物排放的有效途径。

（4）推广使用电动汽车。与内燃机汽车相比，电动汽车是零排放，发展电动汽车不仅对改善城市交通污染有重要意义，而且对能源安全也至关重要。

在能源和环保的双重压力下，新能源汽车无疑将成为未来汽车的发展方向。据专家预计，如果新能源汽车得到快速发展，以2020年中国汽车保有量1.4亿辆计算，可以节约石油3229万吨，替代石油3110万吨，两者相当于将汽车用油需求削减22.7%，2020年

以前节约和替代石油主要依靠发展先进柴油汽车、混合动力汽车等实现。到2030年，新能源汽车的发展将节约石油7306万吨，替代石油910。万吨，节约和替代石油共16406万吨，相当于将汽车石油需求削减牡%。届时，生物燃料、燃料电池在汽车石油替代中将发挥重要的作用。结合中国的能源资源状况和国际汽车技术的发展趋势，预计到2025年后，中国普通汽油车占乘用车的保有量将仅占50%左右，而先进柴油汽车、燃气汽车、生物燃料汽车等新能源汽车将迅猛发展。

【练】 综合练习

一、填空题

1. 混合动力汽车是指那些采用_____，同时配以_____来改善低速动力输出和燃油消耗的车型

2. 燃料电池汽车是指以_____等为燃料，通过化学反应_____，依靠电机驱动的汽车。

二、选择题

1. 以下选项中不是全球汽车产业面对的共同挑战的是（　　）。
　　A. 能源短缺；　　B. 水土流失；　　C. 环境污染；　　D. 气候变暖

2. 燃料电池采用的能源间接来源是（　　）、天然气、汽油等烃类化学物质。
　　A. 甲醇；　　B. 乙醇；　　C. 丙醇；　　D. 丁醇

三、简答题

1. 简述什么是新能源汽车。
2. 简述新能源汽车的分类。

四、拓展练习

学生自己查找资料,找出各种类新能源汽车的代表品牌车型。

任务 2　新能源汽车发展现状及发展趋势

 学习目标

1. 了解新能源汽车的动力电池。
2. 了解国内外新能源汽车的现状。
3. 了解未来新能源汽车的发展趋势。

【学】　新能源汽车发展现状

一、新能源汽车的动力电池

电池是电动汽车的动力源,是能量的存储装置,也是目前制约电动汽车发展的关键因素。要使电动汽车能与燃油汽车相竞争,关键是开发出能量高、功率大、使用寿命长、成本低的电池。

1. 电动汽车用动力电池分类

电动汽车使用的动力电池可以分为化学电池、物理电池和生物电池三大类。

(1) 化学电池

化学电池是利用物质的化学反应发电。

化学电池按工作性质分为原电池、蓄电池、燃料电池和储备电池。

① 原电池。原电池又称一次电池,是指电池放电后不能用简单的充电方法使活性物质复原而继续使用的电池,如锌-二氧化锰干电池、锂锰电池、锌空气电池、一次锌银电池等。

② 蓄电池。蓄电池又称二次电池,是指电池在放电后可通过充电的方法使活性物质复原而继续使用的电池,这种充放电可以达数十次到上千次循环。如铅酸蓄电池、镍镉电池、镍氢电池、锂离子电池等。

③ 燃料电池。燃料电池又称连续电池,是指参加反应的活性物质从电池外部连续不断地输入电池,电池就连续不断地工作而提供电能。如质子交换膜燃料电池、碱性燃料电池、磷酸燃料电池、熔融碳酸盐燃料电池、固体氧化物燃料电池、直接甲醇燃料电池、再生型燃料电池等。

④ 储备电池。储备电池是指电池正负极与电解质在储存期间不直接接触,使用前注入电解液或者使用其他方法使电解液与正负极接触,此后电池进入待放电状态,如镁电池、热电池等。化学电池按电解质分为酸性电池、碱性电池、中性电池、有机电解质电池、非水无机电解质电池、固体电解质电池等。

化学电池按电池的特性分为高容量电池、密封电池、高功率电池、免维护电池、防爆电池等。化学电池按正负极材料分为锌锰电池系列、镍氢系列、铅酸系列、锂电池系列等。

（2）物理电池

物理电池是利用光、热、物理吸附等物理能量发电的电池，如太阳能电池、超级电容器、飞轮电池等。

（3）生物电池

生物电池是利用生物化学反应发电的电池，如微生物电池、酶电池、生物太阳电池等。

迄今已经实用化的车用动力蓄电池有传统的铅酸蓄电池、镍镉电池、镍氢电池和锂离子电池。在物理电池领域中，超级电容器也应用于纯电动汽车和混合动力汽车中。生物燃料电池在车用动力中应用前景也十分广阔，以氢为燃料的燃料电池和氧化物燃料电池的研发已进入重要发展阶段。

2. 电动汽车对动力电池的要求

（1）比能量高。为了提高电动汽车的续驶里程，要求电动汽车上的动力电池尽可能储存多的能量，但电动汽车又不能太重，其安装电池的空间也有限，这就要求电池具有高的比能量。

（2）比功率大。为了能使电动汽车在加速行驶、爬坡能力和负载行驶等方面能与燃油汽车相竞争，就要求电池具有高的比功率。

（3）充放电效率高。电池中能量的循环必须经过充电—放电—充电的循环，高的充放电效率对保证整车效率具有至关重要的作用。

（4）相对稳定性好。电池应当在快速充放电和充放电过程变工况的条件下保持性能的相对稳定，使其在动力系统使用条件下能达到足够的充放电循环次数。

（5）使用成本低。除了降低电池的初始购买成本外，还要提高电池的使用寿命以延长其更换周期。

（6）安全性好。电池应不会引起自燃或燃烧，在发生碰撞等事故时，不会对乘员造成伤害。

美国先进电池开发联合体（USABC）对电动汽车用动力电池制定开发目标，见表7-4。

表7-4 电动汽车用动力电池制定开发目标

性能参数	中期目标	长期目标
能量密度/(Wh/L)	135	300
比能量/(Wh/kg)	80-100	200
功率密度/(W/L)	250	600
比功率/(W/kg)	150-200	400
使用寿命/a	5	10
循环寿命/次	600	1000
正常充电时间/h	<6	3-6
工作循环温度/℃	-30-65	-40-80

二、国内新能源汽车

我国有着较好的基础,可以发展节能与新能源汽车。第一,我国是仅次于日本、韩国的全球第三大锂电池生产国,占全球约25%的市场份额。虽然就目前来看,锂电池产品还多应用于手机、电动工具、电动自行车等领域,但其产业规模庞大、产业链基础较好、生产工艺共性点多,具备大规模发展汽车用动力电池的条件。第二,我国也是锂资源储量大国,锂离子动力电池生产已经形成了一个比较完整的产业链。经过近些年的发展,我国动力电池的主要性能明显进步,初步具备了产业化的能力。第三,在车用驱动电机方面,我国电机产业规模位居全球首位,产品量大、面广。我国又是工业电机的生产大国,在电机生产方面有较强的技术基础。目前,我国电动汽车整车已经进入规模化应用阶段,包括动力性、经济性、续驶里程、噪声等指标已经达到国际水平,前期是城市公交,现在乘用车产品也越来越多,比如比亚迪、郑州日产、奇瑞、长安等都有混合动力汽车生产上市。

新能源汽车已经列入到我国七大战略性新兴产业中,具体的支持政策也正在陆续出台,力度上也越来越大。除了新能源汽车的购买补贴外,以后地方政府还会陆续出台一些优惠政策,例如购置税优惠、停车收费优惠,甚至还将提供一些行驶上的便利,比如传统汽车的限行,对新能源汽车是没有的。所有这些措施,都是为了努力营造一个新能源汽车使用的良好环境和氛围,引导消费者来加深认识,主动购买。从未来的趋势来看,选择新能源汽车的消费者会越来越多,因为不论从技术、成本还是驾驶体验方面,新能源汽车都会慢慢体现出其优势。

1. 北京汽车

北京新能源汽车股份有限公司(简称"北汽新能源公司")是由世界500强企业北京汽车集团有限公司发起并控股,联合北京工业发展投资管理有限公司、北京国有资本经营管理中心、北京电子控股有限责任公司共同设立的新能源汽车产业发展平台,目前已拥有EV系列、ES系列等多款新能源汽车。北汽计划将在2016年年底前推出三款全新纯电动车,包括EU300、EX量产版车型以及基于EU300打造的全新车型。参见图7-13和图7-14。

图7-13 北汽ES210电动汽车

图 7-14　北汽 EU300 纯电动汽车

2. 比亚迪

比亚迪股份有限公司创立于 1995 年，2002 年 7 月 31 日在中国香港主板发行上市，公司总部位于广东省深圳市，是一家拥有 IT、汽车和新能源三大产业群的高新技术民营企业。2003 年比亚迪收购西安秦川汽车有限责任公司（现比亚迪汽车有限公司）正式进入汽车制造与销售领域，开始民族自主品牌汽车的发展征程。2014 年，比亚迪共计销售 435095 辆车。目前公司上市的 F3DM、E6、秦、唐、宋、K9 等多款新能源汽车。参见图 7-15～图 7-17。

图 7-15　比亚迪 K9 纯电动公交车

图 7-16　比亚迪秦

图 7-17 比亚迪唐

3. 长安汽车

重庆长安新能源汽车有限公司由重庆长安汽车股份公司与重庆市科技风险投资公司共同出资于 2008 年 6 月成立,业务涉及新能源汽车及动力系统相关零部件研发和制造、营销服务等。

从无到有,从小到大。目前,新能源公司搭建成了一支由千人计划专家、两江学者、兵装特聘专家等高级人才组成的专业研发团队,培养了一支高学历、高素质、高能力的新能源汽车研发核心人才队伍,已发展成为拥有员工 400 人左右的高新技术企业。新能源公司研发的新能源动力系统已搭载长安杰勋、志翔、CX30、奔奔 LOVE、奔奔 Mini、新奔奔、E30、逸动等十余款车型,并向舍弗勒、长安铃木成功实现新能源汽车技术输出。长安新能源汽车面向政府公务车、出租车、个人用户等市场,遍及北京、重庆、南昌、昆明等 20 余个主要城市。参见图 7-18。

图 7-18 长安逸动 EV

三、国外新能源汽车

在我国新能源汽车取得发展的同时,国际市场也突飞猛进。2015 年上半年,美国新能源汽车销售 6 万辆左右,日本的节能与新能源汽车销售已经占到汽车总销量的一成以上,欧洲市场上纯电动汽车与插电式混合动力汽车各占半边天。

美国是能源消费大国,为了完成能源消费减量战略,美国政府通过立法支持新能源汽车技术发展,并将政府采购作为支持新能源汽车产业的重要手段。另外,在美国购买充电式混合动力车的车主,可以享受7500美元的税收抵扣,同时美国政府投入4亿美元支持充电站等基础设施建设。

日本实施"绿色税制",适用对象包括纯电动汽车、混合动力车、清洁柴油车、天然气车,前三类车被日本政府定义为"下一代汽车",购买这类车可免除100%的重量税和取得税,个别车辆还有50%自动车税的减免,这还不包括补助金的优惠。日本在《新一代汽车战略2010》中提到,到2010年在日本销售的新车中,实现电动汽车和混合动力汽车等"新一代汽车"总销量比例达到50%的目标,并计划在2020年前在日本境内建成200万座普通充电站和5000座快速充电站。

欧盟从1991年开始,就不断地调整能源政策,强调节约能源和可再生能源的使用和推广工作。欧盟经济体中举足轻重的德国在新能源汽车发展方面一向比较审慎,走"先研发、后市场"的道路。德国政府确立电池与蓄电装置、电动车辆技术、基础设施技术与系统网络集成三大重点技术研发领域,并成立了由政府和工业界共同组成的"电动汽车国家平台"。德国的另一个特点是不直接补贴企业和消费者,而是采用降低用车成本的政策。政府规定,2015年之前购买电动汽车的消费者,可享受10年免缴行驶税。

1. 特斯拉

特斯拉汽车公司(Tesla Motors)成立于2003年总部设在了美国加州的硅谷地带。

特斯拉致力于用最具创新力的技术,加速可持续交通的发展。特斯拉在技术上为实现可持续能源供应提供了高效方式,减少全球交通对石油类的依赖;通过开放专利以及与其它汽车厂商合作,大力推动了纯电动汽车在全球的发展。与此同时,特斯拉电动汽车在质量、安全和性能方面均达到汽车行业最高标准,并提供最尖端技术的空中升级等服务方式和完备的充电解决方案,为人们带来了最极致的驾乘体验和最完备的消费体验。特斯拉汽车公司生产的几大车型包含 Tesla Roadster、Tesla Model S、双电机全轮驱动Model S、Tesla Model X。参见图7-19和图7-20。

图7-19　Tesla Model S 电动车

图 7-20　Tesla Roadster 电动车

2. 奥迪

20 世纪 70、80 年代,石油危机和环境污染的阴影,使汽车减排的课题大受关注。开发电动汽车替代传统内燃机汽车,再次被汽车企业提上日程。而奥迪作为欧洲最早研究新能源汽车的企业之一,从 1989 年发展至今已有 26 年的历史,产品系列包括混合动力、插电式混合动力、纯电动、增程式电动、氢燃料电池,而运用车型也从奥迪 100 到 A4 再到 Q7 甚至是 R8,几乎涵盖了奥迪品牌的所有级别车型。参见图 7-21 和图 7-22。

图 7-21　奥迪 e-tron 电动车

图 7-22　奥迪 Q5 Hybrid 混合动力汽车

三、新能源汽车未来发展趋势

1. 整车充电中的慢速充电方式可以充分利用

低谷电力充电,电费相对降低,但是充电时间过长使车辆的使用十分不便;快速充电方式下充电时间短易于车辆的使用,但是充电费用较高,且会大大缩短电池的使用寿命。换电池模式单纯的租赁费和电费支出可能比整车充电模式有一定幅度增加,但是由于节省购买电池的费用,如果政策和管理到位,理论上车辆整个生命时期的运营费用会显著低于整车充电模式,且换电池模式的灵活性、方便性都相对较好。

2. 换电池模式属于能源新物流模式

换电池模式有利于电池生产企业规模化、标准化生产,有利于能源供给企业的规模化采购与集约化管理,能够显著降低总运营成本。能源供给企业作为一个相对独立的中间运营商,有利于政府施加更具针对性的扶持和优惠政策,如电价政策、购买电池补贴政策等,容易建立起清晰的财务盈利模式,比单纯提供充电服务可获得更高的经济回报,具有更大的发展空间。

3. 无线快速充电将成为最理想充电方式

无线快速充电技术将会为电动汽车提供便捷的充电方式,随时随地利用各种新的清洁能源进行充电,例如风能、太阳能等。这种充电站装有太阳能发电系统或风能发电系统和蓄电设备,可与商用电力连接。能将太阳能发的电储存在蓄电设备中,然后利用太阳能发电和蓄电设备的电力为车辆充电。蓄电设备储存的电力用完时,可用商用电力为车辆充电,因此能够不受天气和时间的影响稳定充电。

4. 快速充电大量发展将带来电网谐波污染

换电池模式集中充电便于统一调度、管理和监控,能够最大程度发挥削峰填谷作用,提高电力系统负荷率,最大限度减少谐波污染等对电网的不利影响,有利于电网的安全稳定运行和电力资源的优化利用。

综上所述,换电池模式具有更突出的优势和更广阔的发展前景。考虑到差异化需求和特殊情况下电能补给的需要,以更换电池为主、整车充电为辅的运营模式将成为我国电动汽车充电站未来发展的主流模式。

5. 综述

在未来的 20 年内,汽油和柴油仍是汽车主要的能量来源,但汽油和柴油的质量要求越来越高,发动机技术将快速发展以提高能量利用率。代用燃料会得到迅速运用,天然气汽车和乙醇汽车会率先大规模投入使用,纯电动汽车和燃料电池汽车将会逐步扩大应用。其中混合动力汽车将会得到快速发展和应用,混合动力汽车将至少在 30 年内都是汽车工业最切实可行的解决能源问题和污染问题的途径。

而纯电动汽车将是未来新能源汽车发展的最终方向。但是由于目前电动汽车电池续航能力不足,以及充电站网点建设的不足等,制约其在短时期内的运用。但随着充电站以及换电站的建立,纯电动汽车技术将会逐步取代目前的任何新能源汽车技术,最终发挥其在零排放、动力性强、经济性、使用成本低方面的优势。

【练】 综合练习

填空题

1. 电动汽车使用的动力电池可以分为_____、_____和_____三大类。

2. 电动汽车对动力电池的要求：_____、_____、_____、_____、_____。

3. 迄今已经实用化的车用动力蓄电池有传统的_____、_____、_____和_____。

附录 1

常用汽车电路图形符号

名　　称	图形符号	名　　称	图形符号	名　　称	图形符号
1. 限定符号		导线的跨越	＋	定位（非自动复位）开关	
直流	—				
交流	～	插座的一个极	—）		
交直流	—／～	插头的一个极	—（	按钮开关	E-\
正极	＋				
负极	—	插头和插座	—（）—	能定位的按钮开关	E-\
中性点	N				
磁场	F	3. 触点与开关		拉拨开关	\-Ε
搭铁	E⊥	动合（常开）触点	\		
交流发电机输出接线柱	B			旋转、旋钮开关	F-\
磁场二极管输出端	D	动断（常闭）触点	／		
				液位控制开关	o-\
2. 端子和导线的连接		先断后合的触点	↳		
接点	·				
端子	○	中间断开的双向触点	||	机油滤清器报警开关	OP-\
可拆卸的端子	φ				
导线的连接	—•—	联动开关	\-\	热敏开关动合触点	\ t°
导线的分支连接	⊤				
导线的交叉连接	＋	手动开关的一般符号	\-\	热敏开关动断触点	／ t°

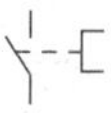

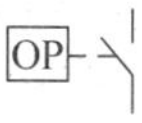

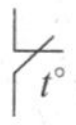

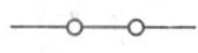

续表

名　称	图形符号	名　称	图形符号	名　称	图形符号
多挡开关、点火、起动开关，瞬时位置为2能自动返回到1(即2挡不能定位)		电感器、线圈、绕组、扼流圈		燃油表	Q
节气门开关		带磁芯的电感器		速度表	v
4. 电器元器件		熔断器		电钟	
电阻器		易熔线		数字式电钟	
可变电阻器		电路断电器		**6. 传感器**	
热敏电阻器		永久磁铁		温度表传感器	$t°$
滑动触点电位器		一个绕组的电磁铁		空气温度传感器	$t_a°$
加热元器件、电热塞		两个绕组的电磁铁		水温传感器	$t_w°$
电容器		不同方向绕组电磁铁		燃油表传感器	Q
可变电容器		触点常开的继电器		油压表传感器	OP
极性电容器		触点常闭的继电器		空气质量传感器	m
半导体二极管一般符号		**5. 仪表**		空气流量传感器	AF
单向击穿二极管、电压调整二极管(稳压管)		电压表	V	氧传感器	λ
发光二极管		电流表	A	爆震传感器	K
光电二极管		欧姆表	Ω	转速传感器	n
PNP型晶体管		油压表	OP	速度传感器	v
NPN型晶体管		转速表	n	空气压力传感器	AP
具有两个电极的压电晶体		温度表	$t°$		

续表

名　　称	图形符号	名　　称	图形符号	名　　称	图形符号
制动压力传感器	BP	电磁离合器		分电器	
蓄电池传感器	B	用电动机操纵的怠速调整装置	M	火花塞	
制动灯传感器	BR	加热器（除霜器）		电压调节器	U
灯传感器	T	空气调节器		串励绕组	
制动器摩擦片传感器	F	稳压器	U cost	并励或他励磁组	
燃油滤清器积水传感器	W	点烟器		集电环或换向器上的电刷	
7. 电气设备					
照明灯、信号灯、仪表灯、指示灯		间歇刮水继电器		直流电动机	M
双丝灯		防盗报警系统		起动机（带电磁开关）	M
荧光灯		天线一般符号		燃油泵电动机、洗涤电动机	M
组合灯		发射机		晶体管电动燃油泵	
预热指示器		收音机		加热定时器	H T
电喇叭		收放机		点火电子	I C
扬声器		传声器一般符号		风扇电动机	M
蜂鸣器		点火线圈		刮水电动机	M
报警器、电警笛					

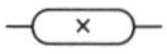

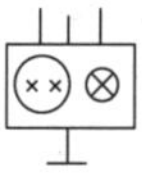

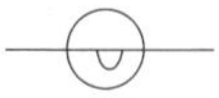

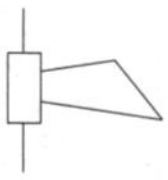

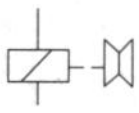

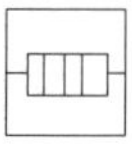

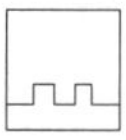

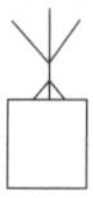

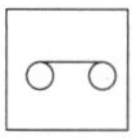

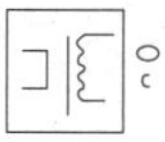

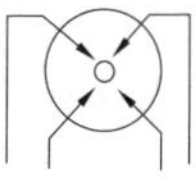

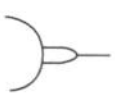

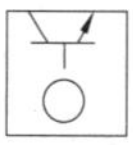

续表

名称	图形符号	名称	图形符号	名称	图形符号
天线电动机		外接电压调节器与交流发电机	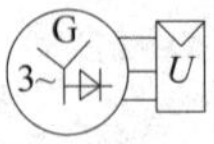	霍尔信号发生器	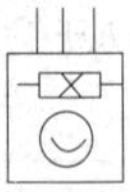
门窗电动机		整体式交流发电机		磁感应信号发生器	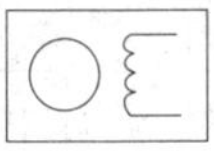
座椅安全带装置		蓄电池		电磁阀一般符号	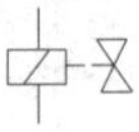
定子绕组为星形连接的交流发电机		蓄电池组	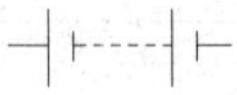	常开电磁阀	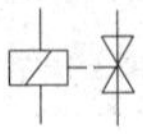
定子绕组为三角形连接的交流发电机		闪光器		常闭电磁阀	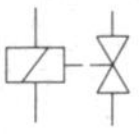

附录

汽车维修电工国家职业技能标准(节选)

3. 工作要求

本职业分为5个等级,高级别包括低级别的要求。

3.1 初级

职业功能	工作内容	技 能 要 求	相 关 知 识
一、汽车维护作业	(一)一级维护作业	1. 能正确使用常用工具,会使用扭矩扳手。 2. 按车型要求完成润滑和补给作业。 3. 按车型要求完成紧固作业。 4. 按车型规定完成机油、空气和燃油滤清器维护作业	汽车一级维护作业项目及技术要求
	(二)二级维护作业前的检查	能按车型、技术要求使用仪器进行检验与技术评定,确定维护作业中的小修项目	1. 汽车专用检测仪器仪表的名称、规格、用途和使用方法。 2. 汽车二级维护前的检测项目和技术要求
	(三)二级维护作业	能按车型技术要求及检验结果完成调整气门间隙、调整怠速、调整点火正时、调整离合器踏板自由行程作业,能检查和调整汽车前轮前束、调整车轮制动器的制动间隙等二级维护作业项目	汽车二级维护作业项目及技术要求
	(四)汽车的小修作业	能完成更换气门导管、气门座圈,更换气缸垫、铰削转向节主销衬套等小修作业	小修作业的有关修理标准和工艺规范

续表

职业功能	工作内容	技 能 要 求	相 关 知 识
二、简单故障排除	(一)诊断与排除汽油发动机油路、电路的简单故障	1. 能诊断与排除一般油路的故障。 2. 能诊断与排除一般电路的故障	1. 汽车油路、电路故障的诊断方法。 2. 化油器的一般构造与工作原理
	(二)诊断与排除汽车底盘的简单故障	1. 能诊断与排除离合器的简单故障。 2. 能诊断与排除变速器漏油、车轮轴承异响、制动盘过热等简单故障	1. 汽车底盘故障的诊断方法。 2. 离合器的结构与工作原理。 3. 非金属材料的基础知识。 4. 摩擦的有关知识

3.2 中级

职业功能	工作内容	技 能 要 求	相 关 知 识
一、汽车修理	(一)汽车零件检测分类	1. 能看懂较复杂的汽车零件图。运用公差配合与技术测量的有关知识检测发动机、各总成的基础零件。 2. 能对汽车零件进行检测、分类。 3. 能分析典型零部件的损坏原因	金属材料及热处理的相关知识
	(二)汽车总成部分的检修	1. 能够完成发动机缸体组件的装配与调整。 2. 能够完成缸盖组件的装配与调整。 3. 能够完成离合器的装配与调整。 4. 能够完成发动机配气机构的装配与调整。 5. 能够完成鼓式制动器的装配与调整。 6. 能够完成盘式制动器的装配与调整。 7. 能够完成变速器的分解、组装与调试。 8. 能够完成主减速器、差速器的分解、组装与调整。 9. 能够完成转向器的检测与维修。 10. 能够完成起动机的检测与维修。 11. 能够完成交流发电机的检测与维修。 12. 能够完成空调系统的检测与调整	汽车各零部件的装配标准和工艺规范
	(三)总成的大修	能独立完成发动机及底盘各总成的大修	发动机及底盘各总成的大修标准和工艺规范
	(四)汽车总成竣工验收	1. 能对发动机、变速器、主减速器等总成进行竣工验收。 2. 能对发动机尾气排放进行检测与调试。 3. 能对发电机、起动机、空调等设备进行竣工验收	整车竣工验收标准及工艺规范

续表

职业功能	工作内容	技能要求	相关知识
二、汽车故障诊断与排除	（一）诊断与排除发动机和底盘异响	1. 能诊断和排除发动机异响。 2. 能诊断和排除万向传动装置异响。 3. 能诊断和排除变速器异响。 4. 能诊断和排除差速器异响。	故障的现象、原因
	（二）诊断与排除汽车发动机燃料供给系和点火系统的综合故障	1. 能诊断与排除化油器式发动机油耗过高、起动困难、转速不稳等综合故障。 2. 能诊断与排除发动机点火系统高、低压电路故障。 3. 能诊断与排除电控喷射汽油发动机油耗过高、起动困难、运转不稳等典型故障。 4. 能诊断与排除柴油发动机起动困难、运转不稳等故障。	1. 电控喷射汽油发动机的构造和工作原理。 2. 点火系统的构造和工作原理。 3. 柴油发动机燃料供给系的构造和工作原理。
	（三）运用仪器仪表对车辆进行检测	1. 能对发动机点火提前角进行检测。 2. 能对电控喷射汽油发动机的燃油压力进行检测。 3. 能对柴油发动机的喷油提前角进行检测与调整，能对柴油发动机喷油泵进行调校。 4. 能对柴油发动机喷油器进行调校。 5. 能对电控喷射汽油发动机燃油泵的工作电流进行检测。	1. 发动机点火提前角的调整方法。 2. 电控喷射汽油发动机燃油压力的检测方法。 3. 柴油发动机喷油提前角的调整方法，喷油泵的调校方法。 4. 柴油发动机喷油器的调校方法。 5. 电控喷射汽油发动机燃油泵工作电流的检测方法

4. 比重表

4.1 初级

4.1.1 理论知识

	项 目		比重/%
基本要求		职业道德	5
		基础知识	35
相关知识	汽车维护作业	一级维护作业	5
		二级维护作业前的检查	5
		二级维护作业	15
		汽车的小修作业	15
	简单故障排除	诊断与排除汽油发动机油路、电路的简单故障	10
		诊断与排除汽车底盘的简单故障	10
	合 计		100

4.1.2 技能操作

	项　　目		比重/%
技能要求	汽车维护作业	一级维护作业	15
		二级维护作业前的检查	10
		二级维护作业	20
		汽车的小修作业	15
	简单故障排除	诊断与排除汽油发动机油路、电路的简单故障	20
		诊断与排除汽车底盘的简单故障	20
	合　　计		100

4.2 中级

4.2.1 理论知识

	项　　目		比重/%
相关知识	基本要求	职业道德	5
		基础知识	20
	汽车修理	汽车零件检测分类	5
		汽车总成部件的检修	15
		总成的大修	15
		汽车总成竣工验收	5
	汽车故障诊断与排除	诊断与排除发动机和底盘异响	10
		诊断与排除汽车发动机燃料供给系和点火系统的综合故障	15
		运用仪器仪表对车辆进行检测	10
	合　　计		100

4.2.2 技能操作

	项　　目		比重/%
技能要求	汽车修理	汽车零件检测分类	10
		汽车总成部件检修	20
		总成的大修	20
		汽车总成竣工验收	10
	汽车故障诊断与排除	诊断与排除发动机和底盘异响	10
		诊断与排除汽车发动机燃料供给系和点火系统的综合故障	20
		运用仪器仪表对车辆进行检测	10
	合　　计		100

附录 3

汽车维修电工职业技能鉴定(中级)理论知识试卷

一、**选择题**(第1~80题,选择正确的答案,将相应的字母填入题内的括号中,每题1.0分,满分80分)

1. 砂轮机的砂轮,使用时( )裂纹。
   A. 不允许有　　　　　　　　　B. 允许有
   C. 允许不超过20mm的　　　　　D. 允许不超过30mm的
2. 钳工锉上只有一个方向的齿纹称为( )。
   A. 底齿纹　　　B. 面齿纹　　　C. 单齿纹　　　D. 双齿纹
3. 锉刀粗锉时,可用( )法。
   A. 交叉锉法　　B. 平面锉法　　C. 换位法　　　D. 推锉法
4. 锯割薄板时用( )齿钢锯条。
   A. 一般　　　　B. 细　　　　　C. 粗　　　　　D. 超粗
5. 小丝锥( )用大的调节式丝锥扳手。
   A. 可以　　　　B. 必须　　　　C. 不能　　　　D. 能
6. 套螺纹时,板牙螺纹的外径( )符合螺杆的外径。
   A. 可不　　　　B. 必须不　　　C. 必须　　　　D. 不用
7. 游标卡尺使用后,( )擦净涂油。
   A. 不要　　　　B. 避免　　　　C. 要　　　　　D. 防止
8. 铰孔时,进给量大小( )适当均匀,用力不要过猛。
   A. 不得　　　　B. 不要　　　　C. 不可　　　　D. 要
9. 中碳钢碳的质量分数是( )。
   A. 0~0.5%　　　　　　　　　　B. 0.25%~0.50%
   C. 0.25%~0.60%　　　　　　　D. 0.25%~0.70%
10. 毛毡在汽车上可以用作( )。
    A. 汽车篷布　　B. 夹层玻璃膜片　C. 百叶窗　　　D. 衬垫
11. 表征汽油燃烧抗爆性能的指标是( )。

A. 十六烷值　　　B. 蒸发性　　　C. 闪点　　　D. 辛烷值

12. 在寒冷地区,向高凝点柴油中掺兑汽油,汽车起动更(　　)。
　　A. 迅速　　　B. 好　　　C. 轻快　　　D. 困难
13. 不同牌号的汽油机油和柴油机油,(　　)混用。
　　A. 一般可以　　　B. 必须　　　C. 一般不可以　　　D. 随便
14. 负荷较大、速度较低的摩擦机件,应选用针入度(　　)的润滑脂。
　　A. 较小　　　B. 较大　　　C. 稍大　　　D. 最大
15. 滚动轴承内径代号04表示内径尺寸为(　　)mm。
　　A. 4　　　B. 10　　　C. 16　　　D. 20
16. 汽车在(　　)时的最大爬坡能力叫最大爬坡度。
　　A. 空载　　　B. 超载　　　C. 满载　　　D. 一般载荷
17. 柴油发动机没有(　　)。
　　A. 曲柄连杆机构　　　B. 配气机构　　　C. 起动系统　　　D. 点火系统
18. 汽车发动机的两大机构是(　　)。
　　A. 曲柄连杆机构和燃料供给机构　　　B. 曲柄连杆机构和润滑机构
　　C. 曲柄连杆机构和冷却机构　　　D. 曲柄连杆机构和配气机构
19. 二冲程发动机的一个工作循环内,曲轴转(　　)圈,活塞上下各1次,活塞走过2个行程。
　　A. 1　　　B. 2　　　C. 3　　　D. 4
20. 曲轴连杆机构由(　　)和活塞连杆组、曲轴飞轮组组成。
　　A. 活塞　　　B. 活塞环
　　C. 活塞销　　　D. 气缸体曲轴箱组
21. 配气机构由气门组、(　　)组成。
　　A. 凸轮轴　　　B. 推杆　　　C. 摇臂轴　　　D. 气门传动组
22. 气门弹簧的作用是使气门同气门座保持(　　)。
　　A. 间隙　　　B. 开度　　　C. 一定距离　　　D. 紧密闭合
23. 电子控制汽油喷射系统由(　　)、燃料供给系统和控制系统组成。
　　A. 化油器　　　B. 配气机构
　　C. 润滑系统　　　D. 空气供给系统
24. 柴油机喷油泵输入的低压柴油升压后按时送到(　　)。
　　A. 手油泵　　　B. 化油器　　　C. 浮子室　　　D. 喷油器
25. 冷却系风扇安装在散热器(　　)。
　　A. 之前　　　B. 之后　　　C. 之上　　　D. 之下
26. 发动机润滑系的限压阀,可以控制机油(　　)。
　　A. 温度　　　B. 压力　　　C. 黏度　　　D. 油耗
27. 单片离合器的主要部分由飞轮、(　　)和压盘组成。
　　A. 分离杠杆　　　B. 扭转减振器
　　C. 传动片　　　D. 离合器盖

28. 普通十字轴万向节当主动轴等速旋转时,从动轴的转速(　　)。
    A. 不等速　　　　B. 等速　　　　C. 总加速　　　　D. 总减速
29. 一般汽车的变速器与驱动桥之间相距较远,固采用(　　)连接,实现扭矩的传递。
    A. 齿轮装置　　　　　　　　　　B. 连杆装置
    C. 万向传动装置　　　　　　　　D. 皮带传动
30. 半轴齿轮装置在差速器壳体(　　)并同行星齿轮啮合。
    A. 一侧　　　　B. 两侧　　　　C. 外面　　　　D. 前面
31. 汽车上装有差速器后,转弯时可以使内侧车轮转速(　　),外侧车轮转速增加。
    A. 不变　　　　B. 降低　　　　C. 增加　　　　D. 剧增
32. 转向桥两端的轮毂用轴承支承在转向节上,可绕(　　)偏转。
    A. 主销　　　　B. 转向节　　　　C. 前轴　　　　D. 车架
33. 在汽车行驶时,桥壳承受由(　　)传来的路面反作用力。
    A. 车架　　　　B. 车身　　　　C. 车轮　　　　D. 离合器
34. 独立悬挂车桥都做成断开式的,每边车轴和车轮均用(　　)单独连接在车架的下面。
    A. 钢板弹簧　　B. 变速器　　　C. 螺旋弹簧　　　D. 离合器
35. 前轮安装在车桥上时,其旋转平面上方略向(　　)倾斜,这种现象叫前轮外倾。
    A. 后　　　　B. 前　　　　C. 外　　　　D. 内
36. 汽车转向系按能源的不同分为(　　)转向和动力转向。
    A. 液力　　　　B. 电动　　　　C. 自动　　　　D. 机械
37. 转向传动机构里包括行车制动装置和(　　)两套独立的制动装置。
    A. 转向盘　　　B. 转向轴　　　C. 转向器　　　D. 纵拉杆
38. 一般汽车制动系包括行车制动装置和(　　)两套独立的制动装置。
    A. 脚制动装置　　　　　　　　　B. 制动器
    C. 制动鼓　　　　　　　　　　　D. 驻车制动装置
39. 制动系统能使汽车可靠地停放在(　　)上,不滑溜。
    A. 坡道上　　　B. 水面上　　　C. 海面上　　　D. 天空中
40. 简单非平衡式制动器在汽车前进中制动时,前蹄片是(　　)。
    A. 减拭蹄　　　B. 助拭蹄　　　C. 平衡蹄　　　D. 自动减势蹄
41. 气压制动系利用(　　)驱动空气压缩机,产生压缩机作为动力的来源。
    A. 变速器　　　B. 主减速器　　C. 发动机　　　D. 离合器
42. 不同地区,不同季节对蓄电池电解液相对密度(　　)要求。
    A. 无　　　　　B. 有相同　　　C. 有不同　　　D. 全无
43. 汽车用三相同步交流发电机主要有(　　)和转子、端盖、风扇、皮带轮等部件。
    A. 断电器　　　B. 定子　　　　C. 调节器　　　D. 电容器
44. 硅整流发电机配用的电压调节器有(　　)式和晶体管式两种。
    A. 气压　　　　B. 液压　　　　C. 交直电流　　D. 触电振动

45．硅整流发电机的端电压随转速的变化而变化,必须装上(　　),保证负载得到较稳定的电压。
　　　A．电容　　　　　B．电阻　　　　　C．调节器　　　　　D．变压器
46．发动机的电动机电枢可以产生(　　)。
　　　A．电流　　　　　B．电压　　　　　C．振动　　　　　　D．电磁转矩
47．发动机点火系统按各缸点火顺序,把(　　)配送给各火花塞。
　　　A．低压电流　　　B．超低压电流　　C．高压电流　　　　D．安全电压
48．发动机点火线圈的作用是将(　　)输出的低电压转变为高电压。
　　　A．发电机　　　　B．蓄电池　　　　C．电容　　　　　　D．分电器
49．点火系统(　　)具有温度升高时阻值变大,温度下降时阻值变小的特点。
　　　A．电容　　　　　B．附加电阻　　　C．调节器　　　　　D．分电器
50．点火系统电容器工作时,可延长触点的使用寿命,同时帮助点火线圈(　　)点火电压。
　　　A．降低　　　　　B．提高　　　　　C．减弱　　　　　　D．减小
51．点火线圈产生的高压电流送至火花塞的电极时,击穿间隙而产生(　　)点燃混合气。
　　　A．电流　　　　　B．电压　　　　　C．电火花　　　　　D．电感
52．对汽车进行预防性的各种维护作业,可(　　)故障、隐患。
　　　A．及时消除　　　B．延迟消除　　　C．延迟增加　　　　D．及时增加
53．桑塔纳轿车每行驶(　　)千米必须进行一级维护。
　　　A．15000　　　　 B．3000　　　　　C．7500　　　　　　D．1500
54．中途停车进行日常维护时,要检视轮胎外表及(　　),清除胎纹中的杂物。
　　　A．漏油　　　　　B．气压　　　　　C．漏光　　　　　　D．漏风
55．汽车进行日常维护后,制动系统、转向系统应灵活可靠、操纵(　　)、润滑良好。
　　　A．费力　　　　　B．轻便　　　　　C．拖滞　　　　　　D．沉重
56．除日常维护作业外,一级维护以清洁、紧固、(　　)为中心内容。
　　　A．补给　　　　　B．调整　　　　　C．润滑　　　　　　D．检查
57．一级维护后,汽车各部无(　　)、异响。
　　　A．声音　　　　　B．反应　　　　　C．松动　　　　　　D．响应
58．(　　)维护除一级维护外,以检查、调整为中心内容。
　　　A．日常　　　　　B．季节　　　　　C．走合　　　　　　D．二级
59．二级维护东风EQ140型汽车时,需用较大的力猛推变速叉,才能推到一个挡位,但(　　)挂入两个挡位。
　　　A．能　　　　　　B．不能　　　　　C．必须　　　　　　D．可以
60．汽车在(　　)维护前,根据检测结果确定附加作业项目。
　　　A．日常　　　　　B．季节　　　　　C．走合　　　　　　D．二级
61．离合器压盘平面度公差值(　　)使用限度时,可通过光磨办法修复后使用。
　　　A．小于　　　　　B．超过　　　　　C．低于　　　　　　D．远离

62. 变速器壳体和盖,螺纹孔和螺纹损伤(　　)2牙,应采用扩孔攻丝或堆焊后重新加工等方法修复。
   A. 小于　　　　B. 1至　　　　C. 超过　　　　D. 未超过

63. 液压制动装置中主缸和轮缸的皮碗和皮圈,大修时(　　)换新。
   A. 部分　　　　B. 皮碗　　　　C. 皮圈　　　　D. 全部

64. 曲轴、飞轮修理装合后,须做动平衡试验,其(　　)应符合原厂规定。
   A. 质量　　　　B. 重量　　　　C. 动不平衡量　　　　D. 尺寸

65. 为提高拆卸质量和效率,应尽量采用(　　)。
   A. 先进的工具和设备　　　　B. 专用工具和设备
   C. 落后的工具和设备　　　　D. 原始的工具和设备

66. 发动机装配时,主轴承盖紧固螺钉应从(　　)分两次拧紧。
   A. 两端向两端　　B. 中间向中间　　C. 中间向两端　　D. 两端向中间

67. 一般滚动轴承外圈同机件内孔的配合是(　　)。
   A. 基孔制　　　　B. 基轴制　　　　C. 随便的　　　　D. 无所谓的

68. $\tan 30°=($　　$)$。
   A. 0　　　　B. 1/2　　　　C. $\sqrt{3}/2$　　　　D. $\sqrt{3}/3$

69. 零件图的标题栏应包括零件的名称、材料、数量、图号和(　　)等内容。
   A. 公差　　　　B. 比例　　　　C. 热处理　　　　D. 表面粗糙度

70. 电荷周围存在电场,磁体周围存在(　　)。
   A. 电场　　　　B. 电力线　　　　C. 磁场　　　　D. 电流

71. 当导体相对于磁场运动而切割磁力线,在导体中会产生(　　)。
   A. 热　　　　B. 光　　　　C. 电动势　　　　D. 磁通

72. 正弦交流电是指按(　　)规律变化的交流电。
   A. 正弦　　　　B. 余弦　　　　C. 直线　　　　D. 正切

73. 由电流所做的功,简称(　　)。
   A. 热功　　　　B. 机械功　　　　C. 电功　　　　D. 化功

74. 低于额定功率的工作状态叫(　　)。
   A. 安全载荷　　B. 不饱载荷　　C. 轻载　　　　D. 超载

75. 9.8N·m=(　　)公斤力·米。
   A. 0.5　　　　B. 1　　　　C. 1.5　　　　D. 2

76. 开动设备时,应先(　　)防护装置,紧固螺钉。
   A. 去除　　　　B. 检查　　　　C. 拿走　　　　D. 取消

二、**判断题**(第77～96题,将判断结果填入括号中,正确的填"√",错误的填"×"。每题1.0分,满分20分)

77. 划线工具可在毛坯或半成品上划出加工界线。　　　　　　　　　　　(　　)
78. 使用量缸表测量时,必须使量杆与气缸的轴线保持垂直,才能正确读数。(　　)
79. 我国寒区和严寒区使用高凝汽油机油。　　　　　　　　　　　　　　(　　)
80. 汽车常用工作液有汽车减振器油、防冻液和制动液。　　　　　　　　(　　)

81. 气缸体曲轴箱组的主要作用是承受发动机负荷;发动机的所有零件和附件不用安装在气缸体曲轴箱上。（   ）

82. 柴油机空气供给装置不包括空气滤清器。（   ）

83. 冷却系统的作用就是保证发动机在最高的温度下工作。（   ）

84. 变速器可根据不同道路情况,变更驱动车轮的牵引力,使汽车得到所需要的速度。（   ）

85. 单级主减速器由两对锥齿轮组成。（   ）

86. 主减速器能够将输入转速升高,扭矩降低。（   ）

87. 盘式制动器的旋转元器件为圆盘状的制动盘。（   ）

88. 驻车制动器在汽车停驶后可以防止滑溜。（   ）

89. 当发电机超载时,蓄电池协助发电机共同向用电设备供电。（   ）

90. 汽车运行初期的一段里程称为走合期,在这段时间对汽车所进行的维护,称日常维护。（   ）

91. 发动机缸体镶完气缸套、气门座圈和气门导管后应再进行一次水压试验。（   ）

92. 离合器盖发生变形,可在平板上检验,其平面度误差不得超过 0.5mm,超过时应进行修整。（   ）

93. 有相对运动的零件,如活塞与气缸,曲轴颈与滑动轴承,凸轮轴颈与轴承等,装配时不用在工作面上涂一层干净的机油,因不会加剧磨合初期零件的磨损。（   ）

94. 电阻器在电路中用来隔断直流电,通过交流电。（   ）

95. 当物体在外力作用下发生弹性形变时,就要对使它发生弹性形变的物体产生反抗作用,这种力叫弹力。（   ）

96. 尽量避免带电操作,手湿时更应避免带电操作。（   ）

汽车维修电工职业技能鉴定(中级)操作技能考核试题

试题 1　桑塔纳轿车凸轮轴检测

本题分值：30 分
考核时间：20min
考核形式：实际操作
具体考核要求：
(1) 凸轮磨损的检测。
(2) 凸轮弯曲变形的检测。
(3) 凸轮轴轴颈的检测。
否定项说明：损坏仪器设备不得分。

试题 2　桑塔纳轿车起动机的检修

本题分值：30 分
考核时间：20min
考核形式：实际操作
具体考核要求：
(1) 按顺序拆卸、分解起动机。
(2) 对起动机进行检测。
(3) 起动机组装。
否定项说明：损坏仪器、机件或出现重大事故不得分。

试题 3　电喷发动机冷却液温度传感器的故障诊断与排除

本题分值：40 分
考核时间：20min

考核形式：实际操作

具体考核要求：

(1) 根据电喷发动机的故障现象，找出故障原因。

(2) 根据故障原因，运用正确的方法排除故障。

否定项说明：损坏仪器、机件或出现重大事故不得分。

参 考 文 献

[1] 于明进,于光明.汽车电气设备构造与维修[M].北京:高等教育出版社,2007.
[2] 董宏国.汽车电路故障分析手册[M].北京:化学工业出版社,2015.
[3] 刘春晖.汽车电气设备检修与技术详解[M].北京:机械工业出版社,2015.
[4] 白文娟.汽车电气设备构造与维修[M].北京:中国铁道出版社,2011.
[5] 张俊.汽车车身电控技术[M].北京:中国人民大学出版社,2009.
[6] 唐晓丹.汽车空调构造与检修彩色图册[M].北京:人民交通出版社,2007.
[7] 王瑞奎.汽车空调构造与维修[M].北京:中国铁道出版社,2014.
[8] 金春玉,王瑞奎.汽车电气构造与维修[M].北京:中国铁道出版社,2014.
[9] 凌永成,李淑英.汽车电气设备[M].北京:北京大学出版社,2010.